近代上海社团发展及其社会管理意义研究

郭彦军 著

上海交通大学出版社
SHANGHAI JIAO TONG UNIVERSITY PRESS

内容提要

近代上海社团组织的发展活跃是上海近代化进程中的一个显著特征。社团组织对优化近代上海社会管理结构，推动特殊历史条件下的上海近代化转型发挥了民间自组织作用。本书认为，近代上海社团组织的大发展是商贸经济繁荣扩张和近代思想文化传播浸润的结果，是适应近代化发展需要、顺应时代潮流的社会结构更新。本书深入研究了近代上海社团发展的经济社会动因和思想文化缘由，梳理了近代上海社团发展的基本面貌，论述了社团组织在近代上海发展中的社会管理功能和意义，探讨了社团发展的历史经验对当前社会管理体制创新的思想启示。

图书在版编目(CIP)数据

近代上海社团发展及其社会管理意义研究 / 郭彦军著. —上海：上海交通大学出版社，2017

ISBN 978-7-313-16445-2

Ⅰ.①近… Ⅱ.①郭… Ⅲ.①社会团体-研究-上海-近代 Ⅳ.①C912.2

中国版本图书馆 CIP 数据核字(2017)第 009685 号

近代上海社团发展及其社会管理意义研究

著　　者：郭彦军

出版发行：上海交通大学出版社　　地　　址：上海市番禺路 951 号

邮政编码：200030　　电　　话：021-64071208

出 版 人：郑益慧

印　　刷：常熟市文化印刷有限公司　　经　　销：全国新华书店

开　　本：710mm×1000mm　1/16　　印　　张：15

字　　数：247 千字

版　　次：2017 年 2 月第 1 版　　印　　次：2017 年 2 月第 1 次印刷

书　　号：ISBN 978-7-313-16445-2/C

定　　价：49.00 元

前　言

近代上海社团的发展，是商贸市场不断扩大和近代思想文化不断浸润的结果。开埠前的上海是一个传统的港口县城，它与其他地方一样，和着封建社会自然经济的节拍，缓慢而有条不紊地踱着历史的方步。但由于其襟江濒海的交通优势，这里较早地孕育了资本主义经济的萌芽。以棉纺织业和航运业为主的商贸经济有了相当程度的发展，传统的会馆公所和手工业行会开始出现。但总体上，近代前的上海，仍然是封建自然经济和简单商品经济占主导地位的社会形态，社团组织也相对较少。

开埠后，上海被推入传统之外的发展轨道。西方工业商品畅通无阻地进入上海市场，对上海传统的棉纺织业和其他手工业造成严重冲击。上海的经济形态被逐步纳入西方资本主义的范畴。随着外国商品进来的，还有隐藏于商品里面的近代西方资本主义生产和生活方式以及近代西方的思想文化观念，这比有形商品对社会的影响更大。租界的开辟，更使近代西方资本主义的社会形态直接种植到了上海的土壤之中。近代西方文明的优势地位，引导着近代上海向西方社会形态转型的倾向。

近代上海三界分立的政治格局，打破了封建政权对城市社会进行统一管理的权威，传统的治理威信和方式逐步消解，城市区域产生很多管理弱化的“飞地”和“真空区”。各种力量在分割治理的局面中，流动分化，社会风险加大。

开放的贸易条件，发挥了上海发展市场经济的区位优势和连接内外贸易的巨大经济潜力。19世纪末20世纪初，上海的工业经济加速发展，商品市场快速扩大，产业规模大幅度跃升，行业门类空前增多，市场竞争进一步加剧，社会生活普遍商品化。为协调市场经济秩序、维护群体自身利益、稳定社会生活环境，大批近代社团建立起来，出现了社团组织繁荣发展的局面。

近代上海的快速发展吸引大批各方移民来上海创业经商、寻机谋生、定居生活，上海成为近代移民城市。共同的移民经历使各方移民逐步融合为近代上海市民。市民的个体独立性和民主价值观，进一步促进了近代上海各类民间社团的建立和发展。

开放市场经济的推动和近代思想文化的浸润，激发了近代上海社会的民间活力与创造力。社会各领域自我组织、自主发展、自应潮流的自主基调催生了社团的大量建立，形成了近代上海管理型的公共领域。以各领域社团在社会各领域的活跃作用为特征，近代上海显示出一定程度的市民社会色彩。

社团的发展，与近代上海的发展并肩而行，是近代上海市民社会的一种自治和自主精神的体现，增强了社会的活力，维系了社会各方面的关系，提升了城市的创造力，丰富了城市生活的内容。

社团组织是近代上海社会的重要整合力量。在政府权威弱化、社会环境复杂多变的近代上海社会中，社团活动发挥了重要的社会保障和社会管理作用。

近代上海也是一个黑帮组织泛滥的社会。黑帮是一种变异的民间团体，是大批城市流民得不到国家和社会的有效保障，从而被利用或合伙攫取违法利益的团体。黑帮的盛行，说明近代上海发展过程中存在明显的社会缺陷。大量社团的存在和发展及其维护社会利益的作用，在一定程度上抑制了黑帮的捣乱活动。

从对近代上海社团的历史考察，可以检视到：社团是民主自治、民主自律的社会管理力量。今天的社会管理创新，有必要充分吸取近代上海社团组织的社会聚合作用的合理成分，开发社团的社会管理潜力，进一步发挥社团组织参与行业管理、提供社会服务的基础性作用。

目　录

导言 …… 1

第一节　选题立意与研究综述 …… 1
第二节　基本思路与研究重点 …… 22

第一章　近代上海社团发展的经济社会动因 …… 26

第一节　商贸经济的先行区 …… 27
第二节　开埠后的冲击与发展 …… 33
第三节　移民人口的膨胀 …… 40
第四节　市民社会与近代社团 …… 43

第二章　近代上海社团发展的思想文化因素 …… 49

第一节　重商思想的兴起 …… 49
第二节　社会规则意识的成长 …… 56
第三节　契约关系与近代社团 …… 63

第三章　近代上海社团的形态及发展概况 …… 67

第一节　近代上海的会馆公所 …… 67
第二节　近代上海的经济社团 …… 74
第三节　近代上海的文化社团 …… 80
第四节　近代上海的政治社团 …… 94
第五节　近代上海的群众社团 …… 101
第六节　近代上海的公益社团 …… 109

第四章　近代上海社团的社会管理活动 …… 115

第一节　会馆公所的活动 …… 115
第二节　同业公会的活动 …… 117
第三节　上海总商会的活动 …… 120
第四节　近代上海工会的活动 …… 129
第五节　近代上海青年团体的活动 …… 133
第六节　近代上海妇女团体的活动 …… 137
第七节　近代上海慈善团体的活动 …… 139

第五章　近代上海社团的社会管理功能 …… 143

第一节　敦睦社群情感 …… 143
第二节　议订行业规则 …… 147
第三节　吸引飘散个体 …… 152
第四节　协调矛盾纠纷 …… 154
第五节　促进社会公益 …… 157
第六节　表达民众关切 …… 161
第七节　倡导移风易俗 …… 164
第八节　提供社会保障 …… 168
第九节　促进社会变革 …… 171

第六章　近代上海社团的变异形态——黑帮的滋生 …… 175

第一节　近代上海城市的无序膨胀 …… 175
第二节　近代上海政局的管控“飞地” …… 181
第三节　近代上海淘金梦的恶性导向 …… 184

第七章　近代上海社团的社会管理意义及其现实启示 …… 192

第一节　近代上海社团的社会管理意义 …… 192
第二节　近代上海社团发展的经验与教训 …… 195
第三节　近代上海社团社会管理意义的现实启示 …… 199

结语 …… 212
参考文献 …… 215
索引 …… 226
后记 …… 231

导　言

第一节　选题立意与研究综述

一、选题立意

本书的基本思路是：历史活动是群众的事业，群众力量的增强在于群众组织的扩大。近代上海的市场经济环境和思想文化更新，推动了社团这一群众组织的发展。社团组织的发展繁荣，成为近代上海社会的普遍组织力量，维系了特殊政治格局下上海发展变化的弹性互动。近代上海的社团组织制度随着时代变迁，趋于民主和开放。社团组织活动随着市民觉悟，逐步普及和深入。社团组织是观察近代上海社会活力的重要视点，其开展的维护经济秩序、传播科学文化、促进政治革新、推动社会进步的历史活动，具有重要的社会管理意义。

开埠以后，近代上海迫于外力的作用，被动地踏上了近代化的历史征程。西方资本主义租界的分割治理和国内政局的动荡不安，使近代上海的发展历程遭到前所未有的冲击，各种碰撞、矛盾和投机使近代上海成为“冒险家的乐园”。但是，在如此复杂的历史背景下，近代上海却从一个不起眼的滨海县城，发展成为近代远东第一大都市，被西人称之为“东方的巴黎”“太平洋西岸的纽约”。近代上海迅速发展的原因何在？仁智各见，但有一个条件是基本的，那就是发展环境的开放稳定和社会关系的有序互动。这座充满碰撞、矛盾和投机的“冒险家乐园”，是如何维护社会发展环境而不致社会秩序崩溃的？本书认为，发达的社团组织构成了近代上海社会各种矛盾相互作用的缓冲网络，维系了社会大局在各种冲击震荡中保持着坚韧的发展动力。

近代上海社团的活跃发展是推动和维护近代上海不断发展的重要社会条件，也是近代上海社会的一个重要特征。但对这一特征的认识和深入研究起步较晚，特别是对社团组织社会管理意义的研究，仍处于开拓阶段。

新中国建立后，时代的巨变和意识形态的超强指导，使社团组织这一近代上海社会发展的重要构件被有意无意地作为历史的“附庸”尘封了起来，因为当时是宣传革命主流的时代。改革开放之后，这方面的研究得以启动，是从对商会这样的主要社团进行单体研究开始的。20 世纪 90 年代初，我国确立了社会主义市场经济体制的改革目标，社会空间逐步松绑，在探讨社会改革的诸多思考中，学者开始运用“市民社会”作为解释近现代社会的基本概念，在这一理论框架下，社团研究逐步升温。上海近代社团的历史轨迹、历史作用和历史特点，也见诸上海近代史研究的各类著作中，近代上海社团组织的史料也逐步得到收集、整理、出版，为研究近代上海社团的历史作用提供了必要基础。这也是选择本论题的一个前提条件。

营造和谐稳定的社会环境，需要理顺社会各方面关系、更新社会管理观念。从根本上说，社会是人类活动的产物，社会和谐是人的关系的优化组合。社团组织的出现和发展，是人类社会文明的重要表征，它体现着人们高度的自组织意识和主动的社会整合精神。各个时代的社团组织既反映一个时代的社会状况，又是推演社会变化的基本载体。近代上海社团组织的发育成长和空前活跃的社会角色，推动了上海近代化的特殊历史进程，表达了历史的进步意义。近代上海社团通过与政府和民众的关联互动，协调了近代上海非常复杂的社会矛盾，维系了中西对撞情况下的社会活力，成为近代上海迅速发展的基本保证因素之一。近代上海社团组织发展及其社会管理意义的历史经验，有助于丰富我们今天思考社会管理的创新路径。

当前，中国特色社会主义的建设是我们的重大战略任务，构建社会主义和谐社会对新形势下的社会管理提出了更高的要求。社会管理体制创新需要充分借鉴中外社会发展的文明成果和历史经验。近代上海社会发展是我国近代化历程的一个有代表性的缩影，其融汇社会各种能量的社团组织及其协调社会各方利益的作用，是我们进行社会建设、创新社会管理的历史鉴源。

选题的过程中笔者一直思索着以下几个问题：

（1）一定历史时期政府和民众关系的序态，既是社会发展状况的反映，又反过来影响社会发展轨迹。封建社会讲求的是政府对民众直接的思想和行为控制，奉行等级鲜明的上下尊卑和人伦差序制度，社会结构和管理手段是上下直线控制型的，政府和民众之间没有对话平台，社会缓冲地带狭小，僵、乱两极波动，缺乏弹性活力，因而历史活动循环徘徊，缓慢僵化。近代社会高扬民主、平等、自由理念，认为政府的主要任务应该是制定和维护社会运行规则，营造交流平台，开展社会对话，汲取民间智慧，激发社会活力，社会结构和管理方式应该是平等互动型的。政府应鼓励和扶植社团组织发育壮大，使之成为政府和民众之间互动的纽带和矛盾冲突的安全阀门。这样，社会发展易于活力充沛，张弛有度。

(2) 社团组织的发展是近现代社会的显著标志之一。在商品、市场、城市的推动下，近代社会历史在一切方面都表现出分工协作的特性，社会分化出不同的领域、不同的阶层、不同的利益集团、不同的组织形态。近代市场在利益主体面前的姿态是平等的，摈弃等级差序之分，以利益为纽带，人们追求自己平等的权利和利益实现方式。适应于这种多元共存和平等交往的追求，形成了近代市民社会。市民社会超越了传统社会的身份体制，培育出人们普遍的权利、责任、义务意识。市民社会的平等观念必然产生主动维权的行为，通过实践活动积极影响国家的塑造和政府决策。市民社会认为国家是为民众提供保障和发展条件而存在的，其职能主要是消除影响正常公共生活的障碍，扩大社会的公民空间，而不是干涉社会公共生活。各种社团组织的发展正是这一社会近代化的结果。我们现在所拥有的社会治理体系以及政治和社会生活，从一定意义上说，都是在政府、社团、民众相互关系演化的基础上展开的。

(3) 近代上海社团组织发展的历史经验在我国具有鲜明的代表性。从历史文明演进的语境来认识，一部中国近现代史就是中西文化碰撞、冲突、交流、交融的历史。上海作为鸦片战争后我国发展最快的条约口岸，其发展历程首当中西文化交流、交汇的要冲，演绎了上海近代化历程的独特道路。近代上海由于其特殊的发展条件，走在了我国探索现代化道路的前头，其发展的历史经验和教训具有明显的代表性。上海的近代化历程具有多方面理解我国近代社会演变的标本意义，以至于有些中外历史学家把上海理解为中国现代化历程的钥匙①和走向现代化的门户②。

(4) 近代上海社团的社会管理意义通过三个方面体现出来。一是社团自身的组织建设和章程对社团成员的服务和规范作用；二是社团之间对行业和民间矛盾有组织的协调和控制作用；三是社团与政府之间对社会矛盾和社会治理的沟通和反馈作

---

① [美]罗兹.墨菲：《上海——现代中国钥匙》，上海人民出版社 1986 年版；忻平：《从上海发现历史》，上海人民出版社 1996 年版。

② [法]白吉尔：《上海史——走向现代之路》，上海社会科学院出版社 2005 年版。

用。社团是一定范围内有共同利益和价值追求的社会阶层自愿成立的民间组织，使分散的社会个体自发地组织起来，从而形成个体行为的社会观念，成为执行社会计划和实施社会管理的民间组织基础。

二、研究综述

由于近代上海城市令人惊叹的变化，及其发展历史的特殊性，20 世纪初期，就有中外学人开始从学术上关注上海、研究上海了。近代上海的租界制度、人文生活、战争难民、上海移民、社会变迁、工商贸易、帮会、同乡会、各业行会、城市风情、城市百态、城市阶层，等等都成为研究的对象和内容。这说明人们想从各个方面了解上海、解读上海、评论上海，也说明了近代上海经济社会变迁之巨大及对其认识之复杂。上海特殊的历史进程浓缩了近代中国的特殊经历，把历史的冲击和回应理论演绎得动人心魄。这可能是近代上海不长的百年历程，竟成就了“近代上海史”这一显学的原因，甚至现在有称之为“上海学”[①]的。

1909 年商务印书馆出版《上海指南》，这是介绍当时上海各种情况的小册子，记载包括租界设立、经历战事、区域特点、人口情况、外国人数、公益团体、工商贸易、交通金融、园林环境等等知识和数据，具有很好的史料价值。

1906 年，苏格兰人戴义思的回忆录《上海模范租界居住三十年生活忆旧》在伦敦出版(Dyce Charles：*My Personal Reminiscences of Thirty Year's Residence in the Model Settlement Shanghai*，*1870—1900*. London，Chapman & Hall，1906)。戴义思 1870 年来到上海，长期在上海工作和生活。书中记述了他 1870—1900 年在上海工作、生活的情况，其中包括西人老板与中国买办及其他职员的情况，西人与华人之间的关系，西方人用洋泾浜英语与华人进行交流的生活细节等等，再现了上海开埠后三界分立，中外杂陈的城市面貌。

1924 年，王揖唐所著《上海租界问题》由上海商务印书馆出版，书中分析了上海租界从华洋分居演变为华洋杂处的过程以及租界与割让地的区别等问题。

1928 年，西方人在上海开办的出版机构出版了美国人卜舫济的《上海简史》(F. L. Hawks Pott：*A Short History of Shanghai*，*Being an Account of the Growth and*

① 段炼：《上海学研究的回顾与思考》，《上海档案史料研究》(第三辑)，上海三联书店 2007 年版，111 页。

Development of the International Settlement, Kelly & Walsh, Limited, 1928),记述了上海租界创设以后经历的一系列重大政治事件,如:小刀会占领上海、1854 年土地章程、太平天国时期的上海、辛亥起义等。穿插介绍了上海的市政、教育、工业等情况。作者独到地总结了近代上海历史的五大转折点:租界由华洋分居变为华洋杂居;甲午战争以后由商业城市变为工业城市;义和团运动以后对黄浦江的疏浚,使上海能够成为世界最大的港口;公共租界的中立政策,提高了其政治上的重要性,使它有时成了政治难民的避难所,有时成为这个国家秘密政治会议的场所;在学生的鼓动下,租界华人对当局的抗议暴动,对参政权的要求,导致了民族主义的兴起等①。卜舫济长期担任圣约翰大学校长,在上海生活了几十年,见证了近代上海沧桑巨变历程,著作记述尊重事实、简明扼要,成为一本外国人了解上海的入门书,影响相当广泛。中国学者岑德彰在 1931 年将此书编译为中文,是我们了解当时上海社会秩序演变的有用资料。

1932 年,夏晋麟所著的《上海租界问题》由中国太平洋国际学会出版,历述上海租界起源、土地章程演变、会审公堂与临时法院、推广租界与界外道路、治理租界与工部局等问题。

1933 年,徐公肃、丘瑾璋合著的《上海公共租界制度》出版,作者依据公共租界有关档案、文书和多种中西文资料,系统地讨论了公共租界制度的由来和嬗变过程,分析了影响这一制度变化的多方面因素。

1936 年,阮笃成所著《租界制度与上海公共租界》由法云书屋出版,书中认为,从国际法的原则出发,租界制度是一种畸形制度,全世界只有中国有,租界的存在,有损于中国的权利。这些研究提高了上海华人对上海社会环境的理性认识,为华人认清形势、发展自己、凝聚力量做了一定的思想准备。

1941 年,纽约出版巴内特的《经济上的上海:政治人质》(Robert W. Barnett: *Economic Shanghai*: *Hostage to Politics*, *1937—1941*. New York, Institute for Pacific Relations, 1941),研究的是日本占领上海华界的开头四年,即通常所说孤岛时期上海的命运,特别研究了对上海的经济影响和上海的经济秩序。

20 世纪 30 年代,柳亚子为馆长的上海通志馆启动了上海城市史专题研究,于 1934 年、1935 年分别出版了 4 期《上海市通志馆期刊》,涉及近代上海沿革、公共租

---

① 熊月之:《20 世纪上海史研究》,《上海行政学院学报》2000 年第 1 期第 96 页。

界、法租界、政治、经济、文化、新闻、社会事业等方方面面，开启了我国近代城市史研究的先河[①]，为研究近代上海各方面的历史留下了珍贵资料。

对近代上海这座外国人享有特权的开放城市，外国人对其关注和研究可谓是情有独钟。早在19世纪末西人就开始以西方近代社会科学的方法来认识、解释上海[②]，例如进行实证研究。1881年，曾任法租界总董的米乐就发表过研究上海的论文《上海之法租界》；1882年，华洋通闻报馆出版 *History of the Shanghai Recreation Fund*（《上海娱乐事业基金史》）；1889年，北华捷报馆出版了麦克伦编写的 *Story of Shanghai*（《上海史话》）等。

新中国成立以前，外国人研究近代上海的论著还有：研究上海市民生活的《上海工人家庭生活水平研究》（Yang，Simao & Tao，L. K：*A Study of the Standard of Living of Working Families in Shanghai*. Peking，Institute of Social Researches，1931）、《上海两难民营研究》（Cheng，Swen Lan：*An Intensive Study of the Fu Shin and the Tsung，Sung Refugee Camps in Shanghai*，University of Shanghai，1936）。研究上海市政的《上海外国居留地行政概论》（满铁庶务调查课，大连出版，1926）、《上海法租界》（*La Concession Francaise de Changhai*. Paris，Recueil Sirev，1934）。研究近代上海经济的《上海之通货》（《上海之通货》，内山书店出版，1928）、《上海港》（织冈芳太郎：《上海港》，三井物产上海支店，1929）等等，以外国人的观点对近代上海的经济、政治、社会进行了研究和描绘。

西方学者的著作对晚清上海历史作了多方面研究，他们对近代与传统、中国与西方的关系予以了特别关注，对晚清上海地方社团组织发起的自治运动的研究尤其深入。例如，伊懋可的著作分析了近代上海地方自治运动兴起的原因与过程，以及自治政府的结构和运作机制，对李平书、苏本炎、郁怀智等自治领导人的身份、职业进行了研究，还分析了地方自治政府的组成特点及其与租界的影响关系。作者认为，总工程局是近代中国第一个正式的民主政治机构，上海地方士绅非常投入地从事城市的事务，在地方当局默许的前提下，进行自治努力，在削弱帝国专制统治方面

---

① 熊月之、张生：《中国城市史研究综述（1986—2006）》，《史林》2008年第1期第21页。

② 段炼：《上海学研究的回顾与思考》，《上海档案史料研究》（第三辑），上海三联书店2007年版第113页。

取得了一些进展[①]。这些都成为研究近代上海社会史可资借鉴的材料。

新中国建立后至改革开放前的三十年时间里，历史研究是为阶级斗争服务的，上海史和社团组织研究也不例外。这一时期的上海史和社团研究主要选择反映民族矛盾和阶级斗争的课题，学术研究受到意识形态的限制，面窄量少，政治意识形态色彩很浓。但出版了一些史料整理方面的汇编，还是有意义的。关于近代上海社团的研究，日本学者根岸佶 1951 年出版的《上海之基尔特》(日本评论社 1951 年版)，是国外研究上海社团组织的开拓性著作，在学术界有广泛影响。

上述中外研究对近代上海城市历史的多方面记载和研究成果，为我们今天展开近代上海历史研究的层面，包括对城市社团组织的研究，奠定了基础。

概括来说，在改革开放前我国社会主义建设初步摸索和陷入僵化的时期，没有专题意义上的近代社团研究。近代社团通常被作为一个革命与否的角色融化在革命史中，各个地方的社团是作为一个一般概念进行认识的，没有进行具有地方特点和作为城市管理整合因素意义的专题研究。

改革开放后，随着中国特色社会主义建设的探索进程，社团作为近代史研究的专题逐步得到重视和确立。20 世纪 80 年代，现代化命题成为新时期的主要理论范式，一切从实际出发的“特色”意识成为探索发展路径的思想支点，时势推动我国近代史研究开拓了地方史和城市史研究的新领域。近代上海社团组织作为近代上海历史进程中的重要角色和动力，成为上海城市史的重要组成部分，但这一阶段的近代上海社团研究，也是作为整体城市研究的一个部分而存在的。

1990 年以后，我国改革开放进入到以建立社会主义市场经济为模式的发展历程，利益主体多元化不但成为明显的事实，而且被承认为市场经济的基本特征。发展中的各种关系、利益和矛盾逐步凸显，社会协调方式和管理创新成为改革开放有序发展的重要社会课题。在此背景下，西方市民社会理论在我国社会科学界因势传播，社团组织作为市民社会理论的主要概念之一，逐步成为重要的研究对象。近代社团研究也从通史范围内脱壳而出，被确立为专题领域，并渐趋成为近代史研究的热点之一。这时的社团研究，主要是从宏观上探讨社团组织在中国近代产生、演化

---

① [英]伊懋可(Mark Elvin)：*The Gentry Democracy in Shanghai*，1905—1914；*The Administration of Shanghai*，1905—1914，edited by Jack Gray，London，1969. 马骏译:《上海市政(1905—1914)》，上海史研究通讯 1982 年第一辑。

的历史过程及其社会历史作用，针对地方特色的社团研究仍然有待深入。这种情况下，上海社团被包含在中国社团的大概念中，出现于中国社团史和诸如商会史、慈善史研究的范围之内。上海是我国特殊近代化历程中的特殊区域，是中西方文化和制度直接交汇、交流、交锋乃至交融的城市，这里得近代西方文明之先、见近代西方制度之明，当然也对西方侵略有最切身的感受，在屈辱、忍耐、学习、借鉴、蜕变中形成了中西文化结合的城市风格。这里是近代社团发展比较充分的城市，也是近代社团比较集中、数量较多的地方，承载着推动上海近代化的重要职能。但是，对近代上海社团在上海近代化历史上的独特作用并没有给予上海近代特色的研究，近代上海社团的历史意义对今天构建社会主义和谐社会、创新社会管理的历史启示还没有被深入关注和研讨。

基于以上研究情况，本人对新中国成立后关于近代上海社团组织的研究观点做如下梳理：

（一）近代上海社团革命意义的研究

社会发展的不同阶段规定着不同的历史研究任务。改革开放前，巩固人民民主专政的任务使阶级分析法成为研究社会历史的基本方法。对近代社团的研究当然也是以阶级分析的方法进行的。阶级分析法主要表现近代社团在革命史中的意义，例如，对不同阶级组成的社团在革命过程中的不同态度和不同行为的研究等。这个时期对社团的研究注重社团组织的阶级构成和思想演变，选择的研究对象也多是革命社团的革命活动，诸如对工人、农民、知识分子等社团的革命历史研究。虽然从革命精神、革命态度、革命行为的角度研究近代社团是适应于一定历史背景的，但革命范式的研究导致了对近代社团范畴的选择化及对社团意义和内涵认识的简单化。

以阶级斗争范式对近代上海社团的介绍，除包括在改革开放前中国革命史的教材里面，也有一些论文涉及此题。李时岳在《史学月刊》1959 年第八期上发表的《論光复会》，张允侯 1964 年发表于《历史教学》第八期的《江西改造社》，严家炎 1978 年发表于《文学评论》第二期的《评一九二八年无产阶级文学的倡导和论争——关于鲁迅和创造社、太阳社论争的几个问题》等论文，是改革开放前讨论近代上海社团组织的几篇代表作。从社团的选择上可以明显看出革命社团的倾向。《论光复会》论述的是资产阶级和小资产阶级怎样走上以推翻清王朝为目的的革命道路的。《江西改造社》说明的是在新文化运动的影响下一群江西青年组织进步社团的经历，并在上海设立分社的情况。《关于鲁迅和创造社、太阳社论争的几个问题》则辨明的是左翼文学界对20年代我国革命性质的不同判断。章开沅、刘望龄发表于《江汉学报》1961年第二期的论文《从辛亥革命看民族资产阶级的性格》，对资产阶级团体在辛亥革命前后的不同表现进行了阶级性格的分析，为理解近代资产阶级对待革命的妥协态度提供了一个仍然从阶级观念出发的认识角度。总之，从革命角度选择社团进行研究是那个时期的常态。1979年三联书店出版的张允侯等编著的《五四时期的社团》是研究近代社团珍贵的历史资料，但是书中包含的都是革命性质的社团，这可能也是革命化语境的一种反映。

（二）近代上海社团近代化意义的研究

改革开放后，党和政府的工作重点转移到了社会主义现代化建设上来，现代化视角代替阶级分析成为社会科学研究的新方法，对社团的研究也开始转向社团自身的近代化状况和在近代化进程中的历史作用。这个时期的社团研究主要是探讨近代社团与我国早期现代化或曰近代化历程的关系。现代化视角的上海社团研究超越了革命意义研究的眼界，扩大了研究范围，丰富了研究内涵，大大提升了社团研究的学术水平和实践价值，为近代上海社团组织的研究开拓了新的局面。

章开沅的《关于改进研究中国资产阶级方法的若干意见》（《历史研究》1983年第5期），提出对近代中国资产阶级及其社团的研究要拓宽领域，开放视野。文章总结了1981年以来，海内外学者对于近代中国资产阶级及其社团的研究状况，强调学界应增进各种学术观点的相互交流，改进研究方法，对近代中国资产阶级及其社团的历史角色进行具体分析。朱英的《清末商会与抵制美货运动》（《华中师范大学学报》〈哲学社会科学版〉1985年第6期），对1905年的抵制美货运动进行了新的探究，文章认为这是一场以商会为代表的商业资产阶级反对美国蓄意迫害华工、维护国家和民族利益的政治运动，超出了狭隘的经济利益范畴，是民族近代化觉醒的表征之一，对老问题进行了新解释。李子文的《简论上海总商会"民治委员会"》（《史学集刊》1986年第2期），正面论述了近代上海社团组织的主要代表上海总商会的民主政治追求，提出了政权合法性的近代政治理念，并为近代资产阶级民主追求，进行了虽不成功但仍然是历史性的尝试。这是对近代上海社团组织近代化意义上的具体研究。桑兵的《辛亥时期的学生与国民会——兼论学生与革命党人的关系》一文（《中山大学学报论丛》1988年第3期），揭示了近代上海民间社团为争取民权应运而生的历史轨迹，旨在表达近代社团的近代化意蕴。文章论述了近代上海学生社团以民主民权反对专制皇权的历史，认为以1900年上海成立的中国国会（1900年7月26日，变法派80余人在上海张园集会，成立中国国会，容闳为会长，严复为副会长，唐才常为总干事[①])为发端的近代上海的民主政治社团登上了主动追求中国近代化的历史舞台。马敏的《名不副实的主干载体——中国早期资产阶级在近代化中的角色》(《华中师范大学学报》1988年第6期)一文，探讨了早期资产阶级与我国近代化历程的相互关系，明确地以现代化视角观察近代资产阶级及其社团的历史作用，论述了近代资产阶级与我国近代化关系的历史变迁。何毅亭的《五卅运动中的上海总商会》(历史研究1989年第1期)，探讨了上海总商会的创立过程和组织结构，论述了上海总商会作为资产阶级的领袖团体领导抵制美货运动、支持辛亥革命、参加五四运动以及为争取华人在租界的权利同上海租界当局进行斗争的情况，文章把上海总商会看作上海华商的综合团体，已经具有了自主推进中国近代化进程的初步意识。1987年熊月之发表的《论上海租界的双重作用》(《史林》1987年第3期)，突破以往研究中对租界全盘否定的倾向，对租界所起的作用给予一定的肯定，很有新意，对我们理解近代上海各种经济和社会团体的历史作用有新启发。

20世纪80年代，以现代化分析模式研究上海近代史、并涉及对上海近代社团研究的著作主要有：刘惠吾等《上海近代史》上下册(华东师范大学出版社1985、1987年)，对上海近代政治、经济、军事、文化、社会等方面多有述评，是中国人编撰的第一部上海断代史。唐振常主编《上海史》(上海人民出版社1987年)，为第一个中国人撰写的上海地方通史，在上海史的研究对象、历史阶段的划分、上海在国内外的地位，以及许多重大事件和人物评价等方面，都有独到见解。邹依仁《旧上海人口变迁的研究》(上海人民出版社1980年)，运用大量统计数字，对清代、民国时期上海人口、分布地区、人口密度、职业籍贯、性别年龄，以及外侨人口等情况做了广泛考察。

20世纪80年代的上海社团研究，在理论和方法上进行了拨乱反正，摈弃了片面强调以阶级斗争为纲的"左"的观点，倡导多角度、多侧面、多层次的研究。不但研究殖民主义、帝国主义对上海的侵略，研究租界的演变，也研究租界的复杂影响以及上海人民在上海的创造性活动和上海城市的特点等。

（三）近代上海社团的社会意义研究

20世纪90年代，我国学界引入了西方市民社会理论并将其应用到中国近代史研究领域。市民社会语境下的近代社团研究逐渐成为近代史研究的一个热点。研

---

① [日]野泽俊敬：《上海近代史年表》，东京大修馆书店1999年版，第10页。

究主要从近代社团的产生和发展、近代社团的性质及其与政府的关系、近代社团的功能和政治参与等方面展开。市民社会理论视域大大拓展了近代社团研究界面，使近代社团研究从经济面走向社会面、从利益驱动面走向社会文明面。

20 世纪 90 年代以来，对上海近代社团有个性化的研究，如对商会、工会、行会、自由职业团体等的深入研究；也有包含在上海近代城市史中对其进行关联研究，从而对近代上海都市面貌进行综合展现。总体上说，这一时期涉及上海近代社团领域的研究成果丰富、著作很多，这里择其要者进行梳理。

黄美真的《沦陷时期的上海工运》(《历史研究》1994 年第 4 期)一文，主要论述的是工人社团在抗日战争形势下开展的活动。该文论述了从 1919 年的五四运动起，上海工人的政治倾向在各种社会力量的角逐中，显示出特殊的重要作用。围绕着对上海工运的领导权，近代中国历史上一些有影响的政党、社团都曾对工人组织做过大量工作、开展过大量的活动。1937 年 11 月 12 日上海沦陷以后，社会主要矛盾发生新的变化，工人运动的形式和内容也随之显示出新的特点。

姚会元的《上海近代商会在稳定金融中的作用》(《学术月刊》2000 年第 5 期)通过对近代上海商会平复几件金融事件的案例考察，认为近代商会的产生具有重大历史意义，既迎合了传统官本位社会的风气，又顺乎商品经济发展的要求，缓和了中国近代社会转型中的巨大社会冲突，在官商间敷设了一条由此及彼的"渡槽"。论文对近代上海商会较中国其他城市的商会组织在稳定市场方面所起更为明显的作用的原因进行了分析。

朱英的《20 世纪中国民间社团发展演变的历史轨迹》(《华中理工大学学报・社会科学版》1999 年第 4 期)一文，粗线条地论述了中国民间社团在整个 20 世纪跌宕起伏的发展历程，揭示了社会的经济、政治条件与社团发展兴衰荣枯的关系，旨在说明社团的发展是近代社会发展的重要特征。该论文认为，20 世纪初新型民间社团开始诞生并获得初步发展，国民政府成立后国民党对社团进行整顿，并进行控制。新中国成立以后，民间社团趋于萎缩沉寂；改革开放后社团重新复苏与发展。该文还认为，民间社团的产生与发展，与经济多元化和自由社会空间的形成和扩大密切相关，同时也与政府的政策导向关系很大。该文认为，我国的民间社团大多不是以对抗政府作为目的的，而是抱着与政府协作的态度开展经济或社会活动。该文认为，从性质上看，近代中国民间社团的发展具有市民社会的一些特征。

谢俊美的《清代上海会馆公所述略》(《华东师范大学学报》〈哲学社会科学版〉

2000年第2期)一文认为,鸦片战争前上海的会馆公所基本上属于封建商业社团性质,鸦片战后已初步具有向近代产业社团组织转化的诸多因素。随着民族资本主义工商业的兴起和发展,其区域性色彩逐渐淡化,日益发展成为带资本主义性质的工商团体组织,对抵制外国侵略、促进上海地区社会经济发展,发挥了积极作用。不过,会馆公所的区域性、排他性的存在也在一定程度上制约了上海社会经济发展,造成上海众多帮派势力的存在,成为近代上海阴暗面之一。20年代后,会馆公所为同业公会所取代,其组织结构和活动形式都逐步走向近代化。

熊志勇的《清末社团与兵营异动》(《中州学刊》2001第1期)认为,社团向军界的广泛渗透,乃近世社会变迁之重要标识。清末社团与军界互动,是深化社会政治动员和转型社会突破"瓶颈"的必然要求。非正式组织网络化的社会互动,扩大了军人与民间社会的沟通,对正统的军事科层控制构成严重挑战。

张伟平的《我国普通教育近代化进程中的教育社团评释》(《教育研究与实验》2002年第2期)一文阐述,20世纪初年普通教育近代化的进程,是由近代教育社团的殚精竭虑和不遗余力进行推动的结果。

张剑的《清末民初留美学生社团组织分析》(《学术月刊》2003年第5期)试图揭示,留美学生认为国家建设取代政治革命是历史赋予他们的使命,建设需要掌握建设之知识,培养建设之技能与精神。美国作为他们建设祖国的模本,其无处不有的社团组织使他们认识到,组织近代社团是富国强兵、争取民族独立的国家建设方案之一。他们广泛组织学生会和学术性社团等,提高民主经验与演说辩论能力,培养公平竞争心理,团结专门同志砥砺学问,以发展中国学术,为祖国建设进行知识积累。留美学界社团组织的发展及其特征,是美国社会与中国社会联姻的产儿,是一代中国知识精英社团建国方案的尝试,切合了当时国内文化建设的需要,为"德先生"、"赛先生"的吁求提供了基础,成为新文化运动的先导。

仲红卫的《论清末民初文学公共领域的形成及特征》(《兰州大学学报》〈社会科学版〉2004年第6期)认为,近代自由资本主义初步发展的基础上,以各种学会、社团以及报纸、杂志等文学性刊物的兴盛为中心,上海等主要城市逐渐形成了文学公共领域的雏形,但是,清末民初的文学公共领域有与18世纪西方自由资本主义国家文学公共领域不相同的若干特征,具有明显的社会组织功能。

陆兴龙的《近代上海社团组织及其社会功能的变化》(《上海经济研究》2005年第1期)一文,详述了近代上海不同时期社团组织的数量,发展演变的大致过程,分析了这些社团组织在近代上海经济、社会发展中的主要功能。同时，对这些社团产生和发展的原因进行了探讨。文章认为，随着近代上海移民阶层的市民化过程，以移民为主体的地缘性社团逐步向市民行业性社团转化，社团的功能也从主要扶助困难同乡向进行行业管理发展。该文认为，社团是一种来自民间的社会整合力量，既具有扶助弱势群体的功能，也具有服务强势群体的作用，以合群之力、联手互助的形式适应并推动充满竞争的市场经济发展，同时，社团组织形态从传统逐步走向近代化，最终演变为近代资本主义社团。

艾萍的《现代化进程中的上海近代社团组织》(《探索与争鸣》2006 年第 3 期)一文，论述在 20 世纪 20、30 年代的上海，由于资本主义工商业的快速发展，新的职业群体不断出现，社会阶级和阶层分化明显，而政治状况不能适应经济发展要求，社会整合力弱化，这些形势为近代社团的产生提供了条件。该文认为，社团组织的发展对于城市近代化、公共领域成长、民族意识增强以及政治和社会互动都有重要意义。该文得出结论，如果政府不能为社团组织的正常发展提供适宜的政治环境，社会运动的爆发将成为必然。而社会运动的不断爆发，折射的恰恰是社会处于转型期具有的不成熟特征。

彭善民的《近代上海民间时疫救治》(《广西社会科学》2006 年第 9 期)，文章论述，在近代上海都市公共卫生的发展中，一批倡导公共卫生的民间组织，包括慈善组织、工商社团和业余组织，在时疫救治方面发挥了积极的作用。与政府公共卫生管理相比较，民间组织表现出较强的自愿性、灵活性和主动性，效率较高，在很多方面表现出民间组织自我治理的独特优势，在工作的细致和深入程度上，民间组织的亲和力是政府的强制政策所不能企及的，弥补了大量政府工作的空白和漏洞，取得了很好的卫生治理效果。该文还揭示，民间组织由于缺乏稳定的经费来源，常常影响它们更进一步的开展工作。

乔兆红的《上海商会与中国近代博览会事业》(《史林》2010 年第 2 期)一文认为，上海商会是近代上海工商业市场经济发展到一定阶段的必然产物，是商业近代化的重要标志之一。该文论述了，上海总商会以“保商”“振商”为宗旨，审时度势，积极采取措施，大力协助政府进行工作，在近代中国博览会事业中，起到了“领袖众商”的作用。

方平的《清末民间社团的发展空间及其限度——以上海为中心》(《华东师范大学学报》〈哲学社会科学版〉2011 年第 5 期)一文论述了，清末最后十年间，上海地区各种类型的新式社团蜂拥而起，呈现出一派繁荣景象。这些社团虽然宗旨不一，所务各异，但大多出发于“维持公益”，开展了各种形式有益于社会稳定的组织活动。这种活动增强了城市各阶层的社会联系，丰富了城市的公共生活，拓展了城市的公共空间，促进了社团自身的发展。该文认为，民间社团的勃兴及其组织活动的繁荣，缘于民间各阶层实力的增强和市民“合群”意识的提升。但又认为，由于受到经济发展水平、政治专制状况、封建文化影响等主客观因素的限制，近代上海民间社团的自主性是不充分的，发展空间也是有限度的。

樊卫国的《近代上海非政府组织的社会经济协调作用》(《上海经济研究》2007 年第 11 期)一文，主要对晚清会馆公所的社会经济协调作用、民国上海同业公会的市场化协调和服务机制、总商会的社会和经济协调功能等方面进行了深刻论述。该文认为，近代上海非政府组织在民间社会具有很高的公信力和社会声望，对近代上海经济社会的有效运行和秩序稳定，发挥了不可替代的作用。

研究近代上海社团组织社会意义的相关论著主要有：

张仲礼主编的《近代上海城市研究》(上海人民出版社 1990 年)一书，突破传统史学框架，对近代上海城市的市民群体、阶级与劳资问题、帮会与上海社会，以及近代上海城市发展的特点、规律，上海与内地、与外国的关系，上海城市现代化、经济发展的内在原因，内外贸易、交通、金融、工业结构的演变和房地产业的发展，近代上海政治制度、市政管理、政治力量、上海文化，中西文化的冲突与认同等，进行多学科综合研究。是一部近代上海史研究的力作。

徐鼎新、钱小明《上海总商会史(1902—1929)》(上海社会科学院出版社 1991 年)，是第一本综合研究素有中国“第一商会”之称的上海总商会历史的专著。全面阐释了上海总商会形成、发展的近代历史条件和历史进程，对上海总商会在近代中国历史特别是上海近代史上的作用进行了客观述评，清楚描绘了上海总商会的近代发展演变轨迹，对研究近代上海社团组织的历史作用具有个案意义。

刘健清《社团志》(上海人民出版社 1998 年)一书认为，近代社团组织是近代中西文化交流融合而产生的。近代以来，我国出现过维新运动和五四运动两次社团热以及民国初年的政党热。1920 年以后，我国社团形成了分属国共两党领导的中国特色政党社团制度。由于近代中国缺乏雄厚的工业和市场经济基础，现代民主社团的基本因素——公民意识普遍缺少。著作采用大量原始档案和资料，综合系统地阐述了近代中国社团政党的产生演变规律及其在不同时空上的社会功能。

王世刚主编的《中国社团史》(安徽人民出版社 1994 年),是一部研究中国社团通史的专著,按时序述论中国社团产生、发展的历史及其时代际遇。近代以后的章节对近代上海社团组织多有涉及,显示出近代上海社团无论是在数量上,还是历史作用上,都占有全国社团的主导地位。

张玉法的《清季的革命团体》["中央研究院"近代史研究所专刊(32)]、《清季的立宪团体》["中央研究院"近代史研究所专刊(28)]等是研究近代中国社团组织产生、发展的重要文章。张玉法从不同的立场研究了我国近代社团的历史原因和作用。他把社团作为政治与社会进步的内在动力,认为通商、传教是近代中国社会进步的外在动力,而社团、政党是内在动力,社团政党的兴起是西洋文化影响的结果,给传统的中国政治和社会增添了无比的动力。

方平的《晚清上海的公共领域(1895—1911)》(上海人民出版社 2007)是最近研究近代上海社会史的学术专著。著作认为,上海作为近代中国的经济中心、全国最大的"都市文化场"和"社会舆论场",生成了当时中国最大的市民社会和最具活力的公共领域。近代上海公共领域是上海绅商市民指评事政、谋求自治的"公共空间",也是沪地"新知识人"或"新文化人"表达"公共意志"和"公共意见"的社会舞台。专著第三章《民间社团与公共领域的组织建构》认为,民间社团以谋求团体成员乃至整个社会公共利益和福祉为指归,具有契约性、民主性、非官方性等多重特征。社团组织的不断涌现与社团组织活动的繁盛,折射出的是社会自主意识的高涨与民间实力的增长,不仅促进了公共领域的发展,也为上海的民间社会开辟了更为宽广的活动空间,极大地促发了近代上海社会的创造活力和市民群体的近代意识,提升了社会发展的文明秩序。

改革开放后,我国调整了现代化发展的轨道,引起了国际社会的极大兴趣和关注,也引起了海外学者对中国近代史和近代化研究的热潮。美国学者是海外研究中国近代史的主要力量。美国出版的关于近代中国城市发展的论著多以上海为考察对象,对近代上海城市的政治、社会史进行多面研究,取得很多成果。主要有:小科布尔《上海资本家与国民政府》(哈佛大学出版社 1980 年;杨希孟译,中国社会科学出版社 1998 年)、韩起澜的《姐妹们和陌生人——上海纱厂女工 1919—1949》(斯坦福大学出版社 1986 年)、顾德曼的《上海同乡组织》(加利福尼亚大学出版社 Berkeley 1995 年)、卢汉超的《霓虹灯外:二十世纪初日常生活中的上海》(加利福尼亚大学出版社 1999 年)、裴宜理《上海工潮:中国劳工政治》(斯坦福大学出版社 1993 年)、韩起澜《创造中国的社会群体:苏北人在上海,1850—1980》(耶鲁大学出版社 1992 年)、张琳德《上海:从市镇到条约口岸,1074—1858 年》(斯坦福大学出版社 1995 年)、古德曼《出生地、城市与国家:1853—1937 年上海的地方网络》(加利福尼亚大学出版社 1995 年)、魏斐德《警戒上海(1927—1937)》(加利福尼亚大学出版社 1995 年)、马丁《上海青帮:1919—1937 年的政治与有组织犯罪》(加利福尼亚大学出版社 1996 年)等。这些论著对上海的研究主要集中在近代上海的社会群体和社会变迁方面,包括同乡组织、帮会组织、移民组织等社团在近代上海发展中的经历和作用,表明社会组织的发展是近代化的一个重要指标。

1990 年以来,对于近代上海社会研究的内容和方法都有深入进展,城市结构、城市人群、城市治理、城市运行等社会内容受到重视。关于移民、公共生活、习俗风尚、城市心理、商会、行业组织、民间团体、同乡会、帮会、上海与腹地关系、传媒与受众、近代与传统等问题得到关注,研究课题越来越多、范围越来越广。

通过以上对新中国建立以来有关上海社团组织研究的梳理,可以得出判断:1990 年以来,特别是新世纪我们党提出构建社会主义和谐社会的理论以后,近现代的社会结构和社团组织研究成为近现代史的重要研究领域,并不断向广度开拓和深度掘进。关于近代上海社团历史的研究,广度的开拓体现在,不仅对革命团体进行研究,而且把经济团体、生活团体、公益团体、职业团体、风俗团体、秘密团体、宗教团体等等纳入研究范畴,本着"历史的存在必有其历史的原因"的求实态度研究历史的本体;深度的掘进体现在,对各类社团的研究从不同的视角进行考察,不仅分析其有形的成分、结构、规章、行为等架构,而且考究其无形的心态、情感、策略、渊源等方面。在政府、社团、民众的关系研究上,思想呈现出相当的解放。资本主义社会产生的市民社会思想、民主价值理念、国家权力边界、社会活力指数等概念也被引用为理论解释框架。对上海租界这一"殖民主义的载体"也进行更多的历史功能考察。

但是,目前看来,对近代上海社团组织社会管理意义的探析仍然是新的课题和薄弱环节,有待进行进一步研究。

推动社会的变动和更新,甚至为了社会的更新而动员社团成员参与可能引起剧烈震荡的社会革命,是不是社团的社会管理作用?稳定与活力、维持与求新在社会管理上怎样界定?譬如,工人和青年社团,为了改变阶级和国家命运而进行的打破旧秩序的团体行动,在社会管理的语境中有什么意义?是不是可以把"有利于推动社会进步的动员和参与"作为社会管理的本质功能?这是研究社团组织社会管理意义需要创新的社会管理理论问题。

三、基本概念

（一）社团的概念

社团的定义有广义和狭义之分。广义的社团涵盖一切社会组织，包括政府、公司、商社、自然群体在内；狭义的社团是指按一定规则和章程自主成立的、为公共利益进行活动的民众团体。本论题中的社团是指后者。“社团，是指由一定数量的自然人或团体、法人为了共同的目的，自愿成立并按照一定的原则和方式组织活动的相对稳定的群众团体。”①“社团一般指具有某种共同属性或关系的个人集合体。”②

社团组织包括专业性社团、学术性社团、行业性社团和联合性社团等。它是具有某些共同特征的人相聚而成的互益组织，一般具有非盈利和民间化两种基本组织特征。③

社团组织的产生和发展是市民社会和国家治理的共同需要，首先社团有为组织成员谋取社会利益的服务功能；其次，政府基于社会协同管理的需要，可以发挥社团组织服务国家利益的社会管理功能。归纳起来，社团组织的主要功能有：一是服务社团成员求发展的需要，包括增长知识技能、进行社会交往、得到社会承认以及获得新的发展机遇等；二是保护成员权益，包括对个人利益及群体利益的保护；三是维护社会和生产秩序，负有对社团成员的监督和管理职能；四是社会协调和沟通作用，包括政府和民众的桥梁作用、关联矛盾的协调作用、经济和社会信息的沟通作用、开展社会公益的作用等。

社团组织的自愿性、社团活动的自觉性是社团组织发挥功能的优势。建立在自愿参与基础上的社团成员，对社团的组织制度、价值取向是理解认同的，社团的章程、规则对社团成员具有约束力。社团成员自身利益的发展与集体利益的维护是相关的，能够积极接受社团的管理。社团组织的自愿性提高社团活动的积极性，社团组织随着形势的发展不断推陈出新。

（二）社会管理的概念

对社会管理的含义，从不同的角度有不同的理解。广义的社会管理是指对于社

---

① 王世刚：《中国社团史》引言，安徽人民出版社 1994 年版，第 1 页。

② 刘健清：《社团志》内容提要，上海人民出版社 1998 年版，第 1 页。

③ 奚洁人主编：《科学发展观百科辞典》，上海辞书出版社 2007 年版。

会各个领域的综合管理，包括政治管理、经济管理、思想文化管理和社会生活管理等。狭义的社会管理特指与政治管理、经济管理、思想文化管理相并列的社会生活管理。本文的社会管理含义是指狭义上的社会管理。对于狭义的社会管理也有一些侧重点不同的表述。

"社会管理，是指以维系社会秩序为核心，通过政府主导、多方参与，规范社会行为、协调社会关系、促进社会认同、秉持社会公正、解决社会问题、化解社会矛盾、维护社会治安、应对社会风险，为人类社会生存和发展创造既有秩序又有活力的基础运行条件和社会环境、促进社会和谐的活动。"①在这里，"维系社会秩序"是社会管理的核心内涵；"规范社会行为、协调社会关系、促进社会认同、秉持社会公正、解决社会问题、化解社会矛盾、维护社会治安、应对社会风险"，是社会管理的基本任务；以政府为主导的社会各方是社会管理的主体；为社会生存和发展创造既有秩序又有活力的基础运行条件和社会环境、促进社会和谐，是社会管理的直接目的。

另一种社会管理的表述是，"社会管理主要是政府和社会组织为促进社会系统协调运转，对社会系统的组成部分、社会生活的不同领域以及社会发展的各个环节进行组织、协调、服务、监督和控制的过程。"②这里从社会建设的角度强调社会管理贯穿于社会建设的全过程，把社会管理与社会建设在动员社会力量、整合社会资源、发展社会事业、完善社会功能等方面进行统一的理解。这一概念还指出了社会管理的主体不仅包括政府而且包括社会组织。

本书论述的近代上海社团的社会管理意义，一是指在近代上海社会环境中社团组织及其社会活动对社团成员所具有的联络思想感情、规范行业行为、调解成员矛盾、服务行业发展、表达成员诉求、维护成员利益等内向管理功能；二是社团组织及其社会活动，通过服务社会民众和社会环境所具有的吸引飘散个体、协调社会矛盾、促进社会公益、改良社会风气、动员社会力量、应对社会风险、维护社会治安等外向管理功能。社团组织的社会管理功能通过服务、沟通、协调、监督、控制、宣传、动员等机制表现出来。

社团组织的社会管理功能与政府的社会管理功能相比有其自身的特点。社团的社会管理功能没有政府的权威性高，但具有更为平等的认同性；没有政府的管控

---

① 马凯：《努力加强和创新社会管理》，《求是》2010 年第 20 期第 8 页。

② 李学举：《加强社会建设和管理 促进社会和谐与发展》，《求是》2005 年第 7 期第 16 页。

力度大，但具有成员之间的相互制约性；没有政府的管理手段强，但具有自发的管理普遍性；没有政府管控的资源多，但具有高度的管理灵活性；没有政府管理的强制力，但具有明显的管理民主性；没有政府管理的宏观性，但具有切实的管理微观性。这些特点对补充政府管理范畴、弥补政府管理不足、充实政府管理效能、提高政府管理效率，能起到重要的扶助甚至是不可或缺的延伸管理作用。

四、理论指导

（一）马克思主义市民社会理论

马克思在《德意志意识形态》中指出，“在过去一切历史阶段上受生产力所制约、同时也制约生产力的交往形式，就是市民社会。”“这个市民社会是全部历史的真正发源地和舞台，可以看出过去那种轻视现实关系而只看到元首和国家的丰功伟绩的历史观何等荒谬。”[①]市民社会“这一名称始终标志着直接从生产和交往中发展起来的社会组织，这种社会组织在一切时代都构成国家的基础以及其他的观念的上层建筑的基础。”[②]马克思在《政治经济学批判》序言中进一步揭示：“法的关系正像国家的形式一样，既不能从它本身来理解，也不能从所谓人类精神的一般发展来理解，相反，它们根植于物质的生活关系，这种物质的生活关系的总和，黑格尔按照 18 世纪的英国人和法国人的先例，称之为‘市民社会’，而对市民社会的解剖应该到政治经济学中去寻找。”[③]

马克思把市民社会看作“全部历史的真正发源地和舞台”，“从市民社会出发来阐明各种不同的理论产物和意识形式，如宗教、哲学、道德等等，并在这个基础上追溯它们产生的过程”[④]，以是否把市民社会理解为历史过程之“现实的基础”作为唯物史观与“过去一切历史观”的根本区别。[⑤]

马克思主义市民社会理论的本质在于，市民社会是国家的真正基础，市民社会决定国家，市民社会是经济基础的范畴。这一理论用在任何社会形态中都存在的、受生产力决定并与生产力相互制约的“交往形式”来界定“市民社会”，把“市民社会”

---

① 《马克思恩格斯选集》第一卷，人民出版社 1972 年版，第 41 页。
② 《马克思恩格斯选集》第一卷，人民出版社 1972 年版，第 42 页。
③ 《马克思恩格斯选集》第二卷，人民出版社 1972 年版，第 82 页。
④ 《马克思恩格斯选集》第一卷，人民出版社 1972 年版，第 43 页。
⑤ 《马克思恩格斯选集》第一卷，人民出版社 1972 年版，第 43 - 44 页。

与资本主义社会区分开来。把“市民社会”界定为“交往形式”，说明了从商品交往关系中发展起来的社团组织是市场经济的组织基础。

列宁发展了马克思主义的市民社会理论，在社会主义国家成为现实的条件下，列宁提出了社会主义国家的社会管理思想。列宁主义指出，公共职能是社会主义政府的主要职能，政府的主要任务是提供社会服务，社会主义“国家政权对社会关系的干预将先后在各个领域中成为多余的事情而自动停止下来。那时，对人的管理将由对物的管理和对生产过程的调节所代替”“以生产者自由平等的联合体为基础来组织生产”[①]，社会主义政府管理的本质是人民当家做主，政府管理必须发扬民主才具有合法性，社会主义政府的公共职能主要是应对市场失灵和提供社会公共服务，国家应该积极支持和调动社团组织的社会管理作用。

本书以马克思主义市民社会理论作为研究近代上海社团组织的基本指导思想。

（二）西方市民社会理论

随着改革开放的深入和社会面貌的变化，我国理论界不断探索和借鉴不同的社会发展理论。20 世纪 90 年代，用西方市民社会理论作为观察我国社会发展状况和发展趋势的理论模式成为学界热点之一，不少学者认为，我国经济和政治体制改革的目的也是建设一个“市民社会”[②]，并且已经形成了市民社会的一些因素，如社会组织的涌现等，“一个相对独立的公民社会是中国市场经济的必然结果”。[③] 市民社会理论也被用来作为研究近现代史的解析框架之一。

西方市民社会理论把市民社会称之为独立于行政性关系之外的社会生活，认为市民社会的存在是公民自由和社会发展的基本保障，国家的基本任务是保护市民社会的成长。

“市民社会”(civil society)是起源于西方的一个概念，最初是指古希腊的城邦社会，文艺复兴后含义扩展，是指与自然状态相对应的社会状态。霍布斯认为，市民社会是人们为了结束相互敌对的自然状态通过订立契约结成的[④]。洛克也是市民社会契约论者。启蒙以后，市民社会是指社会世俗的公共生活，以区别于宗教社会。18 世纪始，西方的“市民社会”概念是指资本主义经济生活，重点强调私人领域的社会

① 《列宁选集》第二卷，人民出版社 1960 年版，第 601 页。
② 邓正来、景跃进：《建构中国的市民社会》，《中国社会科学季刊》，1992 年 11 月号，第 61 页。
③ 俞可平：《治理与善治》，北京：社会科学文献出版社 2000 年版，第 350 页。
④ 霍布斯：《利维坦》，商务印书馆 1985 年版，第 131 页。

活动，以与政治的、公共的社会领域相对应，这也是近代市民社会的一般含义，特指社会的私域生活。

苏格兰思想家亚当·福格森被认为是首先从近代意义上使用“市民社会”这一概念的。福格森对当时的国家“侵蚀”私人社会领域的趋势感到不安，把市民社会看做是与国家对立的，市民社会是防护私人生活不受国家干涉，自主的社会组织是防护的屏障。

黑格尔以辩证思维把市民社会与国家统一起来，认为“市民社会”是前国家的理念发展阶段，理念的本质是从“市民社会”提升到国家，[①]社会组织应该与国家目标统一起来。

意大利马克思主义者葛兰西对“市民社会”问题有较多研究。葛兰西认为市民社会属于上层建筑领域，这是他与马克思市民社会不同的地方。他提出了上层建筑两个层面的思想：一个被称作“市民社会”，即民间社会组织的集合体；另一个是政治社会即国家。他认为，这两个层面在执行“领导”职能时是一致的，统治集团的领导职能是通过国家和“市民社会”来执行的。所以在葛兰西那里，国家包含了“市民社会”，“市民社会也是“国家”[②]。葛兰西的理论给分析市民社会提供了一个新见解，也给分析社团组织与政府的关系提供了一个新视角——社团组织的发展本身意味着现代国家的社会化。

西方还有一些思想家认为，西欧的现代化就是“市民社会”从政治和宗教领域分化出来的结果，把市民社会指称为自愿团体、市场交换和自主领域的合法化等特征。

法国社会历史学家涂尔干认为，“市民社会”是国家行政权力之外的具有自身联系的社会实体。他认为，在传统社会中，劳动分工少，社会关系狭隘，社会整合需要强制的规范制度才能实现，否则，社会就会很分散。在工业化社会中，社会关系广泛，国家强制力量逐渐被各种关系代替。高度发达和专门化的劳动分工使社会成员相互依赖，也使有机的团结得到固定。涂尔干把行政性联系称为机械的联系，把社会分工形成的社会关系称为“有机的”联系，“市民社会”是这种有机联系的总体。

概而言之，西方市民社会理论的一个基本观点是，市民社会是一个独立于国家之外并与国家相互作用的社会生活领域，特别强调私人经济和社会活动的自主和

---

① [德]黑格尔：《法哲学原理》，商务印书馆 1982 年版，第 247 页。

② [意]葛兰西：《狱中杂记》，人民出版社 1987 年版，第 222 页。

自由。

本书坚持马克思主义的“市民社会”观点，把“市民社会”首先理解为经济基础的范畴，近代社会分工和市场经济是社团组织的基本原因。同时借鉴葛兰西的“社会组织执行国家职能”的思想，把近代上海社团组织的社会作用，作为国家管理职能的延伸或社会自主管理、自我维护的属性。

第二节　基本思路与研究重点

一、基本思路

任何社会状态下，政府和民众之间都存在广阔的社会空间，问题只是社会空间自主性存在的边界和怎样有效运用社会空间以促进社会良性发展的区别。近代西方市民社会理论把社团组织称之为社会第三部门，与政府机构和宗族组织相并列，启发了近代民族国家自觉认识社会空间的民主价值。从市民社会的角度来看，近代上海具有某种程度的市民社会形态和特点，其类别多样的社团组织和丰富多彩的社团活动是市民社会的明显标志。近代上海社团组织在政府和民众之间的折冲樽俎引人注目。本书研究近代上海社团组织的总体思路，从研究近代上海社会的特点出发，论述发展于近代上海政府和民众之间广阔社会空间的近代上海社团组织及其历史活动，然后阐释其社会管理效能和历史意义。

本书包括导言、正文(七章)、结语等部分。

导言用以说明论文的选题立意、近代上海社团研究的学术回顾、研究遵循的基本指导理论、研究方法、本论文的重点、难点、学术创新等问题。

第一章，论述近代社团产生和发展的社会经济基础以及近代上海社团随着资本主义市场经济的发展而演进的历史过程。以开埠前上海地区商贸经济先行发展所产生的早期商帮组织和会馆公所为铺垫，论述开埠后近代上海经济社会的超常变化是近代社团发展繁荣的基本原因。

第二章，论述近代上海社团孕育产生的思想文化条件。主要阐述西方文化的传播和对近代上海市民社会的精神浸润，促进了近代上海社团的社会化发展。

第三章，展开述论近代上海社团随着上海经济社会近代化的历程、近代民族觉醒和追求民族复兴的浪潮，组织层次和组织范畴不断发展的状况。

第四章，分类述论近代上海社团开展的社会管理活动，展现各类社团在风云际会的近代上海历史舞台上促进社会进步的历史场景。

第五章，阐释近代上海社团活动所具有的社会管理功能，论述社团在近代上海发展史上的关系协调、民意表达、公益事业、社会动员等方面的作用。

第六章，论述近代上海黑帮社会这一霉变社会的成因，说明自发性的社团有无序扩展和行为越轨的可能性，这种可能性在复杂的社会环境中，如果缺乏政府的有效监管，就会演变为黑社会。

第七章，总结近代上海社团活动所具有的社会管理意义，阐述近代上海社团发展的经验和教训，思考今天社会管理体制创新与民间社团组织的关系。

二、研究方法

马克思主义历史唯物主义原理，是本书研究坚持的基本原则，因此，贯穿本题研究的基本研究方法是历史唯物主义方法，分析社团产生的经济文化基础，述论社团组织的利益动机；借鉴社会学的社会结构理论，对社团进行人口、阶层、习俗等因素分析；借鉴社会管理学的人本理论“社会管理归根结底是对人的管理和服务”，对社团寓服务于管理的功能进行研究；实证研究的方法，以近代上海社团发展的历史事实，论证社团的社会管理功能；本书写作采取以史带论、史论结合的叙述方式。

三、重点、难点与学术创新

（一）研究重点

通过对近代上海社团组织的历史考察，论述近代上海社团组织是社会近代化的必然产物，及其所具有的社会管理意义。主要说明近代上海社团组织在适应近代上海发展环境、规范社会竞争、开展社会公益、维持市场秩序、保护社会稳定、缓冲社会矛盾以及动员社会力量方面的活动和作用。在此基础上，思考社团组织的功能对社会管理创新的意义。

（二）研究难点

（1）在对本书的结构设计和史料搜集整理过程中，笔者的理论抽象力和材料整合力受到严峻考验，深刻地感受到理论抽象力、驾驭鉴别材料的思维力是历史论文写作的基本能力。感于此，不禁对唐代史学家刘知几提出的治史“才、学、识”论崇拜不已，“言近而旨远，辞浅而义深”的史作境界对于本人而言，是渴望而难及的。

(2) 在现有的研究环境下,第一手史料的搜集和查询比较困难。关于本书的文献、图书和资料资源比较有限,跨区域资源的利用常有很多屏障,如借阅资格的限制等。

(3) 现在对社团历史研究的理论模式多种多样,有市民社会理论、社会控制理论、小政府大社会理论、强政府强社会理论等,还没有形成成熟的、获得普遍共识的社团理论研究模式。

(三) 学术创新

(1) 研究的视角。本书从社会管理视角,研究近代上海社团组织的发展和功能及其对当前社会管理创新的启迪。以前对近代上海社团的研究多局限在三个方面:一是研究近代上海特殊的政治经济形势下,传统社团的结构变迁、体制更新、功能拓展、组织近代化、决策民主化等社团组织自身的近代化问题;二是分别研究各类社团在推动行业发展中的作用;三是研究各类社团在近代民族民主革命中的社会宣传、社会动员、斗争方式等问题。本书主要通过对近代上海社团组织的历史考察,阐释其在维系社会秩序和维护社会稳定方面的作用,论述其在适应和推动社会发展中的社会管理意义。

(2) 研究的区域特色。近代上海社团的发育和发展,有着不同于其他区域社团产生和发展的历史条件。一般认为,近代上海是我国典型的半殖民地半封建社会,但在分析近代上海的历史事件时,仅仅套用"半殖民地半封建社会"概念,就显得笼统和概念化。近代上海商品市场意识较强,摆脱封建观念的步子较快,半封建的影响较淡,半殖民地的程度较深,是西化氛围较浓的地方。近代西方社会文明在近代上海直接落地并直接参与近代上海的社会治理和社会文明塑造,近代上海民众受西方文明影响之深,以及行为方式西化风气之浓,是近代中国其他区域所不及的。基于近代上海的区域特色,研究近代上海社团组织在政府和民众之间的特殊纽带作用,是本书的特点之一。

(3) 研究近代上海社团组织蓬勃发展的特殊原因。以往研究近代上海社团组织数量多、能量大的原因,大多是从"抱团求生存"、"保护民族权益,抵制洋人侵掠"等方面进行论说的。本书认为,近代上海社团组织的发展轨迹具有历史的自组织和自修复特征,既符合历史唯物主义关于社会历史是自然历史过程的原理,又反映当时上海的特殊政治状况。近代上海社团组织雨后春笋般的出现是当时政府功能弱化、三界治理分割[1]、社会空间扩大、文化新旧更替、市场经济成长、人口规模流动的必然现象，在政府和民众之间起到了特殊的凝合作用。本书把近代上海社团组织的发展，作为特定历史时期政府与民众之间的社会优化组合和社会自我治理的内在机制来研究，有助于深化近代上海城市史研究的内涵。

(4) 研究的社会现实意义。首先，对近代上海社团组织的社会管理意义研究，有助于为今天的社会管理创新提供思想资源。党的十八大报告提出的“党委领导、政府负责、社会协同、公众参与、法治保障”的社会管理思想，有着科学发展社团组织的含义。社团组织是“社会协同、公众参与”的载体和组织资源，科学发展政府和民众之间的社团组织是贯彻“社会协同、公众参与”社会管理思想的客观要求。考察近代上海社团组织的社会管理意义，可以为科学建立现代社团组织提供一定的历史借鉴。

其次，本书的研究有助于全面认识时下社团组织发展的意义，消除把民间社团看作是异见团体的偏见，客观评价其社会功能，尊重社会历史生态，顺应历史发展潮流，增强正确引导社团发展的自觉性。

再次，对中西文化合流历史背景下的近代上海社团组织社会管理意义的研究，有助于历史地看待社团发展的过程和意义，清醒认识改革开放条件下的社团发展趋势。党在革命、建设、改革的历史中，探索、积累、形成了丰富的社会宣传、社会动员、社会凝聚的自上而下的单向性社会管理经验。但在全球化浪潮的大背景下，人类文明呈现出大交流、大交汇、大交融的趋势，世界竞争从经济领域向经济、政治、文化、社会综合发展状况提升，人们更加关注社会和谐、社会参与、社会民主和社会质量，同时，一个既充满活力又和谐稳定的社会环境更有利于经济发展的质量和效益。我们的社会管理体制面临着改革开放不断推进的新期盼。社会管理体制在新的发展条件下必须与时俱进，才能适应建设和谐社会的要求。积极发展社会团体、充分调动民众参与社会管理的积极性、开发政府和民众之间的社团组织资源，是丰富中国特色社会主义社会管理体系、提升社会管理水平的大势所趋。

---

① 三界指“华界、公共租界、法租界”。

第一章　近代上海社团发展的经济社会动因

社团是社会团体的简称，是社会的一种民间组织形态。自古以来，各种“会”“社”“团”“党”等民间组织与历史进程同行共进，发展到近代社团的组织形式。古代的“会”是集会、结盟的意思，“社”是指祭祀神灵的地方，“团”具有聚合团圆的含义，“党”则是指地方亲族关系。古代社团一般与血缘关系密切相连，为了共同的宗教活动而设。随着生产和文化的发展，社团的种类也在丰富，逐步形成古代的文人社团、行会社团、秘密会社等。古代社团是生产力水平低、生产关系不发达、人身依附性社会关系的产物，具有显著的孤立性和排他性。近代社团的内容和形式与古代社团都有明显的不同。由于生产关系的社会化，近代社团不但关注团体利益，还需关注社会利益，组织形式是开放和兼容的。如果说古代社团一般没有成文的社规团约、封建迷信色彩浓郁的话，那么近代社团一般都有明确的规约和组织制度，是近代商品经济和自由民主精神孕育的结果。

社会是交换关系的产物，是各种交往关系的总和①。随着交换关系的扩大，必定是包括社团发展的社会内容的丰富。近代上海社团组织的发育成长，是以近代上海的经济、文化、社会关系为基础，并与近代上海的发展状况相适应的。

1842 年，清政府与英国签订了《南京条约》。条约第二条载明：广州、厦门、福州、宁波、上海五港口贸易通商无碍，英国设领事、管事等官住该五处城邑，专事商贾事宜②。1843 年 11 月 8 日，英国首任上海领事巴福尔到达上海会见苏松道台宫慕久，双方商定上海于 11 月 17 日正式开埠③。从此，上海走上了半殖民地半封建社会条件下的特殊近代化之路，并且很快成为西方对华经济贸易投资、思想文化传播、社会治理实践等方面的前沿城市，为近代社团组织的产生准备了经济社会条件。同

---

① 《马克思恩格斯选集》第 4 卷，人民出版社 1972 年版，第 320 页。

② 王铁崖：《中外旧约章汇编》第 1 卷，北京三联书店 1957 年版，第 31 页。

③ 《筹办夷务始末二百六十卷 03》道光卷七十，复旦大学图书馆藏民国十九年故宫博物院影印清内府钞本，第 46 页。

时，上海在近代西方资本主义因素的强大作用下，以超常的速度向前发展，城市规模和面貌快速变化，社会规模空前扩张，城市结构和治理方式各自为政，这种状况对城市的社会秩序和社会管理提出了挑战，给近代社团组织的发展留出了广阔的空间。近代上海社团的组织方式和活动机制随着经济社会状况的变化，也从封闭保守逐步走向开放兼容，其社会管理和促进社会发展的作用愈益显著。这一过程在一个重要方面反映了上海近代化的特殊历程。

近代上海社团既是在西方经济政治文化冲击、影响下发展的，又是在上海原有的经济社会基础上展开的。研究近代上海社团组织的发展变化及其历史作用，有必要首先了解近代前上海经济社会发展的状况。

第一节　商贸经济的先行区

上海于南宋咸淳三年（1267 年）建立镇治，元至元十四年（1277 年）设立市舶司，至元二十九年（1292 年）设置上海县。明清之后，由于江海航运技术的发展，黄浦水系枕江襟海的水路区位集散优势得以体现。上海内联吴越富庶之乡，外通海外贸易交往，溯长江直达华中地区，沿海北上可与华北和东北相连接，经大运河可深入齐鲁、中原，甚至可以远触关中开展贸易。虽然上海的商贸兴盛局面遭遇过明清时期海禁政策和倭寇侵掠的滞缓和浩劫，近代以前，上海仍然已发展成为国内贸易大港和漕粮转运中心，成为我国商贸经济的先行区。“闽广辽沈之货，鳞萃羽集，远及西洋暹逻之舟岁亦间至，地大物博，号称繁剧，诚江海之通津，东南之都会也”①。当然，这里对上海“都会”的赞叹是映衬于封建农业经济而言的。

一、棉纺业分工催生行会商帮的出现

宋、元时期上海地区种棉业和织布业的逐步兴盛是近代前上海商品经济发展的滥觞。上海地区水道纵横，交通便捷，给物品交换提供了有利条件。虽然封建农业社会的人们一般会满足于足食丰衣的稳定生活，但商品交换更能改善生活质量。宋末，上海地区开始兴盛起种棉和织布业。元代，松江出了个泽被后世的历史人物黄

① 嘉庆朝《上海县志序》，转引自刘惠吾：《上海近代史》（上），华东师范大学出版社 1985 年版，第 15 页。

道婆，她流落崖州归来后，把学自黎族人民的纺织技术传给乡人，更新改造了家乡较为落后的棉纺织生产工具，并在上海地区得到广泛仿效和推广，使上海地区土布生产的质和量都得到很大提升，影响逐步扩大，在外地享有量多质优的美誉。从而上海地区以棉纺织业为主的商品生产开始兴盛起来，吸引各地客商前来开展贸易活动。

到明代的时候，国内埠际商品交换逐步发展，随着市场的扩大，上海棉纺织业生产的产量和品种也进一步增长和创新。据学者论证，当时的上海县一地就可以产销棉布约 1500 万匹①，经过上海流通的上海周边地区产销的棉布数量更大。当时，上海销往国内各地的棉布种类多种多样，根据不同销售地区人们的劳动条件和生活习惯，生产不同规格的布匹，以适应不同的销售市场。例如，松江产的标布、中机和扣布，分别销售西北一带、湖北、江西等各地；高丽布主要销往东北地区；另外还有卢纹布、格子布、云青布等。由于上海手工业纺织布的品种多，流量大，所以各地“商贾贩鬻近自杭、歙、清、济，远至蓟、辽、山、陕，其用至广，而利亦至饶”②，“富商巨贾挟重赀而来市者，白银动以数万计，多或数十万两，少亦以万计”③。由此，上海获得了“木棉文绫，衣被天下”的美称④。商品贸易过程中，逐步形成了经营不同商品种类的商帮。

棉布商品生产的发展，促进了生产分工的扩大。纺、织一体的家庭混合式小生产逐步演化为纺、织分工生产。明中叶以后，出现了专业的纺纱户和织布户，“纺纱不止乡落，虽城中亦然，里媪晨抱纱入市，易木棉以归，明旦复抱纱以出”⑤。轧花业发展成为一个独立的手工业部门，周边地区如崇明、海门商贩，来上海采购棉花，“土人惟碾去其子，卖于诸处”⑥。纺织加工品逐步延伸，明万历年以后，上海地区的制鞋业、制袜业形成新的手工业行当，并设肆出售。当时用松江所产的尤墩布制作的暑袜，尤其受民众欢迎，吸汗耐用，做工精细，远近闻名，被专称为“尤墩暑袜”，成为当时的“品牌”。棉纺织业的分工发展，达成了一定的原始积累，产生了资本主义经济的萌芽。当时，暑袜业就开始受到了商业资本的关注和运作，商人设立店铺收购制袜原料，分发给手工业者制作，按规定标准支付工资，然后回收包卖，集中成品售于

---

① 张仲礼：《近代上海城市研究》，上海人民出版社 1990 年版，第 38 页。

② 刘兆祐主编：《万历嘉定县志》，“田赋考”物产，台湾学生书局，第 476 页。

③ 叶梦珠：《阅世篇》卷七，食货五，上海古籍出版社 1981 年版。

④ 弘治《上海县志》序，上海市教育科学研究所资料 6。

⑤ 康熙朝《松江府志》卷五，《风俗》。

⑥ 褚华：《木棉谱》，《上海掌故丛书》第 1 集，通社排印本 1935 年版。

四方市场。王韬在《瀛壖杂记》中就有这样的记述:"沪上袜肆甚多而制袜独工,贫家女子多以缝袜为生活。敏者日可得百钱,每夕向肆中还筹取钱值。"上海的周浦区域还出现了专纺手巾的手工业,所产的"高丽手巾"远销辽东。专业的染布作坊也相继出现,还有专门加工外销棉布的踹布坊。生产的分工,促进了行业规模的扩大,为维护行业生产利益,催生了行会组织。

纺织业的生产、贸易,催生了大量专营布匹的布号,同时,假冒伪劣扰乱市场,影响布业声誉的情况也时常出现,布号结团防伪随之成为行业发展的必要。顺治十六年四月,苏松两府一些布号联合申报官府抵制布牙假冒行为的行动,[①]是为近代上海商业社团出现的萌芽。

纺织业的发展分工促进了纺织工具业的发展和更新。嘉庆《朱泾志》载:"铁锭,朱泾最良,近数尤御亭及骆姓家,远近争购。"上海七宝地区的居民多制纺车出售,七宝镇的东街就有一条长三百余步的纺车制造街,名曰纺车街,建有自发联合的行会组织。

纺织业的商品经济带动了其他手工业的扩大发展。铜锡业和打铁业的商品生产相继形成相当规模。明代,上海制作古色炉瓶的黄芸轩以产品精雅行销市场。同时期,专业的铜锡器坯料作坊在上海出现,如彭全泰炉坊在泥城桥设立。打铁方面,专门制作手工业生产工具、配件和生活用具的作坊和店铺也发展起来,面向市场成为商品经济的独立部门。清乾隆末年,许多锡作作坊在上海设立,形成了苏、绍、宁、鄞等早期行业商帮。1800 年,上海锡作业还成立了社团性质的行业组织"桂花会"。

以棉纺织业的兴起而带动的近代前上海商品经济发展,与上海便利的水运交通条件相得益彰,奠定了上海商贸环境的市场氛围,一旦上海机遇外部条件的促动,就会以更强的引力吸纳国内外资本和人口来此经商创业,促使上海产生超越氏族家庭和手工作坊层次的新的社会组织,以适应和规范新的商业环境。

二、航运枢纽产生早期会馆公所

鸦片战争以前,上海地区另一个经济支柱是航运业。上海原是由海上贸易和航运业的发展而形成的一个市镇,初设县时,"地方人士半是海洋贸易之辈"[②]。地处长

① 《上海碑刻资料选辑》,上海人民出版社 1980 年版,第 84 页。

② 范濂:《云间据目钞》卷二,《纪风俗》;转引自刘惠吾:《上海近代史》(上),华东师范大学出版社 1985 年版,第 21 页。

江入海口的上海宝山，其命名就与近代前上海航运业的发展具有渊源关系。“由于航运的需要，在今川沙高桥镇北临海处构筑了一座方圆百丈、高三十余丈的土山，山上设有烽堠，昼则举烟夜则明火，以利船舶进出长江。”[①]这座人工土山自明朝以来见证了上海航运业的起落和繁荣，具有重要的上海航运史意义，“宝山”因此而得名。明初，黄浦江经治理，渐成良港，但在明清两季的海禁政策下，上海的海外贸易遭到压制和禁锢，航运贸易只限于国内范围，黄浦江的良港效益没能得到充分发挥。1684年(康熙二十三年)，清政府开放海禁后，上海以棉、布贸易为基础的航运业随之得到空前的发展。航运业的发展带来了早期的商业移民，这是会馆公所产生的基础。

基于上海航运业的发展利益，1685年(康熙二十四年)后，清政府在上海县设江南海关，江海船舶聚泊黄浦江，进一步促进了上海航运业的繁荣。从此，“往来海舶，俱入黄浦编号，海外百货俱集”[②]。上海县东门外的江面上“舳舻相衔，帆樯比栉，不减仪征、汉口”[③]。上海不仅成为纺织品进出口量最大的吞吐港，也成为南、北洋海上贸易的枢纽站。

海禁开放后，上海港贯通南北、内外的优越条件得到发挥，逐步形成了五条主要航线：分别是北洋航线、南洋航线、长江航线、内河航线、国外航线。

北洋航线开辟最早，货运量也最大，包括上海至牛庄、天津及芝罘三条线，货运船只主要是沙船。上海运出的主要是棉花、棉布、丝织品、茶叶及南洋转口的食糖、胡椒、海参、燕窝等；运进以豆饼、大豆、油为大宗，还有肉类、油脂、木材、小麦、药材和水果等。道光五年(1825年)，清政府开始海运漕粮，更加繁荣了北洋航线的航运业务，也进一步激发了上海的商业活力。南洋航线，通浙江、福建、台湾和广东。南洋运来的糖、染料、药品、苏木、松子、海参等在上海集散销售，南洋需求的棉布、陶瓷、茶叶、生丝及部分北洋转口的货物从上海通过南洋航线运出。长江航线连接长江沿岸的各个城市和地区，可以直达四川、重庆以远。长江航线把大米、杂粮、茶叶、陶瓷、木材、各地土特产运入上海，从上海运出棉布、南北洋转口的糖、豆等物品销往长江沿岸各地。内河航线是通过江浙的水系和大运河与江、浙内地和皖、鲁、冀等省份连接的航运网络，这条航线通行的是小型船舶，货运量虽小，但数量极多，是上海

---

① 刘惠吾：《上海近代史》(上)，华东师范大学出版社1985年版，第22页。

② 叶梦珠：《阅世编》，卷三，《建设》，上海古籍出版社1981年版。

③ 乾隆朝《上海县志》，卷一，《风俗》，浙江图书馆缩微制品1988年版。

向内陆辐射的重要渠道。国外航线主要是驶往日本、朝鲜、东南亚各国的商船。航行外国的都是大船，最小的也有 150 吨，大的有 900～1 000 吨。从日本进口的货物中主要是铜，每年达数百万斤；从东南亚主要进口糖、海参、燕窝、鱼翅、象牙和藤条等货物。从上海出口以土布、陶瓷、茶叶和丝绸为主①。

有一项数据可以直观的反应近代前上海航运业不断发展的情况。康熙二十四年，清政府在上海设江海关。康熙二十九年（1690 年），江海关税额定例为每年23 000两，历年多有盈余，嘉庆四年（1799 年），定额增至 42 000 两，并规定多收多交，达到初设海关时关税定例的两倍。如果考虑到关署官吏的贪污及走私漏税等因素，同时期上海各条航线航运量的增长要大大超过一倍了。海关税吏是当时公认的一个肥缺，王韬曾指出：江海关总库“最为优缺，非糜万金，不能得也，至为关吏者，家无不富”②。在固步自封的封建社会，这样的发展速度应该是较快的了，至少可以说明上海地区蕴涵着巨大的发展潜力。

1832 年，英国东印度公司的海船“亚美士德”号载着胡夏米一行非法考察东南沿海各港口，到达上海时，他发现“每星期驶进上海港的平底帆船 400 艘，平均每艘载重 100 吨至 400 吨之间。假若该项数据代表全年情况的话，它使上海成为当时世界主要通商口岸之一。”③所以，“胡夏米对上海发展的前景怀着满腔热情。他的报告指出：上海的地理位置，早已使其成为一个规模宏伟的中外贸易城市。”④那种认为上海开埠前只是一个落后小县城的说法看来是不正确的。

上海航运业的发展在当地造就了一批大的船商，有的大船商甚至拥有船舶四五十艘以上。上海巨商张元隆“多聚匪类，广置洋船，立意要造船百只，以百家姓为号”⑤。当时建造一船，需银七八千两，故拥有数十艘船的船商，资本当在数万至数十万两白银之间。

康熙五十四年（1715 年），航运业的发展催生了上海最早的社团组织——商船会馆，以联谊感情、沟通商情、规范竞争。商船航运业的兴起开始不断吸引外地客商常

① 以上有关航线的资料采据《上海港史话》，上海人民出版社 1979 年版，第 17—20 页。

② 《瀛壖杂志》卷二，上海古籍出版社 1989 年版。

③ ［美］罗兹墨菲：《上海——现代中国的钥匙》，上海人民出版社 1986 年版，第 72 页。

④ ［美］罗兹墨菲：《上海——现代中国的钥匙》，上海人民出版社 1986 年版，第 71 页。

⑤ 《正谊堂集》卷一，转引自刘惠吾：《上海近代史》（上），华东师范大上学出版社 1985 年版，第 25 页。

驻上海，这是上海早期的商业移民。外地移民陆续建立服务本籍移民的会馆，如泉州会馆、潮州会馆和浙宁会馆等。

商船要雇用大量水手。商船与水手是一种雇佣关系，商船通过税牙向客商揽载货物，赚取运费，一年往返可得千余金，少则数百金，而一名水手的分红可得二三十金[①]。在商船和漕运的水手中也存在竞业的关系，为了竞争的有利和得到某种保护，航运水手也组织或参加某些行帮组织。如，在运漕粮的沙船水手中，存在着带有浓厚宗教色彩的行帮组织——青帮。

随着航运业的发展，上海逐渐形成了装卸行业。当时船舶主要停泊在今十六铺一带的江面上，江岸有十多处石砌的踏步式码头，大船不能靠泊，须用驳船卸货，仓库一般离码头较远，因而出现了驳船工和脚夫。这些体力劳动者，一类是兼充官徭(由官方雇用的劳动力)的。他们分帮把持，划地为界，不许外来流民染指。另一类是外来“流民”。他们为牙行铺户搬运客商零星货物，按件计价，如台糖上力八文，下力十三文；广糖上力四文，下力七文；烟箱每担上力六文，下力七文[②]。这样，在船舶装卸业中逐步出现了“脚头”的角色，他们控制或操纵码头货物的装卸。“脚头”相似于后来形成的帮会的头目，管理装卸散工的秩序，也榨取搬运工人的劳动价值。

与航运业发展相伴随的是，物流频繁、市场扩大，客商云集、竞争增强、不可预测的经济和社会矛盾增多，社会变得复杂多变起来。安全稳定、竞争有序的社会环境，成为城市发展的重要条件。封建社会的政府管理是很难跟得上商品经济发展的脚步的。于是，各籍、各业商人相继建立会馆、公所等社团组织，以维护自身利益、维持市场秩序。

三、商品交易扩大与钱业公会

随着棉纺织业和航运业的发展，以棉纺织生产、贸易为中心的市镇居民点不断增多。有学者研究统计，宋元以前上海地区的市镇不过十数个，明正德年间增至37个，到鸦片战争前夕，新增的大小市镇已达到150余个，市镇居民绝大多数是工商业人口，多者数千户，少者几百户，农业人口明显下降[③]。地处“浦流江汇”的上海县城

---

① 《福建通志》卷十四，转引刘惠吾：《上海近代史》(上)，华东师范大上学出版社1985年版，第25页。

② 《上海碑刻资料选辑》，上海人民出版社1980年版，第76页。

③ 杜黎：《鸦片战争前苏松地区棉纺织业生产中商品经济的发展》，南京大学历史系：《明清资本主义萌芽研究论文集》，上海人民出版社1981年版。

一带，更是人烟稠密，商业兴隆。港岸边出现了许多由闽、广商人经营的专门发售洋货的行号，这些行号集中的街道就叫洋行街（今阳朔路）。随着商品经济的发展，办理钱币兑换、存放业务的金融机构——钱庄业也兴旺起来。为了协调钱币兑换与存放利率等金融秩序，顺利开展钱庄之间的业务交往等，成立了钱庄业同业公会——上海钱业公会。乾隆四十一年（1776 年）该公会集银一千两，买下晴雪堂房屋（在今豫园内），作为会所。从这年到嘉庆二年（1797 年），参加该公所的钱庄达 149 家[①]。

鸦片战争前夕，以商业性农业、棉纺织业和航运业为基础的上海地区的经济已发展到较高的水平。尽管它还未突破封建主义的藩篱，但自然经济的基础已开始瓦解，商品经济不断趋于扩大，商业资本日益渗入生产领域，资本主义萌芽在棉纺织业和航运业中已经逐渐产生，并有了程度不同的发展。可以相信，"如果没有外国资本主义的影响，中国也将缓慢地发展到资本主义社会"[②]，而在这个过程中，上海走在了其他地区的前头。商贸经济的发展一方面引起社会利益主体的多元分化，一方面孕育着新的社会组织来维系、规范、推动社会各方利益的实现和发展。

第二节　开埠后的冲击与发展

开埠以后，上海经济社会在客观上获得了促进发展的外部条件[③]。上海的大门虽然是被侵略者用炮火轰开的，但是，硝烟过后，面对近代资本主义文明和经营方式的洗礼，从此风气渐开，开始挣脱封建传统观念的束缚，思想文化逐步更新，市场竞争意识逐步增强，经营方式更加开放，以前所未有的姿态放眼更广阔的发展空间。但是这种洗礼是严酷的。外国资本和人员以不平衡的经营和身份优势进入上海，并以租界为据点，以财富为目的，在上海进行资本主义掠夺式的贸易、投资、冒险及投机的活动。外国商人、传教士、冒险家，甚至落魄汉都一起涌了进来，对近代上海发展形成巨大冲击。

---

① 据《钱业承办祭业各庄名单碑》，《上海县为钱业晴雪堂房产谕示碑》，见《上海碑刻资料选辑》，上海人民出版社 1980 年版，第 254—257 页。

② 《毛泽东选集》第二卷，人民出版社 1967 年版，第 589 页。

③ 刘惠吾著：《上海近代史》，华东师范大学出版社 1985 年版，第 79 页。

一、冒险家的乐园与行业公所、帮会组织

外国商人、冒险家来到上海，首先建立起各种洋行，以便从事各种开发和商业活动。开埠之初的1844年，上海的外国洋行就设立了11家，十年之后达到120多家[①]，其中著名的有怡和洋行、大英轮船公司、沙逊洋行、颠地洋行、仁记洋行等。这些洋行都抢先租占黄浦江沿岸的土地，以至后来的外国商人无法插足只得向西扩展，无形中使沿江一带成为前街，离江稍远的地区成为后街。

1847年上海常驻外侨108人，到1850年增至143人[②]。现在看来，数目不多，但在封闭的封建社会，与洋人为邻，他们的行为习惯和做事方式无疑对华人具有强烈的冲击。他们最初居住在南市城外沿黄浦江一带的民房，到40年代末陆续搬进城外原本荒芜的租界。他们开始经营外滩，并逐渐向西扩展。包括今天外滩的租界原来只是芦苇丛生的沼泽地，江边只有一条船夫背纤的狭窄走道。开埠以后，先铺了一条用煤屑、炉渣、卵石等铺筑的临江大道。到19世纪50年代，外国洋行、银行陆续在外滩设立营业所，在外滩建筑了一些完全不同于我国传统建筑的一、二层洋房，以及他们所属的仓库、堆栈和码头等。

1850年，英国一些洋行的大班按他们的生活方式，联合成立跑马会，占五圣庙(今河南路、南京路拐角处)附近的80亩土地，辟作花园，并在花园东南处设置了一所抛球场，围绕花园筑成一条专供跑马的跑道，举行春秋季的赛马比赛。每逢赛马之期，吸引很多人都来参观，这里成为英租界最早的游乐中心。由于生活和享乐的需要，他们还于1848年成立了上海图书馆，1850年创办了英华书馆，同年，又创刊《北华捷报》。他们还组织两个名叫“浪子”和“好汉”的剧团，经常在洋行货栈里举行演出。1852年，外国商人联合商船水手，在黄浦江中举行划船比赛。这些对华人来说，都是前所未有的视觉和心理冲击。总之，随着西方殖民者的纷至沓来，上海的面貌和社会生活逐渐发生了变化，以往兴隆的上海城厢逐步衰落，代之而起的是原本荒芜的租界的日益繁荣。西人正在按照自己的需要把上海建成一个有吸引力的“冒险家的乐园”。

开埠以后，洋行贸易对上海地区的经济秩序产生巨大冲击。以英国为首的西方

---

① 刘惠吾:《上海近代史》，华东师范大学出版社1985年版，第79页。

② 刘惠吾:《上海近代史》，华东师范大学出版社1985年版，第80页。

资本主义国家在上海的外贸迅速增长。开埠的最初六个星期里，就有七艘外国商船驶入港口。第二年即 1844 年，共有 44 艘外国船只进口，载重量为 8 584 吨。1849 年，进口外船增至 133 艘，载重量为 52 574 吨，其中英国船 94 艘，载重 38 875 吨，美国船 25 艘，载重 10 252 吨，其他国家船只共 14 艘，载重 3 447 吨。1852 年的最初九个月里，进口外国船只达 182 艘，载重量 78 165 吨，其中英国船 103 艘，载重 38 420 吨，美国船 66 艘，载重 36 532 吨，其他各国船只共 13 艘，载重 3213 吨[①]。在进口商品中，毛织品和棉织品占有极大的比重，1845 年，仅各式布匹一项，就进口 1 440 062 匹，价值 1 121 190 镑[②]。巨量棉毛织品的输入，首遭其害的是上海地区的手工棉纺织业。据当时人记载："松、太利在棉花梭布，较稻田倍蓰；虽（捐税）横暴，尚可支持。近日洋布大行，价才当梭布三之一。吾村专以纺织为业，近闻已无纱可纺，松、太布市，消减大半。"[③]又载，"我邑（上海县）濒海，多沙地，棉花实所宜种以此作布，利倍于粟，真美利也。比年因各口通商，洋布盛行，而木棉顿滞，盖亦一厄云。"[④]外国商品的猛烈冲击，使上海城乡手工业日益走向衰落，只能被纳入外国资本主义市场，或破产，或作为原料供应，或经营洋货买办，或改弦更张实行机器生产提高效率和质量，或为城市市场服务，如，从种棉到种菜，搞养殖业等。

另一方面，在"协定关税"的不平等条约下，洋外国人的税额负担相对于我国民族商品的税赋要轻得多，这就扼住了中国的经济命脉，沉重地打击了中国的民族经济。同时，也令国人反思，刺激民族工商业逐步走向近代化的发展轨道。

洋行贸易的冲击加剧了市场动荡，促使破产的农民和手工业者抛业进城寻觅生活，成为帮会团伙的后备军。处于勉强支撑的业主则组织起来，"抱团"求生，同业公所逐步诞生。1868 年成立的上海苎麻业公所碑刻资料记载："彼外人之能以商战争雄者，惟其对于内则精益求精，对于外则同心同德故也。而吾国商人积习相沿，但知各图利益，不思合力竞争，欲求人和，亦难矣哉！"希望建立公所能领导同业"筹进行之方，图生利之策，协力经商，同心御侮"。[⑤]

在外国输入上海的货物中，鸦片占了很大的比重。许多外国商人、冒险家一开

① 马士：《中华帝国的对外关系史》第一卷，商务印书馆 1963 年版，第 401—402 页。

② 刘惠吾：《上海近代史》（上），华东师范大上学出版社 1985 年版，第 82 页。

③ 包世臣：1846 年《答族子孟开书》，《安吴四种》卷 26。

④ 毛祥麟：《墨余录》卷一，《土产》，上海文明书局铅印本 1923 版，第 11 页。

⑤ 《上海碑刻资料选辑》，上海人民出版社 1980 年版，第 353 页。

始都是为从事鸦片贸易来到上海的。怡和、旗昌、颠地、沙逊等洋行都是进行鸦片贸易的重要据点。最初,鸦片进口是以走私方式进行的,由配备武装的海盗船只运到吴淞,卸到趸船上,然后空船进港,与上海烟贩谈妥生意后,再去趸船提货。这样的贸易方式一直延续到 1858 年鸦片被改称“洋药”,列入“合法”贸易的范围为止。许多外国商人和冒险家因从事罪恶的鸦片贸易而大发横财。鸦片贸易也催生了近代上海黑社会这一民间组织的变异体。

鸦片买卖滋生贪婪、堕落和犯罪组织。一些不法中外商人网罗地痞流氓暴力垄断鸦片销售,在租界开设赌窟、烟馆、娼寮等糜烂场所。这对社会造成极坏影响,城市流民和无业者结成的聚赌团伙、诈骗团伙、偷窃团伙、乞丐团伙等带黑社会性质的帮会组织开始蔓延。后来还出现了专门维持妓院“正常营业秩序”的流氓团伙。这些黑帮团伙的滋生从根本上说,是近代上海在西方资本主义冲击下没落转型的恶果。

在外国工业品和鸦片大量输入的同时,中国的农副产品和工业原料也源源出口。据统计,上海开埠后由外商直接操纵的出口贸易逐年扩大。1844 年出口货值 487 528 镑,1845 年增至 1 344 650 镑,到 1853 年出口货值更高达 5 381 000 镑。在出口货物中,最主要的是丝和茶,1850 年,丝占上海港出口货值的 52%,茶占 46%。[①] 马士写道:“中国丝产量最大——在当地差不多全部产区——而且质量最好的产区,都是在一个一百英里稍长些的地区,这个地区的东北端便是上海。因此,在内地税方面即使占不到什么便宜,产品却流向这个港口。上海立刻取得了作为中国丝市场的合适地位,并且不久便几乎供应了西方各国需求的全部。”[②]

由此可见,外国资本主义的侵入开始对中国的社会经济起到了分解作用。它一方面破坏了作为自然经济基础的家庭手工业和城市小手工业,另一方面又刺激了某些手工业和农副业的发展。上海地区城乡棉纺织手工业的衰落和商品市场的扩大,较为典型地反映了这一时期中国社会经济发生的变化。

外国廉价纱布充斥市场,使专事纺织的农民无纱可纺,生计日绌。由于外国航运业的排挤,沙船业陷于困境。于是,失业的手工业工人、水手、破产的农民纷纷涌入上海,寻找新的生活出路。当时有很多外地水手和破产的手工业者流落在上海,如,广东人就有八万,福建人也有五万。由于城市的就业容量有限,他们很难一下子

---

① 刘惠吾:《上海近代史》(上),华东师范大学出版社 1985 年版,第 84 页。

② 马士:《中华帝国对外关系史》,第一卷,商务印书馆 1963 年版,第 403 页。

找到固定职业，就在城市中流浪，为各业提供了大量剩余的廉价劳动力，也是帮会甚至黑社会组织吸纳的主要对象。这些人也是社会的一个不安定因素。当政府不能满足社会的有效保障和安全的需求时，社会就会进行自行组织，寻觅保护，争取利益。

二、外贸行业的增多与同业团体的建立

开埠以前，上海虽然已是樯桅林立，商贾辐辏，但主要限于国内埠际之间的贸易，对外贸易只在较小范围之内间接地进行。开埠以后，随着对外贸易重心自广州口岸北移，上海的商业贸易便逐渐从原来基本属于封闭性的内贸型市场转变为开放性的外贸型市场，进出口商品贸易的总值与年俱增。开埠后的第三年，即1945年，英国经由上海输入中国的商品和从上海口岸输往英国的商品总值，比上一年增加63.8%；到1853年和1856年，更分别比1844年增长2.6倍和5.7倍[①]。在后来若干年份，依旧保持着这种持续增长的势头。从19世纪60年代后期到20世纪初期，上海进口与出口贸易基本上是同步增长的。尤其19世纪90年代以后，增长幅度明显加大。1892年的进出口贸易总值比1865年增长1倍以上，1898年比1965年增长2倍多，1902年比1865年增长3倍多[②]。

上海对外贸易的迅猛发展，一方面导致外国在沪洋行的急剧增加，另一方面从事进出口贸易的华商企业大批设立。这类商业企业，集中于上海县城以外的北市租界地区，因而使当时“上海市面，南北迥然不同。南市则向来本有之业，而北市诸业则在通商以后”，新兴起的北市商业“以丝茶为大宗，而烟土、洋货属焉。若钱庄则通南北市，皆以汇借拆息为例利者也”[③]。

20世纪初，上海租界地区发展起来的以进出口贸易的商品购销活动为业务的各类商业企业，据有关资料反映当时各业行号登记数字，约在千家以上，其中较大的行业有700余家。其中，洋杂货、五金煤铁、洋布业等进口洋货业商业企业最为活跃，煤油、颜料业逐步从洋杂货业中分离出来，成为新型的商业。出口方面，除丝茶业外，一些新起的土货出口业，如皮货业、蛋业、油麻业等开始跻身于对外贸易行列。还有一些适应对外贸易需要而创设的新行业，如报关、揽载、出入口货行、保险等业也相

---

① 黄苇：《上海开埠初期对外贸易研究》，上海人民出版社1961年版，第71页。

② 徐鼎新：《上海总商会史》，上海社会科学院出版社1991年版，第3页。

③ 《上海市面总论》，《申报》1879年1月20日载。

继应运而兴。这些新兴行业大约也有千家左右，在当时上海对外贸易活动中形成一个新的商业群。

这些新式商业企业的产生，显然与外国资本主义入侵中国后进一步拓展对外贸易市场有密切的关系。它与旧式商业有着本质的区别，属于近代资本主义经济的范畴。其区别在于旧式商业仅仅活动于简单商品的流通领域，充当买卖双方的中介人，通过贱买贵卖或依靠商业投机来赚取利润，而以进出口贸易为主要经营活动的新式商业，则作为产业资本的独立部分，在流通领域内独立行使其商业资本的职能，实现和分割产业资本所榨取的剩余价值。其经济活动，无论是代洋行收购土产投入世界市场，还是为洋行推销洋货，分沾资本剥削余沥，从世界资本主义的大范围看，同样属于产业资本循环过程中的流通环节的一部分，只不过因为当时中国的国内市场被纳入世界资本主义的统治范围，迫使中国的商业资本在本国产业资本振兴之前不得不从属于对华经济渗透的外国产业资本，使之在外国产业资本的基础上运动，承担商业资本的职能。这种资本职能的集中体现，就是在企业的经营中尽力增加资本的周转次数，缩短资本的流通时间，使经营的商品适应市场需要，扩大市场的营销范围，以实现从流通中取得更大的价值。为此，它需要对外开放，需要自由竞争，需要冲破各种条条块块的市场分割和陈规旧矩的束缚，谋求加快资金周转、增值利润的革新活动和实际成效，以及建立能够适应社会活动需要、对整个商业环境进行维系、联络、协调、组织、指导和推动实现资本主义近代化的新的社会团体。

20 世纪初前后，有实力的新兴外贸行业建立了同业团体以适应新的市场竞争环境。如，洋布公所、五金木器洋货公所、洋货九业公所、震巽板业公所、报关业公所、东庄同业公所、蛋业公所、桐油苎麻公所、木商会馆、茶业会馆、丝业会馆、绸业公所、铜锡公所、书业公所、纱业公所、裘业公所、钱业会馆、振华堂洋布公所等等，会员至少包括经营进出口贸易的企业 716 家。[①] 同业团体的建立是在“世界潮流趋新革故”的新形势下，“一遵新法，俾洽时宜”，并“重订规则”，宗旨在于“联络同业，维持公益，研究商学，以巽同业之发达”。[②]

---

① 《上海研究论丛》(第五辑)，上海社会科学院出版社 1990 年版，第 88—90 页。

② 《振华堂洋布公所规则》,《上海研究论丛》(第五辑)，上海社会科学院出版社 1990 年版，第 92 页。

三、城市规模迅速扩大与社团的联合

开埠后的第三年，1845 年英国率先在上海县城外的洋泾浜以北取得了近代上海的第一块外国"租界"，不久后，1848 年美国获得了虹口一带的美侨"居留地"，1849 年洋泾浜与上海县城之间的一片空地为法国"侨商所用"。英、美、法租界原本都是沿江的沼泽地或人居稀少、相对的荒凉的城外空地，划为租界后，外国商人"按照自己的面貌为自己创造出一个世界"[①]，这个"世界"很快大大超过了旧的上海县城。

首先是英法殖民者雇用大批中国劳动力将芦苇丛生的外滩开拓营建为上海的一条崭新的特殊地带。他们在租界筑建宽阔的道路，设立洋行，整治环境，建立公用设施，还开辟游乐园地等。太平天国运动期间，大批华人涌入租界，洋人感到房地产及商业利益后，允许"华洋杂居"，租界利益明显升值。随后，三租界以越界筑路和胁迫的手段进行了大规模的扩张。

19 世纪 60 年代初，公共租界和法租界开始越界筑路，圈入相邻的大片土地进行开发。90 年代，公共租界强行扩张两次得到近三万亩土地。1898 年和 1914 年法租界两次扩张获取一万三千多亩土地。这时租界面积共达到近五万亩了。西方殖民主义者为了从房地产投机事业中获取巨额利润，在扩张的土地上征用大量中国劳动力，建造房屋，开辟街巷，扩大建设规模，设立商业铺面等。租界的大扩张使上海城市的规模加速向外延伸。

租界的大扩张，刺激了华界的发展。到 19 世纪末 20 世纪初，闸北地区得以开发兴起，县城和南市也逐步改造扩大。1912 年，上海县城的城垣最终被拆除，随着这一历经 350 多年封建统治象征物的倒塌，上海的租界、南市和闸北在地理上连成一体，融合成近代中国的第一大都市。

城区规模的扩大充满了复杂的矛盾，给工商业秩序和社会秩序的维持带来复杂的挑战，引起各界工商业社团的联合趋势。到 20 世纪 20 年代，建立了许多全行业或跨行业、跨地区的联合会。如出口各业公会、银楼新同行公会、银行公会、运输同业公会、绸绫染业公会、五金工会、华商杂粮油豆饼公会、华商织袜厂同业公会、旅沪浙江渔商公会、铁业公会、全皖旅沪米商公会、卷烟同业公会、江浙丝绸同业公会、潮州糖杂货联合会、粤侨商业联合会等。华商纱厂联合会、中国电业联合会、中国棉业联

---

① 《共产党宣言》,《马克思恩格斯选集》，人民出版社 1972 年版，第 255 页。

合会等更是实力较强、社会影响广泛的联合团体。

第三节 移民人口的膨胀

近代上海城市人口的快速增长是近代上海社团组织发育的另一重要条件。除因经济发展而吸纳的人口增长之外，近代中国的几次战乱，像1853年太平军进军上海时期、北方义和团运动时期、军阀混战时期、1937年日本发动大规模侵华战争和1946—1949年内战期间，上海城市人口出现了突发性的大增加。

一、近代上海人口增长的概况

在太平天国时期，太平军攻占南京以后，江浙一带的富户豪族及大批民众络绎不绝地向上海避难求安。时记“粤匪陷金陵，其后狼奔豕突，蹂躏十余省，东南完善者，独上海一隅，其在江宁也约千里，乡人昔懋迁于此者有之”，“当是时，都人士流亡襁负而来者，络绎于道，故地为华夷互市之区，五方杂处，重以流民，因而街市之间，肩摩趾接，居室则嚣杂湫隘，荒地亩辄百余金。”[①]随着太平军向上海逼近，先是镇江、扬州富户携资远徙，一时间，“天京以及各处子女大半移徙苏郡，又由苏郡移居上海”[②]。形成了一股“搬移者始自关外，旋及苏州，十去其七，渐及上洋”的人口流动潮流[③]。

继攻占南京以后，太平军又连下常州、无锡、苏州诸城。史记：“苏城失守，藩臬各官俱奔上海，制台亦逃上海，预为浮海之计”[④]，形成了“苏省新属官僚，皆集上海城内”的局面。其中著名的有江苏巡抚薛焕、苏州知府吴云、督办江南团练大臣庞锺璐、帮办杨振甫等大官僚。跟随大官僚远逃的是富户大族。其中有著名的地方富绅潘曾玮（大学士潘世恩之子）、木渎（苏州一城镇）的冯桂芬、苏常地区的席立功、周韬甫等。浙江的情况也是如此，杭州和宁波被太平军攻占时，大批人涌向上海，钱庄和商人都到上海避难，“此际富商多受厄，难民逃循似禽飞”[⑤]。

---

① 《创建上海江宁七邑公所碑》，见《上海碑刻资料选辑》，上海人民出版社1980年版，第397页。

② 《忠王李秀成给上海百姓谕》，见《太平天国文书汇编》，中华书局1979年版，第124页。

③ 鹤湖意意生：《癸丑纪闻录》，见《太平天国史料专辑》，上海古籍出版社1979年版，第482页。

④ 《江浙豫皖太平天国史料选编》，江苏人民出版社1983年版，第113页。

⑤ 郭毅生：《太平天国经济制度》，中国社会科学出版社1984年版，第104页。

由于在近代多次战乱及上海工商业的发展，而引起上海城市人口迅速增长，是世界罕见的。据统计，1852 年至 1949 年，上海人口增长了 9 倍左右，净增长人口 500 万人。同期的国内城市南京和北京近百年来的人口增长数不过 1～2 倍。同期，纽约、伦敦、巴黎等世界大城市，亦远不及上海人口增长。[①] 近代上海城市人口的超常增长，加速了城市阶层的分化组合，各种人等在新的社会环境中必将产生新的变化。

二、阶级分化与民众社团的形成

民众社团，是民众，特别是劳动阶层以争取本阶层利益为纽带建立的社团，它不同于社会上层人士把控的社团。具有民众自觉维护自己利益的特点，是在工人和职员阶层基础上发展起来的。

不同于农村乡绅和农民分层的情况，近代上海各类移民，在城市中重新分化组合，产生了新的社会阶级和阶层，像买办、民族资本家、工人、职员、商贩、个体劳动者等等。

买办是半殖民地的产物，在近代上海城市中发挥着特殊的作用。买办在旧上海总人口中所占比重虽然很小，但其经济地位却十分重要，而且上海的买办占全国职业买办总数的比重极高，近代上海的很多社团组织都有他们参加。早期上海的买办以广东籍人居多，以后江浙一带的富户大族也相继充当买办，上海的商人也有发展成买办的。职业买办不仅在商业和金融业等行业成为外国商人和中国商人之间不可缺少的媒介，而且还通过他们的资本积累，相继投资于上海的商业、工业和其他行业，转化为民族资本家。其中也有不少职业买办因受到西方殖民者的赏识，代表租界中的华人势力参与城市管理。

比买办人数更多的是近代民族资产阶级。上海的民族资产阶级产生于 19 世纪六七十年代，在 20 世纪以后得到迅速的发展。据新中国成立后的统计，上海的民族资本家共 5 万多人，占上海人口总数虽然只有 1%[②]，但它在近代上海城市经济发展中的作用是十分巨大的，是城市经济发展的主要推动力之一。民族资本家是近代上海工商社团的主要成员。

比民族资产阶级人数更多的是工人和职员。工人主要是指在工业、商业和交通

---

① 邹依仁：《旧上海人口变迁的研究》，上海人民出版社 1980 年版，第 3 页。

② 张仲礼：《近代上海城市研究》，上海人民出版社 1990 年版，第 56 页。

运输业从事体力劳动的人员;职员则是以其专业技能在经济、文化和政治机构中从事非体力劳动的服务人员。上海的工人阶级产生早于民族资产阶级。早在19世纪40年代,它就在外资在沪开设的企业中产生,以后又随着洋务运动中创办的企业和民族资产阶级创办的企业中壮大。据1950年的统计,上海的工人和职员人数为122.9万人左右,占全部人口的30%左右(解放上海时,有大批外籍人口离沪回乡,上海人口降低了不少),占就业人口的72%,是上海城市经济活动最大的群体。[①]

广大工人阶级和职员在阶级觉悟之前,是缺乏自觉组织意识的分散群体,一般情况下加入同乡会之类的社团,以个体身份处于依附地位。他们由于经济地位低下,或依附于各籍商帮,或依附于帮会组织,总体上没有建立独立的社团。

1919年"六三"之后,在历史的大潮中,劳动阶级受到启蒙,开始树立自觉的阶级意识,工人等民众团体建立起来,以独立的姿态登上历史舞台。工人阶级社团的建立,焕发出空前的历史动力,成为一支左右历史方向的力量,从此近代上海发展迈入新的发展轨道。以工人阶级为主体的民众社团,打破了原有的城市秩序格局,变革旧秩序,推动历史前进,是创造新秩序的力量,是历史的进步力量。

三、移民城市与社团现象

近代以来,来自于世界和全国各地的人们到上海创业、谋生、冒险、避难,最终留下来在这里生活。近代的上海是一个名副其实的国际大城市,也是一个名副其实的移民城市,不但人口的籍贯遍及于全国地,而且非本籍人口远远超过了本籍人口的比例。这种情况与近代我国其他城市的情况有着显著的区别。我国其他城市或地区一般是本籍人口多,非本籍人口少,而上海则恰恰相反。

籍贯的多样性,各有一定规模,就形成文化的多样性。利益主体在文化多样性的多元利益角逐中,首先会以文化为核心联结起来,形成各籍会馆公所或商帮,成为移民城市中重要的民间团体。

随着各籍移民在城市中的逐步融合和利益的行业分割,籍贯色彩会慢慢淡化,行业关系成为工商业者聚合的纽带,维护行业利益,规范行业行为,成为从业者共同的追求,以行业为主体的同业公会发展起来。同业公会是商品经济的产物,在组织制度上比会馆或商帮更具民主色彩。

---

① 邹依仁:《旧上海人口变迁的研究》,上海人民出版社1980年版,第104页。

工商业的发展造成社会分工越来越细，同时，社会关系也会越来越广泛。一方面行业社团增多，一方面社团的联合成为必然。多样性的联合社团、跨区域的社团组织随着市场的扩大成为社团发展的趋势。一个分化组合的社团现象，与经济的多元形态是同步的。

阶级和阶层的分化是阶级团体形成的动力，阶级团体的出现使近代上海社团组织发生了质的变化。因为阶级社团不但要维护利益，而且为了维护利益还要打破固有的利益格局。

市民文化的形成会促发文化娱乐社团的出现，诸如各种交谊俱乐部、琴棋书画协会等，是具有浓郁市民色彩的社团形式。

社团归根结底是利益的组合。近代上海的经济环境，给创造利益、实现利益、谋取利益搭建了自主的舞台。移民城市相对来说较少有传统文化旧套，自主、自愿的社团便成为近代上海城市移民，在市场竞争条件下进入和扩大社会关系的基本组织形态。

关系是秩序的纽带，多元的近代上海社团现象把各方关系连接起来，是稳定社会不可或缺的基本结构。

第四节　市民社会与近代社团

近代以来，西方的民主、自由、平等观念对上海的文化冲击，较其他地方领先一步，这些观念对上海的影响比较明显。近代上海发展过程中表现出较为明显的市民社会雏形：如，城市的高度商业化；或多或少不受政府控制的公共机构；法律保护的财产权；大众媒体的暴增；“公共事务”的集体讨论场所；自治组织等[①]。市民社会是近代社团组织成长的沃土，同时社团组织的发达是市民社会的基本体现。

与西方市民社会主要是民主精神养育的结果不同的是，近代上海的市民社会与市民的移民经历密切相关。

一、移民的身份消解和价值趋同

各地移民无论何种原因移居上海工作生活，在新的社会环境中，原有的身份意

① 邓正来编：《国家与市民社会》，中央编译出版社 1998 年版，第 406—410 页。

识趋于消解，在与近代上海发展共命运的磨砺中，凝结成共同的上海情感，对上海拥有基本的价值认同，具有了这个城市共同的身份——上海市民。上海市民统一性与多样性的有机结合，造就了近代上海的社会包容力，这是近代上海的活力所在、创新优势所在。不同群体的近代上海市民，为了维护不同群体的利益，同时，也为了共同生存的城市发展，通过各种方式主动表达所关注的要求。

由于特殊的政治格局，近代上海有一个市民利益表达相对宽松的社会环境，是一个能够表达、容纳表达、激励表达、关注表达民间声音的社会，民主氛围较浓，有较为独立的社会空间，是近代上海社团发展的有利条件。

上海租界以割据之势形成“国中之国”的时候，也正是清朝统治走入穷途末路之际。当时内地的连绵灾害、政治压迫、战乱频仍等等，常常造成严重的民生困顿。这时候的上海租界成了相当一部分民众避祸求生的偏安之所和另图发展的机遇之地。对于移民来说，他们来自各个不同的地区，虽有种种的际遇差别，但是现在，离乡背井成了他们共同的命运，来到上海这个新地方重新求生存、寻发展，成为共同的目的。

近代上海移民的类别可以概括为几种：战争难民、流民无产者、各种知识分子、各地绅商等[①]。各类移民因不同的原因来到上海。

(1) 战争难民。19 世纪中叶始，严重的民族矛盾与社会矛盾激发了大规模的动乱，造成老百姓的流离失所。他们唯一可以避难与自救的方式，就是离开战乱最炽烈的地区，逃往相对安全的地方。

1853 年，小刀会起义占领了上海县城。县城中数万中国居民为避战乱而涌入租界，形成“华洋杂居”的局面。同时，太平军与清军在长江流域和江浙两省进行了旷日持久的战乱，造成大量流离失所的难民。当时，江南地区只有上海未遭战乱，上海租界的“军队”还击退过太平军重要将领李秀成的进击。在当时的民众看来，唯有上海租界才是战乱中的安全岛。于是，大量难民为避祸求生，涌入上海租界。李秀成为攻打上海而颁布的“告上海人民书”中提到：“天京以及各处子女大半移徙苏郡，又有苏郡移居上海。”[②]

太平天国战争中，难民先自浙赣，后经苏皖，大批逃往上海。他们拉家携口，甚至牵着耕牛，络绎于去往上海的路途中，进入上海以后他们又纷纷涌进租界，以致租

① 徐甡民：《上海市民社会史论》，文汇出版社 2007 年版，第 35 页。

② 《忠王李秀成给上海百姓谕》，《太平天国文书汇编》，中华书局 1979 年版，第 124 页。

界附近和界内道路与空地上，挤满了一批批逃难的男女老幼。上海租界在人口急剧膨胀时，曾经不得不采取许多应急措施，比如搭建大量的窝棚以安顿难民。由此，租界成为巨大的战争避难所，“华夷互市之区，五方杂处，重以流民。”[①]战争平息以后，留在上海租界谋生、创业者仍有十万余人，成为战争难民类的移民。

上海租界从辟设以来一直到二次大战及太平洋战争爆发的近百年时间里，由于中国土地上的战火兵燹接踵不断，而在每一次战乱中，上海租界都保持了“中立”的姿态，因而也保持了社会的相对稳定。每一次的战乱，近代上海都接纳了很多战争难民类的移民。

（2）流民无产者。在社会稳定的时候，上海这个淡化传统、又展现机遇的地方，能够吸引流民无产者。他们是那些在原籍祖业根基薄弱、在家乡生计无着、甚至是“不务正业”的底层民众，诸如农时短工、平民佣夫、小商小贩，以至难以混迹的冒牌僧尼、巫婆道士之类，此外还包括为当地宗法礼教、道德秩序所不容的叛逆者、罪错者，等等。尽管当时的上海对他们来说，同样是一个巨大的悬念和未知数，然而他们的选择却已经不具有太大的机会成本。当时的上海租界基本仿照西方国家的城市制度，界内居民不需登记户口，这也方便了各地流民大量入居租界。

同时，上海租界的工厂、码头、商店、公共事业、市政建设、城市各类新兴服务行业等，也需要大批劳工。“光绪中叶以后，开拓市场，机厂林立，丁男妇女赴厂做工。男工另有种花园、筑马路、做小工、推小车。女工另有做花边、结发网、粘纸绽、帮忙工，生计日多。”[②]近代上海给来到上海租界的无业流民提供了就业机会。即使是人生地疏、举目无亲的异乡人，到了上海也多能糊口谋生。20世纪20年代，上海的轻纺工业崛起，产生大量的劳工需求，很多流民进厂成了工人。

（3）各种知识分子。开埠后的上海，中西文化的交流，拓展了上海的文化空间，以广大市民为消费者的都市世俗文化，开拓了广阔的文化市场。多层次的文化形态、相对宽松的舆论环境，以及领先发展的文化产业，使近代上海成为各种知识分子聚集最多的地方。

租界特殊的政治地位，在相当程度上阻挡了清朝政府、北洋政府、国民党政府甚

---

① 《创建上海江宁七邑公所碑》，《上海碑刻资料选辑》，上海人民出版社1980年版，第397页。

② 徐雪筠等：《上海近代经济发展状况（1882—1931）》，《海关十年报告》编译，上海社会科学出版社1985年版，第45页。

至日本侵华势力的政治和军事介入。这种状况为许多自由知识分子和革命知识分子提供了相对宽松、安全的活动空间。例如，戊戌变法失败以后，清廷明令缉拿的康有为等人，都避难于上海租界，得到保护。辛亥革命后，孙中山大部分时间住在上海租界内。孙中山多次提到他在法租界居住的安全情况："譬如我们的门口，现在有两个持枪的巡捕来保护我家。"[①]上海租界相对开放的政治氛围和相对自由的社会风气，与专制体制下的以言获罪、文字狱和压制言论、新闻自由等等，形成了鲜明的对比，自然吸引各种文化人不断聚集上海。

大批文化人在上海著书立说，授业教学，办报办刊，以及从事各种文化演艺事业。近代中国文化人凡有名望者，大多在上海留下过足迹、建树过业绩，为近代上海积淀了深厚的文化基础。大批文化人因近代上海宽松的社会环境而聚居这里，也在建设近代上海的历程中，成为市民社会的倡导者。

(4) 各地绅商。近代上海商机兴旺，而中国其他地区不断经受战乱动荡。各地绅商纷纷前往上海。"开埠后的上海向社会提供了大量的就业机会、广阔的商业空间和施展才华的社会舞台，它以极大的人口容量和惊人的发展速度强烈地吸引了世界上二十多个国家和中国 28 个省份的居民到这里来贸易经商，投资设厂赚钱谋生，于是上海成了真正意义上'万商之海'。"[②]上海周边的江浙地区，本来就是经济富庶、盛产绅商之地，上海通商后出现的新的商机，对这一带的绅商具有很大的吸引力，再加上战争动乱的因素，大量商贾、地主、绅宦投奔上海，用携带带的钱财寻机投资各种产业或商业，成为近代上海工商业经济的竞争者。

在欧风美雨的浸润之下，近代上海的各类移民逐渐褪去原来身份的痕迹和旧的心理依附，以独立选择的姿态，进行新的生活。平等、自由、自主逐步成为移民群体的主流价值追求，加之客观上政治对社会控制的宽松，近代上海的移民社会逐步融合为近代上海的市民社会。

具有不同经历的各类移民，在近代上海充满机遇的社会中，逐步转变为工商业经济中多层次的近代市民。近代上海市民是在资本主义经济条件下，产生的新兴社会群体，与传统社会形态中的城市居民有着本质的不同，具有现代性的价值取向，主要表现为：从个体对等级和权力的盲目依附，转变为对平等和自主的崇尚，对社会法

---

① 《孙中山全集》第 11 卷，中华书局 1986 年版，第 334 页。

② 熊月之主编：《上海通史》第 5 卷第，上海人民出版社 1999 年版，386 页。

制和政治民主有自觉追求。

市民群体的各个阶层是开放流动的，靠奋斗实现自身利益。虽然各个阶层之间存在着矛盾和斗争，但他们又是利益攸关方，为了实现自身利益，必须维护各方的某种共同利益。近代上海市民群体是新生产方式的产物，是多元利益主体有机结合的市民社会统一体。

二、市民社会与近代社团发展

在近代上海的市民社会里，传统的政治威权趋于解构，新的社会保障组织——社团，逐步建立起来。

清末民初的上海，各种行业公会、同人组织、职业团体、联谊团体、帮派组织，包括同乡会、会馆公所等，成为市民社会重要的组织结构。时人赞道："沪上人文荟萃，开化最早，故会亦最多，凡学界商界各团体，往往联合同志，设立章程，以谋种种公益之发达，诚足嘉也。"[①]"自 1843 年至 1911 年近 70 年时间里，上海城厢内外新建或改组的会馆公所至少在 110 所以上，其数量远远超过了前近代上海 200 年间所建会馆公所的总和，也超过了极盛时苏州的会馆公所的总和。"[②]其他新兴的行业团体、学会、研究会、职业社等等更是丰富多彩，不胜枚举。

社团在近代上海大量产生的现象，主要是由近代意义的个体权益意识增强，以及由社会转型中社会保障系统的断裂失范而促成的。在个人与国家之间形成一种"中间力量"维护市民的权益，有助于约束国家权力，防止权力的滥用。"法国之所以长期受害于威权传统，是因为行政上的中央集权把社会原子化了，即在社会中铲除了作为中介组织的等级和结社，因而在没有市民社会的情形下，使个人直接地暴露于国家的权利，这样，个人就形不成民间的力量，也就难以对国家的权力构成有效地牵制……社群为调和、解决自由与权威之间的紧张关系的途径。社群的必要来自于人们的本性。……社群是一个自由社会中人们自愿结合的产物，尤其是那些自愿建立的社群是衡量一个社会中自由多寡的重要尺度。"[③]

社团组织发展的历史意义在于：当人们摆脱了权力隶属，而个体自由和个体权

---

① 《上海指南》卷四，商务印书馆宣统元年版，转引徐甡民《上海市民社会社会史论》，文汇出版社 2007 年版，第 237 页。

② 熊月之：《上海通史》第 5 卷，上海人民出版社 1999 年版，第 331 页。

③ 刘军宁：《保守主义》，中国社会科学院出版社 1998 年版，第 172、173 页。

利由社会保护的时候，市民个体就通过“有机团结”而使自己的权益以团体力量的形式出现。这种社团形式，常常成为市民个体的保护者，成为他们参与社会以及善尽社会责任的召集者，或者说是代理人。

上海的社会下层，即“弱势群体”，在清末成立相互扶助的同乡或同业小团体。20 世纪 20 年代后，在中国共产党的领导下，人们开始在此基础上成立工会组织。经过“五卅”运动的锻炼，上海的工会成为成员规模最大的社团组织。

近代上海社团的发展，还表现在社团组织的民主化方面。由市民社会的价值观所决定，近代社团是“自由人的自由联合”，以及社团组织的某种民主程序。这与传统的帮会组织和早期的会馆公所等同乡组织形成根本区别，也与各色政党区别明显。一般来说，传统帮会和同乡会的利益诉求比较狭隘，组织形式具有浓厚的封闭性和封建等级色彩。而近代政党组织在政治目标上多为社会民主，但在夺取政权的斗争中，内部则建立绝对的权威体制，实行高度统一的组织形式。

市民社会的社团是以个体意志自由为本质属性的，为了共同目标而暂时放弃个体自由，但尊重个体自由是市民社团生命力所在。近代上海的市民社团，以开放和合法形式，历史地发挥了社会整合和个体代言的作用。

第二章　近代上海社团发展的思想文化因素

近代西方资本主义自由平等基础上的规则和契约观念，是社团自主发展和社团近代化的思想文化条件。近代上海是中、西文明交汇的直接平台，西方人在上海的土地上把他们的思想文化、社会观念、生活方式付诸实践。现实的冲击是强烈的，优劣对比是明显的，"华、夷"之辩的颠倒认识逐步颠倒过来。学习、介绍西方社会思想文化成为先进知识分子的自觉选择，上海成为吸收近代西方思想文化的先行区，也成为传播西方文化的主阵地。1850 年英文周刊《北华捷报》创办于上海，实为我国近代报刊之嚆矢。到 19 世纪末，外国人在上海创办的报刊就达六十余种。1887 年西人创办的上海同文书会，是我国当时规模最大的文化翻译和出版机构。为睁眼看世界和了解西方的需要，1867 年洋务派在上海江南制造局设立的翻译馆，翻译、介绍西方书籍，成为我国贡献最大的近代翻译中心。西方文化的输入和我们自觉不自觉的了解和学习，特别是西人在近代上海的社会实践，使我国传统的士农工商社会差序和因循保守的文化固态受到强烈刺激和冲击。有冲击就会有回应，在冲击和回应的过程中，必然产生某种程度的思想更新。近代上海社会逐步兴起了重商思想，社会规则意识成长，市民自主意识增强。这些思想文化条件是近代上海社团组织产生发展的必要因素。

第一节　重商思想的兴起

近代中国封建的大门形式上是被炮舰轰开的，但后盾却是强大的资本主义工商力量，西方列强不惜发展战争的目的，是为其开拓更广大的商品市场、寻觅更多的工商业利益。在不可遏止的连续颓败面前，封建统治者也逐渐对工商的重要性有了认识。

19 世纪 60 年代官僚主导的洋务运动，是传统"本末"思想在实践上的初步变动。上海是办洋务的重点城市，这里较早地受到了重商思想的影响。当时国家的失败对国人的震动很大，出于对国家命运的思考，重商意识直接表现为发展近代民族工商业，组建商会与列强进行“商战”的思想倾向。这既有新兴民族资产阶级的利益驱使，也是团结固力，有序竞争的思想反应。

一、洋务派的商战论

洋务派官僚是“商战”论的最早提倡者。早在1862年，曾国藩就提出“商鞅以耕战二字为国，西洋以商战二字为国法”的论点[①]。70年代，湖广道御史李璠总结了鸦片战争以来西方以“通商”之名而行侵略之实的特点，明确主张“以商敌商”“以商制商”。[②] 中法战争之后，张之洞也主张“以工商立国”，强调“以商务为体，以兵战为用”[③]。1887年，盛宣怀指出：“开关互市，实以商战为上策。”[④]1889年，刘铭传吁请“讲求商政”，“招集殷商富户”，“分头认办”各种工商实业，认为“内地办理得法，推而至于边省；中土行销既畅，推而至于外洋……行之数十年，物阜民康，无敌于天下，此所谓商战从容坐镇屈人者也”[⑤]。这里的“商战”具有发展工商业，通过与西人的市场竞争，达到强国固本目的的含义，仍然反映的是洋务派“西学为用、中学为体”思想。

二、工商立国论

早期维新派继承了洋务派的商战思想，提出了“工商立国论”，把重商思想提高到了国本的高度。王韬提出“恃商为国本”，“商富即国富”的观点[⑥]；薛福成指出，西人谋富强“以工商为先”，中国应“自理商务”，“富而后诸务可次第修举”[⑦]，不可轻视商人，商“握四民之纲”[⑧]，马建忠的“富民说”、陈炽的“富国策”[⑨]等，都明确反映了抵制外国资本主义侵略，应把发展民族资本主义工商业放在首位的重商思想。

① 《曾文正公全集》第四部，书札，卷十七，吉林人民出版社1995年版，第1338页。

② 《光绪四年四月十九日李璠奏》，《洋务运动》第一册，第166页。

③ 张之洞：《札司局设局讲习洋务》，《洋务运动》第一册，第324页。

④ 《丁亥夏季王佐才课艺评语》，《格致书院课艺》，上海大文书局1887年铅印本。

⑤ 《光绪十五年二月十八日刘铭传奏》，《洋务运动》第6册，第249页。

⑥ 《弢园文录外编.代上广州冯太守书》，中州古籍出版社1998年版。

⑦ 《筹洋刍议.商政》，《薛福成选集》，上海人民出版1987年版。

⑧ 《英吉利用商务辟荒地说》，《庸庵全集.海外文编》卷三，上海古籍出版社1985年排印本。

⑨ 马建忠：《富民说》，《适可斋记言记行》卷一，上海着易堂1896年刻本；陈炽：《续富国策》，桂垣书局1897年刻本。

在早期维新派中，郑观应系统总结和阐发了洋务运动以来"商战""商本"思想，完整提出"商战固本"论。郑观应这里的"固本"，指的是立国的基础，比洋务派"固国学之体"前进了一步。他认为，"商战"比"兵战"更有利于御侮，列强入侵中土，其目的是掠我资源、原料和利用我之廉价劳工，耗我国力于无形，而应对之法，莫妙于"以毒攻毒"，兴商务，习"商战"。他说："故兵之并吞，祸人易觉，商之棓克，蔽国无形，我之商务一日不兴，则彼之贪谋一日不餍，纵令猛将如云，舟师林立，而彼族谈笑而来，鼓舞而去，称心厌欲，孰得而谁何之哉？吾故得一言断之曰：习兵战不如习商战。"[①]郑观应还指出，"借商以强国，借兵以卫商"是西方列强对外政策的大略。"可知欲制西人以自强，莫如振兴商务。"郑观应还进一步认识到了商业与工业的密切关系，认为"泰西诸国富强之基，根于工艺"[②]，"商务之盛衰，不独关物产之多寡，尤必视工艺之巧拙。有工以翼商，则拙者可巧，粗者可精"[③]。"论商务之原，以制造为急，而制造之法，以机器为先"，"宜设专厂制造机器"[④]。为发展工商业，郑观应提出了"地尽其利""物畅其流"[⑤]的经济方略。在当时洋务重商论者之中，郑观应"危言"大论，是最有系统和深度的。

郑观应长时期生活在上海，先后在英商宝顺洋行、太古轮船公司当买办，担任过上海机器织布局总办、上海电报局总办、抡船招商局总办，并在好几个企业中投资。他的重商思想在近代上海有广泛深入的影响。

郑观应的重商思想有强烈的现实针对性："西人以商为战，士农工为商助也，公使为商遣也，领事为商立也，兵船为商置也。国家不惜巨赀备加保护商务者，非但有益民生，且能为国拓土开疆也。昔英法要因商务而失和，英迭为通商而灭人国。初与中国开战，亦为通商所致。彼既以商来，我亦当以商往。若习故安常，四民之业，无一足与西人颉颃。或用之未能尽其长，不论有无历练，能否胜任，总其事者皆须世家科甲出身，而与人争胜，戛戛乎其难矣。"[⑥]表达了商为立国之本，富为国力之源，极力倡言保护工商组织、培育工商人才、展开商品竞争的现实意义。

---

① 郑观应:《商战上》,《盛世危言》,辽宁人民出版社 1994 年版,第 238 页。

② 郑观应:《盛世危言.技艺》,《戊戌变法》(一),上海人民出版社 1961 年版,第 88 页。

③ 郑观应:《商战上》,《盛世危言》,辽宁人民出版社 1994 年版,第 240 页。

④ 郑观应:《商务五》,《盛世危言》,辽宁人民出版社 1994 年版,第 284 页。

⑤ 郑观应:《自序》,《盛世危言》,辽宁人民出版社 1994 年版,第 13 页。

⑥ 郑观应:《商战下》,《盛世危言》,辽宁人民出版社 1994 年版,第 244、245 页。

三、上海总商会的成立

重商思想的传播激发了上海潜在的商业优势，营造了浓郁的商业氛围。如果说在封建抑商的环境中，上海商贸经济的发展是一定条件下生产力的自发行为的话，那么提倡重商思想后，则为近代上海工商业的加速发展创造了条件。清末"新政"也被迫发出了鼓励工商的谕旨，进一步使重商思想正统化。

到20世纪初，近代上海的民族工商业有了很大发展，各业商会和行业团体也发展了起来。但是，民族工商业的发展受到外国资本的极大挤压和排斥，是在外国资本主义的狭缝中寻机求存的，在外资技术和市场的控制下，民族工商业处于外资的附庸地位，规模弱小不能构成与外商对话的有效平台。这种劣势状况使我国在对外商务谈判和利益争取中受到极大压抑和掣肘。新兴的工商行业各业公会或商会虽然具有了历史的进步性，但总体上不能适应近代上海开放市场经济大发展的形势需要。各自为战与市场扩大化对技术、信息、金融、联络、协调、组织、指导、稳定等工商要素的高要求之间的矛盾越来越突出，建立更高层次的工商社团，成为与外商竞争，争取平等利益，进行平等对话、稳步推进发展的迫切要求。

1902年初，应英、美、日等国的要求，在上海等地举行了一系列涉外的商约谈判，这是《辛丑条约》的补充和继续。首先进行的是中英商约谈判。当时代表英国政府到上海来进行商约谈判的，是在英国外交部印度事务委员会任职的詹姆·马凯，他本身就是大英轮船公司的股东，是一个富有殖民统治经验的资本家。代表清政府出面谈判的是被委任为商约大臣的吕海寰和盛宣怀。吕海寰虽曾出使欧洲，多次出现于外交场合，但却"碌碌无所短长，曾无一事之表建"①，盛宣怀则是当时洋务派的著名人物，也是一名洋务实干家。他们背后还有时任两江总督刘坤一、湖广总督张之洞为之出谋划策。清政府是战败国，在谈判中处处受制于人，是可以想象的。但在谈判过程中更使盛宣怀愁然生忧的是，英国商会在谈判中充分发挥了较大的能量和作用，使英方首席代表一开始便掌握了谈判的主动权。

马凯来华之前，在伦敦详细听取了英国商会的意见，途经香港，即被一批在港的英国商人接待，纷纷要求他在对华商约谈判中向清政府索求更多的权利，并纷纷献计献策。而马凯一行到了上海以后，在沪英商就提出了具体的经济要求，英商"和明

---

① 1903年《新民丛报》第32号。

商会”，更是“日夕聚议，讨论研求，不遗余力”，[①]因为有关“商税行船诸事，各国洋商，关系切己利害，平日既考求明白，临时又咨访精详，闻见较真，折衷自当，取益防损，厥用靡穷”，[②]“各处调查，互陈节略，聚论未已，条理尤繁”[③]。“和明商会”在马凯到沪之前就已为商约谈判作了比较充分的准备，所以当中英双方正式开议前夕，马凯便很快拿出以在沪外商商会意见为基础的一揽子方案，先发制人，使中方首席代表的吕海寰、盛宣怀陷入被动境地。对新事物反应比较敏锐的盛宣怀这时更加深切地感到建立本国商会关系重大，益不容缓。他当时在上海一方面组织力量对外商要求“探译要最”，以作交涉准备；另一方面则迫切希望得到沪上商界有关修订商约应争利权的具体主张。

其间，“虽有一二帮商人来辕陈说，然仅凭私谈，并无公论”，难以作为依据。他特别希望得到“在与洋商交涉”的上海洋布、洋货、丝、茶、钱庄等各大业帮的意见，要求他们“先行开议”，而各帮意见的汇集、通达和研究，则还须有赖于商会。所以，上海的商会未能及时组织起来，不仅有碍于商务发展，而且直接影响到这次商约谈判。他感到面对着强硬的谈判对手和一大堆谈判难题，既无本国商会可备咨询，又无商业法规作为依据，办事棘手，头绪茫然，若匆忙开议，“则彼谙习而我生疏，彼萃聚而我涣散，彼措置已周而我考查未备”，“若俟议及”、“始询各商，犄互差池，断无不亏损之理”。[④]

在这么迫切的情况下，盛宣怀决定来一个临渴掘井。他迭发手谕，伤令当时的上海道袁树勋会同上海著名绅商严信厚、郑观应、梁钰堂，施子英、朱葆三等共同磋商，于短时期内“议立总会”，并在这个上海商界“总会”的组织领导之下，为正在进行中的商约谈判提供意见，“凡商税行船各端，准各帮精明老练绅商或各抒己见，或互证所知，开具节略，不拘形式”，及时汇送到商约大臣衙门“藉备采择”，对于需要详尽推敲研究的问题，则约期面商。于是，在盛宣怀的一再敦促之下，中国第一个商界联合团体——上海商业会议公所诞生了。

上海组设商业会议公所的时候，陷于内外交困境地清政府正着手推行挽救政治

---

① 徐鼎新：《上海总商会史》，上海社会科学院出版社 1991 年版，第 39 页。

② 盛宣怀：《请设上海商业会议公所折》，《愚斋存稿》卷七，奏疏七，文海出版社 1975 年版，第 35 页。

③ 上海设立商务公所文献，http://wenxian.fanren8.com/06/13/5/16.htm.

④ 上海设立商务公所文献，http://wenxian.fanren8.com/06/13/5/16.htm.

统治危机的“新政”。“新政”的重点之一是“振兴商务”。1903年9月，清政府正式设置商部衙门，成立以后的第一件事，便是奏请“劝办商会”，内称：“纵览东西诸国，交通互市，殆莫不以商战角胜，驯至富强。而揆厥由来，实有得力于商会。商会者，所以通商情，保商利，有联络而无倾轧，有信义而无诈虞，各国之能孜孜讲求者，其商务之兴，如操左券。中国历来商务素未讲求，不特官与商隔阂，即商与商亦不相闻问”，“坐使利权旁落，浸成绝大漏卮”，故“今日当务之急，非设立商会不为功”。[①] 接着，颁行《商会简明章程》26条，这是我国最早的一部商会组织法规，它具体规定：“凡属商务繁富之区，不论系会垣，系城埠，宜设立商务总会，而于商务稍次之地，设立分会，仍就省分隶属于商务总会。”同时又明令“凡各省各埠如前经各行众商公立有商业公会及商务分会等名目者，应即遵照现定部章，一律改为商会，以归画一。”[②]按照这一规定，1904年5月，上海商业会议公所改组为上海商务总会。

上海总商会采取议董集体领导、总协理全权负责的单一领导体制。议董由会员大会投票选举产生，以得票最多者担任总理，然后报请商部批准札委。第一届上海商务总会会员数171名，会员组成分为行业帮口代表代表两大部分，行业帮口的代表18名，占10.5%，企业代表153名，占89.5%，显示出了资本主义企业占主导优势的组织结构。

上海商务总会的职能有三点宗旨，一是“联络同业，启发智识，以开通商智”；二是“调查商业，研究商学，备商部咨询、会众讨论”；三是“维持公益，改正行规，调息纷争，代诉冤抑，以和协商情”。这三者，都是上海工商界切盼实行的振兴商务的根本性措施。从中我们看到，商会在当时所处的复杂社会环境中，以社会团体的身份替代了本来应该由政府进行的事情，诸如关心市政建设、社会公益、商事公断等等事宜；同时，商会面临的许多直接或间接影响民族工商业生存和发展的内政外交事件，也迫使它从维护民族工商业利益出发出面表态或进行干预。上海总商会从成立伊始，就担负了相当程度的社会管理职能，其活动以经济管理为核心，延展到政治、教育、地方自治、理案、社会公益等方面。

上海商务总会的第一任总理是严信厚，字筱舫，浙江慈溪人。他出身一般，但早年曾得到著名“红顶商人”胡光墉（雪岩）的提携引荐，后又获得李鸿章的赏识和重

① 光绪二十九年商部《劝办商会酌拟简明章程折》，《光绪朝东华录》（五），第5122页。

② 光绪二十九年商部《劝办商会酌拟简明章程折》，《光绪朝东华录》（五），第5123页。

用，先后被委任长芦盐务督销、署天津盐务帮办等官职，并多次奉派到各地办理饷械、筹措赈款及标汇公帑等事宜。这些受人艳羡、争夺的肥缺和差使，使他能够近水楼台，上下其手，在各个任期内积累了不少钱财。与此同时，他借助权势，在天津开办了一家同德盐号，经营官盐。以后在上海投巨资创设源丰润银号，经营官商款项的汇解存兑，利源充盈，规模日展，先后在北京、天津及长江沿岸城市里设立十多处分号，在各地都设有私人传舍，而以上海作为其事业的据点。他以所谓"劳绩"并通过加捐，取得候补道的官衔，并以此身份被派任惠通官银号经理，掌管上海道的公款收支，一方面以官为护符，取得一般商人无法获得的特权利益，另一方面又以商为渠道，取得一般官吏、士绅难以得飨的利源。他还自设轧花厂、纱厂，并在十多家工矿、金融企业中投资附股。中国通商银行成立时，他不但附有股份，而且被委派为该行九名总董之一。到 20 世纪初，他集官位、官衔和商务局商董、通商银行总董以及大批近代工商企业的投资者、经营者于一身，声名显赫，左右逢源，是上海官、商两界公认的绅商领袖。

上海商务总会的议董、议员也都是近代上海著名的绅商人物。如，梁钰堂、陈润夫、朱葆三、周金箴、施子英、谢纶辉、李云书、陈辉庭、虞洽卿、祝大春、曾少卿、陈瑞海等。这些人均捐有不同职级的官衔，有的还曾实授过官职，这说明上海总商会确立的是一个"绅商领导体制"的组织形式，这与当时的社会历史实际是相适应的。

"绅商"，是晚清特定的社会历史条件下形成的一个特殊社会阶层。它集"绅"与"商"双重身份、双重性格于一身，上利用官与绅一脉相通的政治地位和社会势力，下利用商与商利害与共、休戚相关的经济联系，在当时社会经济生活里，为消除有碍于商务发展、实业振兴的官商隔阂，沟通官商联系，是最合适的中介力量。正因为如此，应时兴起的上海绅商阶层很快便成为各业各帮的领袖人物，在局部的行业或地区范围内起着决定行止、主宰命运的作用。而当这个绅商阶层从同乡、同业的狭隘利益，"互分珍域""涣散不群"，进而联袂组合到一个商界组织的共同体中的时候，绅商的引领作用和社会中介作用也就从一业一帮的范围扩展到整个地区的商界共同体内，形成足以支配整个商业社会的领导体制。

从成立的大致过程可以理解，上海总商会的建立不只是帮助谈判的问题，更是工商界进一步增强社会关系，管理散乱局面，筹划发展大局，谋求长期发展的需要，反映了当时上海商界中人发展民族资本主义经济的强烈愿望，也反映了上海工商界追赶时代潮流的创新竞争意识。

第二节 社会规则意识的成长

传统中国社会是没有近代意义上的规则意识的，维系中国社会秩序的主要是封建等级和氏族家长观念。近代上海社会的规则意识，属于近代工业文明的范畴，是商品经济发展所引起的社会秩序的进步，在民主、竞争、科学等西方文化影响下发生、成长起来的。它提升了维系社会发展秩序的制度层次和质量，是上海近代化发展的重要社会特征。规则意识促进了传统社团组织向近代社团组织的转化，更促进了大量近代民主化社团的产生和发展。

一、民主观念启蒙的规则意识

租界是近代上海的特殊标志，它的设立虽然是对中国主权的公然侵犯，但客观上，租界对近代上海的发展是具有示范性的。孙中山曾把上海租界看做上海管理的模范区，鲁迅晚年对在上海居住要求的条件之一，也是租界区。这是对上海租界的社会文明和社会秩序明显高于华界区的事实承认。

租界区域相对文明、秩序的社会环境，与民主精神倡导的近代规则意识密切相关。在租界的洋人中，租界当局实行的是民主、平等制度，凡事皆依据民主基础上制定的规则。他们把本国的政治模式搬到租界中来，立法、司法、行政相对独立，互相制约，依规行事。公共租界有类似于议会的纳税人会议，讨论制定租界内一切重大事项的实施规则，并具有实时监督工部局的职能。凡居住于租界内、缴纳一定税额的外国人均为会员。工部局是以行政为主，兼有一定立法职能的机构。工部局董事均实行选举制、任期制。领事法庭、领事公堂、会审公廨为司法机构。各机构在行使权力时，均实行会议制，遵循少数服从多数的原则。这种制度与中国传统的专制制度、官僚制度迥然不同，对上海人的社会观念自有强烈的触动。

传统中国人的社会秩序意识，或者是对权贵依附盲从，丧失自主，僵化无活力；或者激烈造反，极端破坏，致使社会动荡不安。民主是社会长治久安的基本条件，遵循规则体现社会公正。没有规则意识，不但不能产生近代社团组织，社会更不能走向法制治理。

西人在日常行事中体现的西方文化特点对华人树立规则精神是有正面影响的。他们的人际关系、工作关系、上下级关系，还有父子关系、夫妇关系等，都体现着鲜明的规则精神，感情与原则、责任与义务不相混淆。不像中国人那样惯于感情用事，拍脑袋行事，关系践踏原则，往往是非不分。在公共场所，西人的文明礼仪也常有感染作用，西方妇女受到比男子更多的尊重，男士在妇女面前彬彬有礼，这与中国男尊女卑粗暴鲁莽的陋习正好相反。西人对中国妇女所受种种歧视、折磨，如被剥夺受教育权、社交权、继承权，以及缠足等，每多不平之词，认为"中国之待妇女如待狱囚"①，不讲人权规则。言论自由、出版自由、集会自由等被西人看来是天赋人权，理所当然的人权原则，租界一直将此作为规则遵循。而封建专制社会，华人经常以言获罪。没有规则，就不会有公正的秩序。

近代上海社会，民主规则意识的成长，除受租界西人讲秩序的社会实践感染之外，近代上海先进知识分子对西方民主制度的介绍和报刊的鼓吹，对上海社会起到了规则制度的启蒙作用。

蒋敦复早在 19 世纪 50 年代，就通过《华盛顿传》介绍了美国的民主制度。意指只有民主，才能形成好的制度，才能制定社会广泛认同的规则，民众才能自觉的按规则行事。书中引用华盛顿的话："有国而传子孙，私为；权重而久居之，乱之基也。"②冯桂芬 19 世纪 60 年代著说直陈，中国在政治制度方面，"君民相隔不如夷"③，指出中国没有民主选官的制度，没有规则可循。

19 世纪 70 年代起，上海各类报刊上讨论中西制度异同、褒扬西方民主制度的文章日趋增多。报刊的鼓吹使中西政制的差异越来越引起人们的重视，为适应这种需要，1875 年 6 月 12 日出版的《万国公报》，特发专文"译民主国与各国章程及公议堂解"，具体介绍了西方的民主原则、三权分立制度，以及与此相适应的天赋人权思想、社会契约思想。以后，江南制造局翻译馆、广学会相继出版了一批介绍西方政治制度、民主思想的著作，如《佐治刍言》等。

19 世纪末，上海社会的民主精神渐浓，绅商界开始努力按民主原则组织社团，制定规则，依章行事。如，1895 年上海市民的自治组织南市马路工程局、1905 年上海城厢内外总工程局，在机构设置、章程制订、行事原则等方面，多仿效租界，具有鲜明的民主制度色彩。同期成立的上海商务总会，其组织方式、机构设置亦参照租界西

① 《再论女学》，《申报》，1876 年 4 月 12 日。

② 转引自王立群：《近代上海口岸知识分子的兴起》，载《清史研究》2003 年第 3 期，第 104 页。

③ 冯桂芬：《校邠庐抗议》，中州古籍出版社 1999 版，第 198 页。

人成立的外国商会，实行民主会议制度。制定规则、遵循规则逐步成为近代上海的一种城市精神。

二、近代科学文化对规则意识的培育

规则意识本质上是一种科学精神。科学精神具有理性、创新、求实的特征，是在社会实践中追求真理、尊重规律的精神。科学精神崇尚进步，改造愚昧，摈弃主观和因袭的随意和逃避，促进人们遵循规则。

科学精神提升社会的规则意识，促进人的解放。当有规则可循，知道应该按什么规矩行事的时候，人就获得了行动的自由和主动权；相反，当人们不知做事规则或没有规则可循的时候，就会无所适从，行动是谈不上自由的。

传统中国社会讲究的是没有刚性约束力的情感和道德自律，不讲理性规则，致使组织意识淡漠，社会效率低下，责任界限模糊，社会惰性十足。近代上海经过民主精神的启迪，科学精神树立起来，市民的规则意识逐步提升。人们认识到，城市秩序要靠规则来维护，各行各业都要有适应的规则，才能正常运营，社会才会有安全感。社团组织的发展就是人们重视规则行事的重要标志。

近代上海科学精神的养育得益于近代上海文化事业的进步和兴盛。前已述及，上海是晚清兴办“洋务”事业的重镇。开展洋务运动需要学习西方近代制造、经济、科学技术等各项事业的知识。兴办洋务，需要通晓洋务的人才，而传统的旧式教育体制和教育内容无法满足培养洋务人才的需要，因而兴办新的教育事业，翻译西方科学知识，成为洋务运动的基本内容之一。兴办新学、学习新知的过程，也相应养育了科学精神。

近代上海创建的译书机构和新式教育事业为科学精神的培育做出了突出贡献，具有重要的近代化意义。

从 1863 年李鸿章在上海创办广方言馆算起，到 19 世纪末，上海共创办了多所各个层次的新式学堂。广方言馆、格致书院、梅溪书院、南洋公学、经正女塾、三等学堂等是其主要代表。现对这些为近代上海科学精神的培育做出重要贡献的新式教育机构做简要介绍：

上海广方言馆是上海地方政府官办的最早的新式学校，以学习外语为主，兼习其他西学，创建于 1863 年，由时任江苏巡抚李鸿章向朝廷提出在上海开设。在委托幕僚冯桂芬代拟的《奏请设立上海学馆》的摺稿中，李鸿章特别说明在上海这个地方开设外语学校的必要性。上海为洋人总汇之地，中外交涉繁杂，各国均设有翻译官，中国方面则缺少这方面可以信赖的人才，遇事往往吃亏。同时上海洋人种类较多，书籍较富，见闻较广，在这里设立外语学校，可以博采周咨，集思广益，可以收到在其他地方无法取得的良效。学习课程，开始时以外文、算学为主，1870 年以后增加重学、天文、地理、勘探冶炼、机器制造、行海理法等课，由一般地培育外语人才变为培养多方面的科技人才的综合学校。广方言馆所开外语有英、法、德等语种，多聘外国学者如著名的林乐知、傅兰雅、金楷理、璞琚等担任教习。外籍教习不但教授外语，也讲授其他课程。这些教习常把在其本国习用的教学方法照搬过来，如启发式、实验方法等。林乐知便在向学生讲授科学知识时，向学生示范一些科学仪器，如电报机、电池等，并带领学生参观江南制造局的机器车间，参观法国人在上海开办的煤气厂、现代化面粉厂等。培养了几百名擅长外语、懂得近代科学技术、具有近代科学精神的新型人才。

格致书院创办于 1876 年，是中外合办的以学习近代自然科学为主的学校。1874 年英国驻沪领事麦华陀首倡其议，1876 年 6 月正式开院，徐寿、王韬、赵元益先后主持过院务。西人傅兰雅曾专门开列一个《格致书院会讲西学章程》，详细规定了讲授西学的内容和讲授方法。内容广涉近代西方科学技术门类，注重用实验手段进行教学的方法。格致书院除了招生授课，还兼有社会教育的功能。对于书院的博物馆、书房，非书院人亦可入馆参观阅览。对于书院的科学讲演，任何人均可入内聆听，也可参加考试，合格者发与课凭。格致书院在当时上海，是一个引力很大的科学磁场，也是一个辐射力很强的科教基地，来院肄业的学生多的时候有几百人。学生们在课艺中，宣传各种近代自然科学，包括物理、化学、天文、地学、生物学，还有进化论等，讨论中国发展资本主义实业的重要性，并且超出自然科学范围，批判专制愚昧，提倡民主，倡言科学。

梅溪书院由张焕纶 1878 年创办。在国势凌弱、教育落后的情况下，他深感科举之溺人，救世人才之匮乏，认为“国家盛衰，系乎风俗人才，而风俗人才尤急于蒙养”，于是起而创办了梅溪书院。张焕纶明确规定，梅溪书院“不授帖括，以明义理、识时务为宗旨，兼采西人教科所长”①。学生的组织管理、作息制度均参照西国学校之法，课程有外文、格致、数学、实务等西学内容，还设置体育课程。梅溪书院还注重对学

① 《张焕纶传》，《上海县续志》卷十八，四十二。

生进行爱国教育和军事训练。

南洋公学创建于1897年，是上海交通大学的前身，系中国人在上海创办的第一所大学，创始人为盛宣怀。盛宣怀是洋务派中著名人物，是洋务派实干家，经营实业多年，每看到各项实业的兴办、新政的实施，甚至外交、海关等要害部门，都要聘用外人，他总觉不安，他深深地感到中国科学技术的落后和科技人才的匮乏，认识到“兴学树人为当务之急”，于是进行了创办新式教育的努力。南洋公学设有四院，其中师范院所招学生均系所谓“成材之士”，有些人入学时已是秀才、举人，入学后主要进修外语、数学、物理、化学、生物、地理等近代科学。南洋公学在1899年秋开设了译书院，严复翻译的《原富》，就是首先由这里出版的。1900年北洋大学学生因避战乱来沪就读，南洋公学于是又添设铁路班。1901年又开办特班，目的是培养高级人才，聘翰林院编修蔡元培为总教习，黄炎培、邵力子、李叔同等均为此班学生。南洋公学日后不断发展，成为遐迩闻名的上海交通大学，为传播、树立近代科学精神作出了卓越贡献。

经正女塾是中国人自己开办的第一所女子学堂，创办于1898年。首倡突破传统习俗的女子教育，把对女子的教育与社会进步联系起来，说明近代上海的社会文明是先行一步的。经元善认为，女子教育意义重大，有淑女而后有贤母，有贤母而后有贤子，中国欲育人才，谋富强，必先重母教，兴女学。20世纪初，爱国女学、女子中医学校、务本女塾、城东女学、宗孟女学等在上海次第开办。

钟天纬所创办的三等学堂相当于今天的小学教育。三等学堂改革封建私塾的教育内容和方法，提倡西方寓教于乐、适应儿童身心发展规律的教育形式，自编《读书乐》教材，以科学的精神进行新式启蒙教育。

近代上海的新式教育事业，培养了具有近代科学精神的新型市民，代表着社会文化进步的方向。20世纪初，清政府废科举，兴学校，正是这种历史趋势的必然结果。

与创办各类新式学校同行的，是近代上海翻译西书与出版业的兴盛。翻译出版西书成绩最显著的是1868年创立的江南制造局翻译馆。据英人傅兰雅《江南制造总局翻译西书事略》记载，从1871年到1880年，已刊印译书98种，235册，译成未印者45种，140余册，尚有13种未全部译完①。在已刊和未刊的译书中，绝大多数为自然

---

① 李侃：《中国近代史》，中华书局2005年版，第163页。

科学书籍。这些“西学”书籍的翻译出版，对当时知识界，特别是对近代上海来说，适逢社会新风的需要，这是一种崭新的学问。后来许多投入维新变法的骨干人物，很多都是从这些译书中受到了启发和影响。

报刊业的发达是近代上海又一个重要文化现象，对城市科学精神的塑造功莫大焉。报刊是大众文化传播的重要工具，报刊业的兴盛，是城市文明进步的重要特征。19 世纪以前，中国没有近代意义上的报纸刊物，朝廷的邸报或宫门抄不是大众传播媒介。鸦片战争以后，传教士马礼逊等在香港、澳门、广州等地编辑出版中外文报刊，近代意义上的报纸开始在中国出现。五口通商以后，上海始有报纸，随后迅速发展，品种和发行量很快据全国之首。

1895 年以前，上海报刊已多达几十种，但多由外国人创办。1895 年以后，中国人自办报刊骤增。1898 年戊戌政变以后，因顽固派毁弃新政，镇压维新党人，外地报刊或遭封禁，或无疾而终，唯上海情况特殊，一枝独秀。20 世纪初，《苏报》、《中外日报》、《神州日报》、《民立报》等，由上海出版，风行海内。以后，中国政治风云一变再变，但上海作为中国报刊中心的地位一直未变。翻阅全国报刊目录，查看报刊编辑、出版地，大半出于上海。

新式报刊的出现本身就具有近代文化意义，它是随着近代工业文明的发展，随着印刷业的技术进步，随着大众文化水平的提高而兴起的。

近代上海的报刊，文种多样，品类面向不同的对象。就文种而言，有中文、英文、法文、德文等；就周期而言，有日报、周报、晚报、月刊、季刊、年刊；就内容而言，有综合性的，如《申报》、《北华捷报》，有专门性的，如《格致汇编》；就创办者而言，有外侨，有华人，有官办，有商办，有属宗教系统的，也有非宗教系统的；就对象而言，有适合成年人看的，也有专为儿童创设的，如《小孩月报》等。很好地满足了各个层次市民的精神文化需要。

报刊业的发达，对于开阔上海人的视野、扩大上海人的认识空间，培育城市的科学精神，起了不可估量的作用。借助不断通畅的信息网络，报刊可以很快地把国内外新闻传递到社会大众，使民间信息量大增。1890 年仅《申报》在上海的销量就达 2 万多份，“上海各士绅无不按日买阅”[①]。如果每份报纸平均有 5 人阅读的话，那么上海至少每天有近 10 万人看《申报》，经读者再传播，可以说，到 19 世纪八九十年代，

---

① 《申报》，1890 年 1 月 26 日。

上海人已能身在黄浦江边，了解天下大事了。发达的信息，对国内外各种情况的了解，可以促使商业兴旺，经济发展，也可以提高人的文化素质、培养科学精神。民主思想、社团组织这样的近代社会因素随着报刊的传播，愈加深入地影响近代上海的社会组织行为。

三、竞争精神对社会规则和社团发展的要求

竞争是市场经济的运行机制。本章第一节论及的洋务派商战思想是基于中外斗争的政治策略，没有能触及市场经济的竞争本质。竞争精神作为一种文化也是从西方输入的。

国人对竞争的理性认识是从了解进化论发端的。1873 年上海江南制造局翻译馆出版了华蘅芳翻译的《地学浅释》，这本译著的出版把自然进化观念最早引进我国。此后，1877 年傅兰雅主编的《格致汇编》所载的《混沌说》，1881 年益智书会出版的《地学指略》，1891 年格致书院出版的《格致汇编》所刊载的《地学稽古论》等，均介绍了进化论的内容①。同时，美国传教士丁韪良的《西学考略》，也对进化论进行了较为详细的介绍，包括拉马克的物种变异说和赫胥黎的人猿同祖说，而且对达尔文的进化论作了系统的介绍。翻译出版西方的关于自然进化论著作，以及刊载介绍西方的自然进化论观念，目的是用自然进化论观点来表达社会变革的必然。

1898 年正式出版了严复译介的《天演论》。严复的翻译采用了意译的方法，更适合中国文化的理解习惯，使进化论这一具有划时代意义的新学说对我国产生了全面的影响。他的翻译使“物竞天择”“适者生存”“优胜劣汰”等道理深入人心，不但唤起了中国人保种自强、变法自立的政治意识，而且使人们对竞争的认识上升到理性高度。“天行者倡其化物之机，设为已然之境，物各争存，宜者自立。且由是而立者强，强皆昌；不立者弱，弱乃灭亡。皆悬至信之格，而听万类之自己。”②

生物进化论的社会应用，强化了上海商业社会的自由竞争观念，促使他们从行会的传统束缚中挣脱出来，进而要求改良政治，使国家转危为安，转弱为强；要求改善企业经营管理手段，使企业获得生机。不少行业，惕励于“优胜劣败”的自然淘汰法则，在本行业范围内进行整顿改良，兴利除弊，争取改变在“商战”中所处的劣势

---

① 张海鹏：《中国近代通史》第四卷，江苏人民出版社 2006 年版，第 133 页。

② 严复：《天演论》，《导言六.人择》，商务印书馆 1981 年版，第 17 页。

地位。

进化竞争理论的导入，结合对近代上海社会异常复杂竞争关系的体认，商民的竞争精神必然增强。中外的竞争、行业的竞争、帮派的竞争、合法的竞争和不合法的竞争等等，是传统的内敛、自抑、封闭、固步的行为方式不可能适应的。建立社会规则、规范竞争行为、进行有序竞争，成为竞争精神呼唤的文明诉求。组织社团便成为竞争规则化的社会合理取向。

近代上海是以移民占绝大多数的城市，这里是一个全新的竞争环境，在传统的血缘、家族为主要形式的族群依托意识割断以后，代之增强的先是地域意识、行业意识，进而增强团体意识、规则意识。

我国传统社会崇尚“和为贵”思想，这种思想是可贵的。但进一步理解，它是蕴含着对社会充满竞争、充满矛盾、充满不和谐的本质认识的，期望“和谐”是合理的思想指向。传统中国以血缘、家庭、宗族的情感因素和等级教化来协调矛盾、维护稳定、化解冲突。人们的行为和思维方式同家庭、家族、宗族的情感导向共进退。由于社会联系的重复狭窄，又由于人们利益关系的简单，传统中国人之间的竞争关系往往被消解在家庭和氏族的内部情感中。

竞争的普遍存在，在近代上海的商业社会表现得更加突出。竞争是发展动力的作用体现在优胜劣汰上。在市场关系的复杂竞争中，孤立的个体是很难生存发展的，团队的竞争优势表现出来。随着竞争的扩大，必定是社团的繁荣。

第三节　契约关系与近代社团

1898 年上海同文译书局出版了《民约道义》一书，就是今天常见的卢梭的《社会契约论》。社会契约论的基本思想是人生而平等和主权在民，社会关系应该是平等基础上的契约关系，而不是特权和等级关系。社会契约思想是资本主义民主理想的体现，是商品经济发展的政治价值观。社会契约论的传入，对近代社团的塑造具有重要意义。

就市场经济而言，社会关系的契约化是商品经济运行的保障，它为各种社会交换提供“有据可依”的安全系数，有效降低利益主体的交往风险，从而促进社会创造的可持续运行。社会关系的契约化，是以工业社会的社会分工为基础的，分工以生效，组合以提质，契约以秩序。社会关系的契约化，是社会复杂关系的简约处理形式，是复杂与简单的辩证统一，极大地促进了社会的进步。社会关系的契约化，体现了利益关系的自主性，解放了人的个性，提高社团组织的质量。总之，社会关系的契约化是近代多元社会超越封建社会的重要表现，是社团近代化的文化条件之一。

一、社会关系的契约化

在近代工业社会愈益频繁而又广泛复杂的经济活动和人际交往中，传统熟人社会关系中的权威服从、情感因素、人情信用及家世亲缘，再也不能满足社会交往和组织建设的需要了，交往成果和组织运行必须靠新的机制提供保障，社会关系的契约化逐步成为交往关系的主体规则。契约关系同时赋予契约各方，包括社会个体和组织以平等主体的地位和责任。

如果说，农业社会的人际关系主要维系于道德和情感因素，从而不确性很大的话，那么，近代社会的契约规范方式，就以其理性、可控的特点，排除了社会群体关系中大量人为的不确定因素。由于契约关系的普遍认同，在广泛而纷繁的社会交换中，近代上海市民凭藉契约规则进入到了极其丰富且随时变化更新的人际关系之中。契约关系消除非理性的人为因素，可以使人们获得与任何陌生对象打交道时的自主立场。

就社会关系变革的意义而言，契约方式并不仅仅只是表现为一种“合约文本”，更为重要的是，它在近代上海市民及其社会参与中，广泛地内化成为一种生活的规则和社团理念。

近代历史正是在社会关系的这种实际演变中发生的。随着工业社会及其分工中职业个体角色的产生，横向形态的多主体平行关系的社会契约理念，就从社会关系的基本构成上，对传统社会的纵向单一结构形态形成解构趋势。新型的社会组合以及职业个体的社会联系，在摆脱了传统的、绝对律令的权利体制以后，通过横向结构的契约关系及其规则，进行升级调整。

工业特别是大工业生产的严格组织和紧密协作，从表象上看，似乎将会压抑乃至消弭个性，以至消除个体能动性的发挥。实质上，正是契约化的社会关系，才能在生产方式和个体属性发生变革的条件下，以规范的方式维护着个体在面对集体性的工业生产，以及面对新的社团组织时，得以保持职业个体基本独立自主的属性。如同纪律是自由的条件一样，组织协作是个性发挥的前提。“现代不仅不是造成同质、消解多元，而且正好相反，它是造就了异质，造就了多元化，这个看法越来越有说服力。”①

近代工业社会的社会关系契约化理念与方式，提升了近代社会的社团水平，形成了社团关系的“有机团结”，构建了近代意义的社团意识，甚至启发了近代社会的阶级觉悟。

二、近代社团是契约关系的实体

社会契约关系的前提是工业发展促进的社会分工细化和社会流动，及其发展而来的社会关系的自主选择。

近代以来，上海租界迅速积累了大量资本，随后逐步投资近代工业，在此促动之下，民族工业也出现快速增长的势头，上海的产业结构开始向大工业时代过渡。“19世纪于20世纪之交，随着各种类型的中外资本工厂企业在上海的发展，上海不再仅仅是一个国际化的贸易大市场、金融大市场，而且，已经形成了国际化的工业投资大市场；工业经济在上海城市经济中所占的比重迅速上升；近代上海工业以轻纺工业为主体这一重要的结构特征基本形成；上海工业迅速地与江南地区占很大比重的棉花生产结合起来了。从而正在改革着上海城市经济在中国以至国际经济社会中的地位。正是如此，我们可以认为19世纪与20世纪之交，上海城市经济已经跨入了大工业时代。”②

大工业发展吸引了大量的自由劳动力，增加了社会的流动性。生产单位从市场中选择适合的劳动力，劳动力也以自己的价值判断选择合意的生产单位，这个过程体现了利益主体的自主性。当然在市场上存在大量剩余劳动力的时候，利益的自主性会受到很大扭曲，但无论如何都是自己的选择，这又会增强社会的利益主体认识。

近代工业及其生产方式的社会分工，由职业、工种、工艺的差别而构成，这种劳动与技能的差别性分布，使劳动者个体确立个人能动性的社会存在和自主意识的社会观念。这样社会结构造就了近代上海社会的社群关系，逐渐由封建依附性的被动关系趋向于一种自主认同的契约性关系。从而人们以独立自主的身份和契约化的对等地位，进行社会交换、参与社会生活、组织社会团体。

---

① 哈佛燕京学社：《儒家与自由主义》，北京三联书店2001年版，第60页。

② 熊月之主编：《上海通史》第4卷，上海人民出版社1999年版，第412页

近代社团作为自主组织、自由加入的社会关系，其章程和制度对团体成员具有平等的责任与义务约束力，团体成员同样具有平等的分享社团产生的社会效益的权利。这种责任、义务、权益在民主基础上的契约关系，使近代社团成为契约的实体，而不是人为把控的组织。

第三章　近代上海社团的形态及发展概况

马克思、恩格斯指出："历史活动是群众的事业，随着历史活动的深入，必将是群众队伍的扩大。"[①]群众是社团的组织基础，随着群众队伍的扩大，必定是社团发展的繁荣。近代上海的社团组织，从开埠早期各籍商民建立的会馆公所起步，随着经济社会的发展而发展，随着政治文化的更新而更新，社团类型不断丰富，联系民众日趋广泛，成为上海近代化的重要表征和促进因素。近代中国的发展路径特殊，社会运动频繁，近代上海社团组织的演进历程及其与社会相互作用的方式，也呈现出同社会经济、政治、文化发展形势契合的发展轨迹。在波澜壮阔的近代上海发展史上，近代上海社团也呈现出波浪推进的发展局面。

第一节　近代上海的会馆公所

近代上海的会馆公所是各方来沪的同乡或同业者建立的联络乡谊、互帮互助的民间社团组织。有学者统计，到 1911 年，上海共有公馆会所 150 多个[②]，是清代全国所有城镇中，设立会馆公所最多的一个。一般来说，移民人数多、来源地域广，是会馆公所大量建立的基本原因，恋故乡、重乡谊的传统心态是建立会馆公所的文化因素。但近代上海的会馆公所却有着不同于其他地方会馆公所的一些鲜明特点，这体现了近代上海城市的特殊内涵。

一、近代上海会馆公所的特点

我国传统的会馆公所一般分为三类：分别是科试会馆、工商会馆和移民会馆。

---

① 《神圣家族》，《马恩全集》第二卷，人民出版社 1957 年版，第 104 页。

② 谢俊美：《清代上海会馆公所述略》，《华东师范大学学报》(哲学社会科学版) 2000 年第 2 期第 36 页。

科试会馆是我国科举制度的产物，京城设立此类会馆居多。这种会馆每临科举考试前后，负责招待同乡士子食宿，向应试弟子提供应试卷资，设置捐册和观光堂题名榜名单，将同乡中的高官姓名张榜展示于会馆。题名榜是对会馆以往成绩的一种炫耀，又成为进一步激励同乡士子的上进机制。科试会馆起到一种激励同乡子弟和拉拢同乡关系的作用，具有明显的官僚性。

移民会馆是客居他乡的客家人，在移居地建立的主要以联络乡情、团结原籍乡人建立的社会组织。这种会馆多以乡土神庙形式出现，节庆祭祀，演地方戏，凝固乡缘，抵制移民地区土著人的排外，有一种自我保护的机制。在台湾、东北、广东、四川、江西等地都有移民会馆。这类会馆是农民迁徙的产物，或可成为农民会馆，一般来说封建性较浓。

近代上海的会馆公所属于工商会馆的性质。工商会馆是到外地经商的工商业群体，在经商置业地建立的同乡联谊场所和组织。建立的初衷是依靠同乡商人团结互助、以对应在外地经商生存和发展的困难。这与移民会馆的目的有相似性，但由于组建个体的身份不同、所处环境的生存方式不同、处理社会关系的复杂性不同，以及事业理念不同，与移民会馆区别开来。工商会馆都是建立在工商业贸易相对发达的地区和城市。近代上海会馆公所的建立和发展具有明显的工商贸易组织特征。

（一）近代上海的会馆公所多数是工商会馆

1931 年的《上海商业名录》记载有近代上海创建的 68 所会馆[①]。这些会馆都是各地同乡工商业者建立的，没有一所是封建官僚主持的科试会馆，也没有客家人建立的乡人移民会馆。这与北京和传统封建政治统治中心城市的会馆公所相比，是一个鲜明的特点。这是上海发展的历史状况决定的。

上海明朝始建城，当她还是一个边远的地方小县城时，北京作为京师就是全国科举应试的中心了。近代以前的上海与南京、苏州甚至松江相比，在政治地位上都没有任何可比性。南京是苏皖两省的科举汇试点，苏州是封建时代的商业贸易文化名城，松江府也是管辖上海县的地方中心，当时的上海仅是黄浦江边的一个航运贸易转接地，经济发展刚刚起步。近代以前，上海从来都不是省城以上的政治中心，与科举考试的士子汇聚无缘，所以上海没有出现过科试会馆。

近代上海是一个商贸移民城市，与历史上的乡民迁徙不同，移民近代上海的都

---

① 郭绪印：《老上海的同乡会》，文汇出版社 2003 年版，第 14 页。

是从事工商业为主的各籍人士，他们以经商做工营生创业，目标是生意兴隆、广扩业域、融入当地，所以也没有建立以与土著人分别的客家人移民会馆。虽然近代上海的会馆公所具有移民会馆的某些文化特色，但是工商会馆的时代适应性是移民会馆的保守特质所不可比拟的。

（二）近代上海会馆公所发展迅速

近代上海会馆公所的建设速度远远快于其他城市，与近代上海的发展繁荣相辅相成。

近代以前，上海被称为“小苏州”，说明苏州的城市地位是高于上海的。开埠以后，上海发展迅速，会馆公所这类社团组织的数量也很快超越苏州，成为全国会馆公所最活跃的社会舞台。近代上海与苏州会馆公所的发展比较很能说明这一特点。

上海于明朝时尚无一个会馆公所，上海最早的会馆公所——关山东公所，出现于清初顺治年间，为关东和山东商人合建。在清嘉庆以前，上海仅有 6 所商人会馆。而苏州早在明朝万历年间就已经分别由广东商帮建立了岭南会馆，福建官商建立了三山会馆；天启年间广东东莞商人建立的东莞会馆等。清康乾两朝时期，苏州建立会馆 29 所，至嘉庆之前苏州建立的会馆公所达 32 所之多，远远多于同一时期上海会馆公所的数量。

开埠之后，上海的会馆公所数量很快增多，不久就超过了苏州会馆公所的数量。据不完全统计，从清同治朝至民国时期，上海建立的同乡商人会馆公所就有 50 多所，还有大量的同业性商人会馆公所未包括在内。同一时期，苏州的会馆公所才建立 12 所。[①] 由此可见，近代上海会馆公所的发展同城市的发展是同步的。

（三）近代上海会馆公所久盛不衰

近代上海的会馆公所不但数量多，而且其发展态势随时代进步、长盛不衰，并没有受到后来纷纷建立的同乡会组织的太大影响，一直发挥着重要的经济和社会作用。当很多城市的会馆公所，如南京、苏州、甚至北京的会馆公所在近代呈衰落趋势的时候，上海的会馆公所持续保持着重要的社会地位。

随着近代上海工商业经济的不断发展和繁荣，各籍商人后来在上海不断成立同乡会组织。同乡会组织是同籍人士的交流互助组织，但它没有会馆公所那样稳固的

---

① 上海会馆公所数据根据《上海碑刻资料选辑》统计，上海古籍出版社 1984 年版；苏州会馆数根据王日根《乡土之链》第 274－277 页统计，天津人民出版社 1996 年版。

经济和物质基础。很多同乡会还要依靠同乡会馆公所的经济支持、办公场所的提供等帮助。如潮州旅沪同乡会在上海的活动，就取得了潮州会馆的经费支持。

清末至民国期间，外地很多大城市的会馆公所先后衰落，而上海同时期的会馆公所却继续发展，新的会馆公所继续建立，社会影响不断扩大，在一定范围内起到了稳定作用。清末科举制度废除后，北京的大批科试会馆改为同乡会，变为同乡办事机构，凝聚力下降，其他地区的此类科试会馆大都消失了。民国期间，包括苏州、扬州、南通等这样的商业城市的工商会馆也因战乱或被军阀部队驻兵占领而衰落，有的地区的会馆公所因长期无人管理而荒废，例如江都的潮州会馆就荒废了。上海同时期仍然新建了很多会馆公所，如：1912 年福建晋江、惠安两县旅沪商帮联合建立的晋惠会馆，1915 年建立的洞庭东山新会馆，1915 年建立的扬州公所，1919 年建立的淮安六邑会馆，1919 年建立的浦东公所，1922 年建立的吴江公所，1936 年建立的河南会馆等。

战乱时期，有的会馆公所发挥了非常明显的社会协调作用。如民国期间，江苏南通的潮惠会馆被军队占据，南京的潮州会馆救援无效，致函上海的潮州会馆请求支援。在上海潮州会馆的协调之下，南通驻军最终归还了潮惠会馆的房产。

近代上海会馆公所长盛不衰的基本原因在于：一是经济来源持续不断，各籍商帮在近代上海都有大的发展，加上会馆自身的房产或土地经营，实力雄厚。二是近代上海没有经历其他地区那样频繁的战争兵燹。三是近代上海的经济社会发展对会馆公所的社会作用有客观需要，会馆公所的凝聚、协调、沟通等作用在近代上海有很大的发挥空间。四是会馆公所的乡籍情感的象征作用在近代移民城市不可或缺。五是会馆公所的组织机制和活动方式不断更新。

二、近代上海会馆公所建立的历史原因

近代以来，上海的会馆公所这种商业社会的民间社团大量建立、不断发展，有一些基本的历史背景。

上海开埠在客观上带来了前所未有的发展机遇，展现出巨大的发展潜力，吸引着各方商人，特别是巨商大贾前来投资经商。“鸿商善贾，廉五贪三操计，然筹策者，踵接肩摩，日无虚晷”[①]。在沪据有一席之地，以便日后不断发展遂成为各籍商人的

① 《上海碑刻资料选辑》，上海古籍出版社 1984 年版，第 235 页。

普遍愿望。传统上，建立会馆公所是客籍人士置业客居之地的必然选择。“仕宦商贾之在他乡者，易散而难聚，易疏而难亲，于是立会馆以联络之”[①]，“组织公所，研究商情，为同业力谋公益”[②]。

近代上海是充满机遇和风险的社会，促进了客商的联合。特别是面对外商的倾销及掠取原料的竞争，他们组织会馆公所，力谋抵制。《山东会馆创立碑记》中说：“今者，商务日兴，……上海繁富，蹈重瀛，挟巨资，以谋倾我商业者，不可胜数。奇技淫巧，起徒手至巨万者。皆是也。而吾乡之商于斯者，犹循旧规，力与为敌，以朴为经，以勤为纬，倘能矗立于中外互市之秋”，“今会馆之成立，群策群力，力谋恢张，揽利权之要，而驰域外之观”[③]。而来自中国各个不同地区的商人也因商业上的利害关系，竞争加剧，按地区按行业进行组合的公所也逐步建立起来。同治年间，浙江乍浦的靛业商人来沪，因初来乍到，草创之处，受到上海本地靛商的激烈竞争和排斥，后来“幸有负才望者出而创立鄞江会馆，设规矩，定章程，方才立住足”，“主宾咸然悦服”[④]。川沙的土木业与宁波绍兴的在沪木工业因抢夺生意，彼此摩擦有年，甚至双方发生斗殴。最后以各建公所，划定范围，平息了事。南京、苏州在沪玉帮业因争抢地盘，交斗争讼长达七、八年之久，最后也以各建公所、划定范围，相安无事。上海的会馆公所就是在中外商业竞争中，为了“团结同仁，捍御外侮”，抵制外国经济侵略，以及“联络同业之声气，维持同业之信用”，以“独标一帜于商战剧烈之世界”[⑤]普遍地建立起来的。

鸦片战后，由于外国商品的大量倾销，沿海沿江地区自给自足自然经济开始遭到破坏，来沪谋生者络绎不绝。江浙地区本来地狭人稠，赋重税多，人民生计艰难，此后，失地、缺地农民有增无减，大批劳力被迫离开农村，流向城市。一部分人来到上海，从事各种经营活动。浙江《四明公所创立碑记》中说：“四明襟江带海，地狭民稠，乡人除耕读外，多出而营什一之利。”[⑥]《上海徽宁思恭堂缘起碑》中说：“宣歙多山，荦确而有田，商贾于外者，什七、八。”然而来沪谋生并非易事，“童而出，或白首而

① 《上海碑刻资料选辑》，上海古籍出版社1984年版，第196页。
② 《上海县续志》卷三，第8页。
③ 《上海碑刻资料选辑》，上海古籍出版社1984年版，第371页。
④ 《上海碑刻资料选辑》，上海古籍出版社1984年版，第413页。
⑤ 《上海碑刻资料选辑》，上海古籍出版社1984年版，第259页。
⑥ 《上海碑刻资料选辑》，上海古籍出版社1984年版，第232页。

不得返，或中途违折，殓无资，殡无所，或无以归葬，暴露于野。盖仁人君子所为而伤心，而况同乡井者乎？沪邑濒海，五方贸易所最重，宦歙人尤多。”①同乡、同仁有见于此，乃“共切桑梓之谊，创立一会，专为本籍同业中之贫苦者给棺柩，死亡者施赈恤，安魂妥魄起见”②。为了赈恤旅沪贫病孤苦的同乡，于是起而组织地区性的会馆公所。

上海会馆公所的大量创立与国内政局的变动不居有直接关系。清同光年间创立的会馆公所最多，与太平天国农民起义引起的大量难民涌入上海有关。1860年后，太平天国经略东南。江浙两省大部分落入太平军之手。各地地主、官僚、商人，其中也不乏农民、手工业者纷纷来沪，侨居避难。《创建上海江宁七邑公所碑》记中说：“当是时，都人士流亡襁负而来者，络绎于道，顾地为华夷互市之区，五方杂处，重以流民，因而街市之间，肩摩趾接，居室则嚣杂湫隘，荒地亩輙百余金，老死者至不得殡厝处。它族或购屋作殡房者，又靳不相假；乡之人仿为之者，辄苦集资不充，才买地数畝而已。”同邑人士颠沛流离、落难沪滨的凄惨情景引起同乡有力者的无限同情，于是起而组织江宁七邑公所，集资购地，施棺掩埋，或运榇返乡安葬。又如同治初年，苏州失陷后，洞庭山各商因避难来沪者日增，以“固有之惠安、固仁、体仁三堂合并，公建莫釐三善堂，为同乡会聚之所，寄棺之处”。镇江旅沪流民，在兵燹之后，每遇疾病，死亡暴露，也于1874年（同治十三年）建立了京江公所。

西人在上海强行建立租界，流氓歹徒，匪盗充斥，上海成了冒险家的乐园。杀人越货，时有所闻，绑票勒索，日以复加。处在这样一个险恶的环境里，各地旅沪人士，无论为商为贾，还是为工，总有惶恐不安之感，唯恐遭到不测，于是主张团结乡里，抱团自保。《四明公所长生同仁会创立记》说：“长生同仁会之设立，意在保固身家”，“一人罹难，合会伸援”。《典业公所公议章程十则碑》中指出：“倘有被痞棍欺诈情事，关碍大局者，务宜推诚助理，毋相观望。应需使费洋钱，同业公帖一半。”③《潮惠公所创立记》中也说：“重以时势交迫，津梁多故，横征私敛，吹毛索瘢，隐倚神坐，动成疮痏。虽与全局无预，而偶遭株累，皇皇若有大害。重乎厥后，既同井邑，宜援陷阱，亦能代表捍卫，而终不若出于会馆，事从公论，众有同心，临以明神，盟之息讧。”④

① 《上海碑刻资料选辑》，上海古籍出版社1984年版，第385页。
② 《上海碑刻资料选辑》，上海古籍出版社1984年版，第268页。
③ 《上海碑刻资料选辑》，上海古籍出版社1984年版，第411页。
④ 《上海碑刻资料选辑》，上海古籍出版社1984年版，第331页。

三、近代上海会馆公所的组织创建和演变

近代上海会馆公所作为商业社会的民间团体组织，是按地域商人或地域行业商人组织的社会团体。会馆是侧重地域性的组织，如，山东会馆、江西会馆、常州八邑会馆等；公所是地域与行业并重的组织，如，四名公所、京江公所、水木业公所、典业公所等；也有名为会馆、实则公所性质的组织，如，钱业会馆、茶业会馆、木业会馆等。所以会馆、公所的名称一般是共用的。会馆公所的开办与组织结构均按一定程序安排和创制。

发议。地域性的会馆公所，多由“从宦于兹土者”“董其役”。如建汀会馆是由当时任上海知县的建平人林谦普提议创立的，常州八邑会馆是由寓居上海的武进人盛宣怀独资捐建创办的。属于行业性的会馆公所则由同业中资力厚实、信用卓著的店主发起，集体捐资建立。

集资。会馆公所创办的经费由公共集资，或由同人捐助、同业摊派，或按货抽厘。也有“殷者效财，能者效力”，由几个资本家出资筹建的。如台州公所就是由民族资本家朱佩珍等捐资创办的。

创办。会馆公所都须建设日常办事机构——议事厅，此外还设有正殿、祠堂等厅堂。正殿置放上海道和上海县批准创立的勒石碑刻，祠堂供奉神佛，是祭祀活动场所。

推举董事。会馆公所日常事务“悉归号商经理”，各号商推举董事轮流经理馆务。经理制度有司年、司月之别，不同的会馆公所或由店号按年当值、或由按月当值。董事由位尊望重的公正绅董担任。董事不是专职，各有生意，义务主持馆务，“并非专意在此而取薪俸者”。会馆公所设有几名丁友，负责照看馆所，兼管日常卫生、安全、联络等事务，也会设有会计管理财务。

制定章程。会馆公所都立有章程，内容一般包括：财务管理、生意经营规则、经费筹措办法、馆所产业管理使用制度、宗教祭祀活动、经理的权限职守、排解内部纠纷及案件诉讼、成员规约等。章程一般勒石厅堂间壁。

报呈官府批准。会馆公所的开设须得到官府的批准。呈文上海道或上海县，详述会馆公所开办缘由及其宗旨、创始人的姓名等。批准后，批文勒石碑刻，会得到官府的法令保护，还可以获得会馆公所房产、塚地免征课税的优惠权利。

正式成立。正式成立日，会举行隆重的庆典活动，全体成员，包括家属都参加庆

祝活动。敬神祭祖，宴请地方权贵显要及其他会馆公所的负责人，以敦睦乡谊、联络社会。

上海的会馆公所在鸦片战前，就其性质来说，属于封建商业社会的民间团体，领导权掌握在少数仕宦绅商手里。鸦片战后，这种情况发生了明显的改变。随着上海资本主义工商业的兴起和发展，其区域性色彩逐渐减退，按行业按系统联合的趋势日益增强。到20世纪初，近代上海的会馆公所大多演变为资本主义性质的工商业团体，其领导权掌握在了民族资产阶级中上层手中，并加入民族资产阶级组织的商会，接受商会的统一领导。

20世纪20年代后，随着反帝反封建斗争的高涨，产业工人队伍的壮大，工人阶级日益觉悟，以乡土情义维系的会馆公所日趋衰落，并为同业公会所替代。但会馆公所的衰落只是相对于其他社团的发展而言的，这种社团组织并没有在近代上海的社会舞台上消失。30年代后，同业组织发展很快，据1936年民国政府统计，上海工商业同业公会约有236个①，但会馆、公所在转换体制中仍然存在，这说明会馆公所的乡土联系，仍然有适应近代上海移民城市社会特点的重要特征。

第二节　近代上海的经济社团

经济社团是指以发展经济、适应和开拓商品市场为目的而建立的工商业社团组织。它与传统的会馆公所不同，不是以乡情作为组织的纽带，籍贯性束缚淡化，组织形式制度更加民主和理性，是资本主义近代化的社团组织。

甲午战败以后，民族危机感空前沉重，辛丑条约迫使我国门户和产业更加开放，投资建厂成为外资在华新的开拓利润的经济领域，清政府也倡导了局部政策改革的“新政”。新的国内外形势，促使上海的资本主义工商业加速发展，工商业商品市场在不断发育扩大。清末民初以降，上海的工商产业一方面表现为原有的行业分工细化，一方面新的近代化产业不断兴起，市场日益多样化、复杂化、融合化。以近代同业公会、商会为代表的经济社团随之发展起来。

---

① 洪泽：《上海研究论丛》第5辑，上海社会科学院出版社1990年版，第96页。

一、近代上海同业公会的兴起

清朝末年，上海率先在部分行业出现了新型的工商团体。这些新的工商组织有些是从原来的会馆公所脱胎而来的行业组织，有些是由资本主义经济发展而新产生的以“公会”或“商会”等名称命名的行业管理型团体。如洋货商业公会、豆米同业公会、棉业公会、书业商会、办麦公会、日报公会、中华布厂公会、保险公会、教育用品公会等。工商同业公会或商会成为普遍的经济社团组织，引起了政府重视。

1917 年 4 月，北京政府公布了《工商同业公会规则》，这个规则在当时虽然没有得到实施，但对规范同业团体有了一个初步的框架。上海的部分工商业在业内富有革新精神的上层人士的主持下，自发地进行了改革同业团体的各种努力，相继改组或重建了一批同业组织。如，出口各业公会、银楼新同业公会、钱业公会、纸业公会、绸缎染业公会、华商织袜厂同业公会、中国蛋厂公会、油厂工会、丝厂公会、卷烟同业公会等。还出现了一些跨地区或跨行业的联合会，如，华商纱厂联合会、中国电业联合会、中国棉业联合会等。20 世纪 20 年代，上海这类新型的工商业管理型团体已经有 60 多个，在数量上虽然比当时 179 个工商同业公会要少得多[①]，但是这些新型团体所代表的行业具有较强的经济实力，在社会经济活动中有更广泛的社会影响。这些新式工商业团体所发生的变化，正如马克思所说，是“随着历史的变化引起的行会制度的多种变化”[②]。同时这些新型工商团体的建立也标志着上海的工商团体已经突破带有封建色彩的会馆公所的束缚，开始向近代资本主义经济组织的整体迈进，进入了近代化行业管理阶段。

南京国民政府建立后，颁布了《商会法》，并于 1929 年 8 月和 1930 年 1 月公布了《工商同业公会法》及《工商同业工会法实施细则》，规定全国所有的行会及会馆公所之类的工商各业团体必须在一年内完成改组，依法统一建立同业公会。1930 年 6 月上海所有的会馆公所、行业同业协会及同业联合会完成改组，全市共有 170 多个同业公会。按照《同业公会法》的规定，同一地区的同业公司、企业、商号数量在 7 家以上时，都要依法建立同业公会。上海随着资本主义经济的发展，新兴的行业时有产生，

---

① 陆兴龙:《近代上海社团组织及其社会功能的变化》,《上海经济研究》2005 年第 1 期，第 87 页。

② 《德意志意识形态》,《马克思恩格斯选集》第一卷，人民出版社 1972 年版，第 57 页。

而原来的行业也在不断细化，从而产生出新的行业，因此同业公会的数量也逐年增加。据1936年统计，上海工商各业共组织了236个同业公会，其中工业行业组织了40个同业公会，商业行业组织了196个同业公会。到1947年初，上海工商各业中共有同业公会269个，其中工业行业中有60个，商业行业中有209个。此后，同业公会的数量还在不断增加，到1949年，全市的工商同业公会已经增加到306个，其中工业行业组织86个，商业行业组织220个。① 数量如此庞大的行业管理组织集中在一个城市，在全国是独一无二的，这些经济社团组织在近代上海经济社会发展中发挥了不可或缺的重要作用。

同业公会伴随着近代资本主义工商业而产生，是近代工商业者的新型社团组织，它既是日益激烈的市场竞争和经济近代化在社会组织层面上的体现，也标志着中国的行业组织从传统的行会向资本主义工商同业组织转变，是一种行业管理制度方面的创新。上海各业同业公会建立后，在积极反映同业会员企业的意愿、维护其正当权益、沟通企业与政府之间的联系等方面所起的作用，已是近年来对同业公会研究的共识。此外，20世纪30年代前后，中国政府与美国、英国、日本等国政府进行关税谈判过程中，上海各业同业公会纷纷代表会员企业高度关注关税问题。一方面积极支持成立以上海实业界为主的中华实业团体国定税则研究会，就合理确定税率问题组成代表团，前往南京向政府请愿；另一方面，上海各业同业公会借助媒体，公开提出修改关税的要求，营造修改税则的民意氛围，向外国政府显示中国的民意。当时，上海机器染织业同业公会、针织业同业公会、面粉厂同业公会、电机丝织业同业公会、橡胶制品同业公会、造纸业同业公会、棉布业同业公会等几十家同业公会，以及华商纱厂联合会、上海机制国货工厂联合会等社会团体，向上海报界申明对关税修改的要求，提出降低原料和燃料进口关税率，提高工业品的进口关税率等要求，以保护民族工商业，并连续多年坚持向政府提交请愿书。② 经过上海各业同业公会努力活动，形成了影响深远的社会舆论，支持政府在对外关税谈判中争取了有利地位。由于政府当时的立场是积极争取关税自主，与相关国家在围绕关税问题的多轮谈判都取得了一定的成效。这说明上海的工商同业公会在当时具有相当的社会影

① 依据《1947年上海年鉴》(K)第30—33页和《上海概况》，书报简讯社1949年编印，第500、505页。

② [日]久保亨著、王小嘉译：《走向自立之路——两次世界大战之间中国的关税通货政策和经济发展》，中国社会科学出版社2004年版，第94—96页。

响，能够就保护民族工商业问题代表会员企业在重大问题上与政府进行对话，并产生一定的国际影响力。

二、近代上海经济社团的联合行动

资本主义工商业的不断发展必然形成更密切的经济联系，抵御外资经济的压迫和竞争，组织起来才有力量。20世纪初始，近代上海各种社团组织呈现出联合发展的趋势。

素有“中华第一商会”之美誉的上海总商会，于1904年在上海诞生。它是上海地区各业同业公会的联合组织，其成员不仅包括纯流通领域的行业组织，还包括了工业、金融业、保险业、公用事业等行业组织及改制后的会馆公所，对全国各地和海外的经济社团产生过广泛而有力的影响。

上海总商会及会员团体，引进国外先进的组织形式和规章制度，推动近代上海工商业社会秩序从传统行会治理方式向近代法制轨道迈进，促进工商各业从行帮的守旧管理模式改变为有统一组织的规则管理形式。运用团体的领导地位和组织力量，联络各行各业分散进行的反对洋货倾销活动，组织成地区性乃至全国性的抵货运动。同时，利用各种文化载体，向社会广泛传播科学的工商管理和生产技术方面的知识，帮助企业提高经营管理水平、增强企业的市场竞争能力。

上海总商会成立后不久，就在上海发起召开了两次全国商法大会，获得全国各地和海外商学团体的广泛响应，成为当时的一个时政关注热点。来自全国各地和海外的近百位代表出席，讨论各种工商法规的制定和实施，推动政府的工商法律建设，具有重大的近代化意义。各界工商和商学人士取得广泛共识，形成在全国范围内调查商事习惯的决议，会后进行有效的实地调查，最终促成了中国第一部《公司法》和《商法总则》出台。对当时尚依赖残缺的行规、帮约从事经营活动的工商界来说，是向经济秩序法制化进步的重要转折。

20世纪20年代，我国《商标法》《票据法》和《工厂法》在制订时，上海总商会对当时的上海企业反复宣传，并组织相关的工商团体和社会法学团体参与讨论，起到了撷取民间智慧以充实我国近代法规建设的作用。当时，上海总商会引导各业同业公会利用法定社会团体的身份，代表上海工商界和各业向政府反映民族资产阶级的意志，争取获得政府对工商业的保护。其中一个重要方面就是针对不合理的税制，通过对各种税制的评议，既敦促和劝说会员履行依法纳税的职责，又积极反映会员要求政府停止征收苛税的呼声。如在巴黎和会期间，就工商界普遍关心的废止协定税则，争取国际税法平等问题，上海总商会和上海的一些同业公会向全国发出通电，要求我国出席巴黎和会的专使据理力争，以维护本国民族经济利益。对北洋政府发行的印花税，上海华商纱厂联合会单独发电抗争，指出财政部曾允诺对仿制洋货“已完正税，不再重征”，指责此次复开印花税是自食其言的行为，“坚请收回成命”。30年代初，上海工商各业同业公会针对政府颁布的新营业税大纲，成立了“税则研究会”，对各业货物的税率进行分门别类的核议，要求政府重新修订税率，酌情核减。在争取关税自主、要求提高进口税和废除对部分工业产品征收特税等问题上，上海总商会和同业公会都站在民族企业的立场上，不遗余力地向政府据理力争。尽可能地反映了近代上海工商业的利益要求，保护了工商利益，维持了工商秩序。

上海总商会和其他同业公会日常工作的一项重要内容，是普及宣传科学的工商知识和推广企业管理知识，为会员企业拓展国货产品市场、开辟原料来源渠道。上海总商会开办商业图书馆，除自办图书外，并积极争取各书局“嗣后凡有新出版之商业书籍，每种移送图书馆一份”。该图书馆对上海工商界全面开放，“任人展览”，“使有志潜修之士得以同资沾溉’，[①]还与中华职业教育社、上海商科大学联合开办商业补习夜校、成立上海商业补习教育会，“以扶助上海商界青年增进商业知识，养成商业适当人才为宗旨”。1926年商业补习夜校的入学青年达到321人，成为当时全国规模最大的商业补习夜校。[②] 同时，上海总商会还创办商品陈列所，举办商品展览会和研究会，通过办展宣传国货产品，研究国货产品的出口前景，组织国货产品出国参展，为国货产品拓展海外市场。在上海总商会的支持和指导下，各业同业公会也为会员企业筹备各种国货产品展览，以增强民众的国货观念。到20世纪二三十年代，上海国货博览事业在总商会的推动下，发展活跃，扩大了国货的社会影响，提高了国货的竞争力。

各业同业公会也积极地为会员企业服务，提倡推广优良品种，组织同业设立原料工厂，减少对进口原料的依赖。如面粉业同业公会联合华商杂粮业、苏浙皖内地机制面粉业公会在江浙农村设立改良麦种场；华商纱厂联合会设立植棉委员会，引

---

① 1923年5月《上海总商会月报》第2卷，第11号。

② 《上海商业补习教育会简章》及《商业夜校》，载1921年12月《上海总商会月报》第1卷第6号，1924年10月第4卷第10号。

进国外优良棉种在国内推广种植；上海丝茧行业设立茧业协会，在各蚕丝产地分设制种场，进行蚕种的改良和推广；上海国货橡胶制品同业公会为抵制日货原料进口，发动所属各厂自筹资金设立橡胶原料化工厂；上海铜铁机器同业公会、上海针织工业同业公会、上海棉织业同业公会等团体，为了抵制日货进口也曾经纷纷设立了同业内的原料工厂。

三、近代上海经济社团组织的民主化趋向

近代上海工商同业公会在组织上区别传统会馆公所及行会的一个根本特点在于，它不像传统行会组织那样通过严厉的行会规约把成员禁锢在一定的空间范围以内，自我封闭，阻止竞争，以分享封闭的行业垄断利益，而是基于资产阶级扩大再生产和扩大市场的需要，尽力扩大组织和地域范围，鼓励成员开拓进取，利用资本主义经济杠冲破保守的稳定状态，倡导经济活动的开放和竞争。

民主思想的传播和扎根，也是促进近代上海经济社团组织民主化的重要因素。外商社团实行的民主制度，是近代上海社团组织机制的借鉴范本。在近代民主精神促动及租界民主制度的影响下，近代上海经济社团的创制与活动逐步趋向于民主化。

以同业公会和商会为主要代表的近代上海经济组织，与传统的会馆、公所相比，其章程规定和组织结构都表现出民主化、公开化的特点。公会领导人由行业会员集体选举产生，行业规则由会员会议讨论制定，一般事项由董事会公议，重大事项召开会员大会决议。在公会和商会的会员构成上，消除行帮和地域限制，公开吸纳会员。只要遵守规则，行业厂商都可入会，权利与义务平等享有。会员企业对于公会的决议或行为，遇有问题或持有异议，有提请公会重新公议或解释的权利。协调矛盾纠纷遵循公会规章，公开协调程序，规避了传统的没有成文规定的行事随意性。同业公会章程或业规中一般都有关于同业间业务关系和同业纠纷的有关规定和条款，许多同业公会在业规中，还专门设有关于同业间业务往来的细则条文，以此规范同业间的交易行为。如上海茶输出业同业公会会员业规，“会员对会员之业规：一、会员与茶厂茶号一经签订代售契约，应即报告公会其他会员，不得再行接受。二、凡遇茶厂茶号有分托会员经售情事，无论有关系者为两个或两个以上之会员，均应于事前协商允洽，并报告公会。三、凡茶厂茶号临时有改托经售，应先征得最先经售会员之同意，并将账款结清，方得另经售。倘未经同意而账款未清者，其随后承接之会员应

负偿还最先经售会员所垫付本息之责”。[①]

近代上海的经济社团以民主化的机制开展了促进上海民族工商业发展的许多工作，诸如缓和市场危机、促进企业公平竞争、制订行业产品标准、监督企业违规行为、调解同业纠纷和劳资冲突，等等。在处理这些行业内部的日常事务中，往往体现出一种管理民主化的精神，将处理原则建立在会员企业充分协商解决的基础上。当时，上海工商业相对来说门类齐全、行业繁多，上海工商社团适应这种特殊情况有细化的专业分类。如在纺织工业中有机器棉纺织、印染、手工棉织、针织、丝织、绸缎印花、毛绒纺织、骆驼绒、机器染织、内衣织造、手帕织造、织带、毛巾被毯等10多个不同行业分支，这些专业性很强的分支行业分别设立各自的同业公会，制订了体现民主管理的组织章程和建立比较正规的管理层次，既有利于维护不同企业的具体利益，又通过同业公会之间的相互联络，来表达纺织行业的共同要求，形成整个行业的整体力量，从而使同业公会这种资本主义经济团体成为促进行有序发展的重要保障。

第三节　近代上海的文化社团

上海开埠以后，随着经济地位迅速上升，文化发展亦成为全国中心。戊戌维新运动以前，上海已是全国传播西学的最大基地，拥有最多的新式学校和文化机构，成为宣传改良思想的主要城市。以后，随着工商业经济发展所引起的社会结构的变动，和全国形势发展的潮流，上海的文化社团成为近代上海发展变化最快、社会活动最活跃的社会团体。文化社团将文化团体组成合力，在不同的历史时期，起到了传播文化思潮、开展文化启蒙、推进社会变革的历史作用。

一、维新时期的文化社团

洋务运动扩大了资本主义经济因素，造就了一批眼光向外的开明知识分子。维新运动时期，这些开明知识分子组建文化社团，传播西方先进思想，倡导社会变革，从而开启了文化社团近代化的时期。

强学会是中国第一个近代政治革新社团[②]，也是中国第一个近代形式的文化社

① 上海市商会档案，上档Q201－1－457“棉布、转运、米商等二十九业报送的行业业规”。

② 刘健清：《社团志》，上海人民出版社1998年版，第103页。

团。1895年8月，康有为、梁启超在北京发起强学会，以《中外纪闻》为机关报。康有为在《强学会序》中说明强学会的成立是因为“我中国弱于群雄之间，鼾寝于火薪之上”，开通民智、革新政务已成燃眉之急，并申明其研究，是图谋革新以求重振河山的宏图大志。强学会设立的强学书局以启迪民智为鹄的，以借阅图书为途径，图教育培育人才、广布近代科技新知。但强学会和强学书局很快便遭查禁。1895年11月强学会离京南下，成立上海强学会，从此上海强学会接棒北京强学会，在中西文化交流营造的文化沃土中，播下了近代文化社团传播创新文化的种子。

1895年12月4日上海《申报》发表《上海强学会序》：“天下之变岌岌哉！夫挽世在人才，成才在学术，讲学术在合群，累合计百之群，不如和千万之群，其成就尤殊转移尤飞也。”①次年1月在上海出版《强学报》宣传变法。《上海强学会章程》阐明其宗旨“专为中国自强而立”，“聚天下之图书器物，集天下之心思耳目”，“以广见闻而开风气”，“入会之友，必求品行心术端正明白者，方可延入局中”，“会中于义所应为之事，莫不竭力”等等。② 文化革新和变法运动遂以上海为中心迅速发展起来。但终究为腐朽的晚清政府所不容，两江总督张之洞见风使舵，于1896年1月查封了上海强学会和《强学报》。

上海强学会虽然很快被查封了，但它对变法维新思想大张旗鼓地宣传，对西学的讲求，均给进步的知识分子树立了可资效法的时代楷模。康有为说：“至此天下志士，乃知渐渐讲求，自强学会首倡之，遂有官书局、时务报之继起，于是海内缤纷、争言新学，自此举始也。”③强学会后，“学会热”被激发出来。

强学会对近代文化革新的社团化具有重要影响，维新时期近代上海文化领域，建立社团以维护和推动文化事业发展成为时代新风，提高了近代上海城市的文化水平，促进了近代上海市民观念更新和社会进步。

据中国社团史记载，甲午战争后，近代上海各种教育、文化、学术、体育、艺术、宗教、风俗改良、工人、妇女、学生、慈善、公益、自治等知识分子和群众团体316个，其中属于学会和翻译会的有77个之多④。这些社团存续时间有长有短，但一般说明了维

---

① 《申报》1895年12月4日。

② 中国史学会：《中国近代史资料丛刊.戊戌变法》(四)，上海人民出版社1957年版，第389—393页。

③ 《知新报》，光绪二十四年(1898年)五月二十一日。

④ 根据王世刚：《中国社团史》所载社团情况统计，安徽人民出版社1994年版。

新运动之后近代上海文化社团的繁荣情况。这一时期，上海代表性的文化社团有：

光绪二十二年(1896年)，罗振玉等倡立上海农学会，该会主要任务是筹款购买田产，经营农牧副业及译书、办报、设立学堂事务；邹代钧、汪康年等创办的地图公会；汪康年等创办的东文学社。

光绪二十三年(1897年)，叶瀚、汪康年等在上海成立蒙学公会，以期连天下心志使归于群，立法广说，新天下之耳目而为蒙养之表范。龙泽厚、吴仲弢等创立医学善会，主要目的是揭露庸医误人之害，要兴医学以治病救命、保种强国。孙直斋、王仁俊等创立医学会，探讨西医理论、促进传统医学的改革，筹办医学堂，培养医学人才，创办医学报，开设义诊。恽积勋等创立译书公会，该公会以采泰西切用书籍为宗旨，凡有关政治、学校、律例、天文、舆地、光化、电汽诸学，矿务、商务、农学、军制者，次第译成，以餍海内同志先睹为快之意，创办《译书公会报》。这一年创办的学会组织还有，译印中西书籍公会，上海印书公会，女学会，算学会，集学会，兴亚会，实学会，新学会，等等，还有郑孝胥、郑观应等创办的戒烟公会。

光绪二十四年(1898年)，南汇绅士溪世干创办经济学会；汪大钧等创立商学会，以讲求商学，研究国内外贸易的利弊得失，并创办《工商学报》；华蘅芳、徐建寅等创建格致学社，以研究自然科学为。

光绪二十五年(1899年)，唐才常等在上海发起组织正气会，其宗旨是"本会以正气命名，原因中土人心涣散，正气不萃，外邪因之而入，故特创此会，务合海内仁人志士，共讲爱国忠君之实，以济时艰"，"创开译局、报馆，遣派(留)学生"，代会友刊印"自著、自译之书"。①

光绪二十六年(1900年)，北方义和团运动期间，上海成立了以容闳、严复为正、副会长的中国国会，以讨论当时国危局乱的形势及对策、推广中国未来之文明进化。

这一时期是近代文化社团的发端期，其势之旺，犹若燎原。

二、清末"新政"时期的文化社团

《辛丑条约》的签订，清廷变成了"洋人的朝廷"，国人从对洋人的愤恨转变为对朝廷的失望，人心思变，以学习西方、革旧布新、拯救危难为主的各种社会思潮成为

---

① 《正气会章程》，湖南省哲学社会科学研究所：《唐才常集》，中华书局1980年版，第198—200页。

文化主流。1901 年始，满清政府实行“遮羞变法”——“新政”。其中，废除科举制度、兴学堂、奖游学等措施对发展近代文化有积极意义。20 世纪初的十年，是近代上海文化社团异常活跃的十年，这一时期的文化社团积极介绍西方的社会民主思想，推动海外游学，宣传社会变革，参与社会革新活动。

光绪二十七年(1901 年)，戢翼翚、下田歌子在上海创办作新社，开展中日文化译介交流。

光绪二十八年(1902 年)，蔡元培、章太炎、黄宗仰等在上海成立中国教育会，以教育中国国民、高其人格、恢复国权之基础为目的，[①]刊行《教育杂志》，这带有民主精神。同年夏，中国教育会支持上海南洋公学学生建立爱国学社，其宗旨是：重精神教育，所授各科学皆为锻炼精神、激发志气之助。吴敬恒、叶瀚在上海创立协助亚东游学会。

光绪二十九年(1903 年)，上海成立中国天足会，倡导文化风俗革新，并随后创办了《天足会报》。是对封建文化的公开摈弃。

光绪三十年(1904 年)，上海商务总会成立后，建立了振武宗社，厉行禁烟，意为振兴社会精神，下设分支机构 600 余处，历任戒烟者 3 万余人。同年，邓实、黄节等在上海成立国学保存会，以“发明国学、保存国粹”为宗旨，其实暗指恢复华夏正统，唾弃满清政府。光绪三十年八月，上海各业绅商孙多森、周廷弼、徐润、祝大佑等 30 人余成立上海商学会，以调查、研究商情，开通商智，振兴实业，扩张贸易为主旨。后又有南市商学会成立。这一年，李平书、陈莲舫等在上海成立医学会，以研究医理。同期，上海还成立了中国医学公会、中华医学会、药业群志会等，期望健康国人体魄。

光绪三十一年五月(1905 年)，李登辉等在上海成立寰球中国学生会，主要活动是赞助或自办学校、协助青年出国留学、介绍职业及发表演说、出版刊物等。同年，上海成立铁路研究会，支持收回铁路利权运动。沈亮棨等在上海设立私塾改良总会。姚文楠等设立上海学务公所，后改为劝学公所，同时成立了以姚文楠为会长的上海教育研究会，两年后，教育研究会与沪学会合并为上海县教育会。

光绪三十二年(1906 年)，上海成立地方自治研究会、上海地方公益研究会，以研究政法、预备地方自治。马相伯、雷奋等成立宪政研究会。同年，成立郑孝胥为会长、张謇、汤寿潜为副会长的预备立宪公会，在立宪请愿运动中发挥了重要作用。这

① 《中国教育会第一次修改章程草案》，《苏报》，1903 年 5 月 15 日。

一年，上海成立有“五体育会”。上海设立中国妇人会南洋分会，主要从事募捐救灾、讲求实业、兴办女学、提高妇女社会地位等活动，并于光绪三十三(1907 年)春创办了《中国妇人会小杂志》半月刊。爱国教徒俞国桢等在上海成立中国基督教自立会，创办《圣报》作为机关报，领导全国性的中国基督教爱国自立运动，得到社会各界有力支持。这一年，上海还成立佛教公会，强调宗教自主。

光绪三十三年(1907 年)，上海建立惜阴会，改良丧葬文化、革新祭祀礼仪等。这年春，曾铸等在上海设立崇实商学会，以讲习商学，振兴商务，收回利权。同年，上海成立中国工程学会。

宣统元年(1909 年)，上海成立了商学公会，商业研究会，竞业学会，商业求进会等。同年，各省咨议局代表于上海组织各省咨议局联合会，研究立宪文化，推动进京进行立宪请愿运动。

宣统二年(1910 年)，霍元甲于上海创立精武体育会，聘请南北武林高手传授武术，后又增设了摔跤、拳击、球类等体育项目，曾编著《潭腿》、《功力拳》等武学书籍，以传播中国传统武术精神，振奋民族精神。

宣统三年(1911 年)，上海成立中国佛教会，推行爱国教育，举办慈善事业等。同年，周佩宜于上海组织世界女子协会，以期振兴女权。同期，丁乘时曾于上海设立妇女宣讲会。这一年，全国 13 个省的教育会代表在上海成立了各省教育总会联合会，张謇为会长，张元济、傅增湘为副会长。

这一时期，上海还成立了很多学生文化社团，主要有，留美中国学生会、中国学界联合会、福建学生会、上海青年全国学会、上海少年会等。

20 世纪初，上海成立的文化社团还有中华学会，沪学会，群学会，浙江旅沪学会等以切磋学问、联络情意、提倡教育为宗旨；陆式楷、胡愈之等创立的世界语学会，戈丽生、张继善等建立的世界语学社；陈碟仙组织的丽则吟社及文学会等新语言文学团体；春阳社，竞义会，进行团等以改良戏剧为宗旨；还有，译书交通公会，上海日报公会，豫园书画善会，上海书画研究会等是出版与书画团体，等等。

这段时间的文化社团林林总总，异彩纷呈，社会各阶层积郁的对国家命运的忧虑，对清王朝的不满，对革新的期望，通过文化活动表现出来。积累着社会变革的能量，预示着社会革命的到来。

三、民国初年的文化社团

辛亥革命后，清王朝土崩瓦解。辛亥革命是政治革命，也是思想解放运动。人们兴高采烈，满怀希望。民众一般认为，革命成功了，民国成立了，国家就会走向正常的发展轨道，就可以心情舒畅地开展各种事业，进行各自的生产和生活了。这一时期的文化社团对这种社会心态是有反映的，表现为教育、学术、科研、事业生活方面文化社团的增多上。

民主共和虽然在形式上实现了，但民主国家到底是什么样的？民主共和能否振兴民族精神、团结一致走向复兴？国人拭目以待。这期间，文化气氛活跃，文化活动开放，文化关注的焦点主要转向对民主共和实践活动的观察上。然而，民国初年，派系暗斗，纷争不断，政客挟私，追利逐名，武人恃强，霸道跋扈，大局不朗，统一难产，老百姓对民国初年的乱局迷惑不解。与这一时期的社会状况相适应，出现了新的文化社团。

辛亥革命后，广大百姓实不知"共和"为何物，于是以转播和研究共和为宗旨的文化社团成立起来。但共和毕竟是一个笼统的概念，文化社团就以共和政治中的某些具体方面作为解释、普及的内容，如行政监督、司法独立、法律制定、地方自治等。

1912 年 3 月上海成立东社，"以牖导国民监督政府为惟一之天职"[①]，筹办《齐民日报》为舆论机关。

1912 年 1 月成立国民公会，建会目的是健全舆论、监督政府、保持人民权利。

民国成立时，如何乱中求治、分中求统，也成了一些文化社团关注的主题。

1912 年 5 月成立政见商榷会，以"集各政党，专以商榷政见、联络感情为宗旨"[②]。

在共和思想的影响下，军界人物也纷纷组织文化社团对各自所关心的问题有所表示。上海成立的军界社团有：中国军界联合会，1913 年 5 月成立，宗旨是联合各省军界，一致进行，免生误会。军警维持会，1913 年 5 月建立，宗旨是军警团结，协谋和平。

民国初年，在民气舒张形势的推动下，旨在科学研究、技术追求、观念更新、文化普及、艺术推广等为鹄的文化教育类社团多方面建立起来。如，中华民国工业促进

---

① 《民立报》1912 年 3 月 29 日。

② 《政见商榷会成立》，1912 年 5 月 28 日《民立报》。

会、上海商业研究会、上海书画研究会、上海伶界联合会、中华民国世界语会、德文学社、中华佛教总会、中国通俗教育研究会、通俗宣讲社、民国教育实进会、小学教育研究会、万国学校卫生研究会等。

1912 年至 1913 年，上海成立的教育、学术类团体有：国民教育时实进会，中国通俗教育研究会，小学教育研究会，通俗宣讲社，随营宣讲会，中华民国电报学生会，昌明礼教社，留英俭学会、孔孟正学会、古学保存会、法律协会、中华民国商学会、商业研究会、地税研究会、中华工学会、中华博物研究会、中国科学社、中国科学促进会、中国化学会、兵工机器研究会、神州医药总会、中华医药联合会、法华联合会、中德协会、浙江旅沪学会、群学会、佛学会、书画研究会、中华民国世界语会、德文学社等等。文化学术类社团的繁荣，说明辛亥革命确实让社会产生了很大期望，人们认为可以好好地建设新生活了。

1914 年以后新成立的学术团体有：科学社、丙辰学社、中国农学会等。

1917 年，梁启超、蔡元培在上海发起成立了中华职业教育社。

民初，在共和精神的促进下，上海的宗教文化团体也纷纷建立。1912 年建立中华佛教总会、佛教研究社、道教会、世界宗教会、孔教会、尊孔会等。1918 年，上海创立觉社，旨在弘扬佛教。

群体文化社团有：上海警察协会，上海警察同学会，中国新闻协会，中国报界俱进会，上海日报公会，江苏五属图书馆职员会，制造工人同盟会，华字联合同志会，女工同仁会，中华民国律师公会，中华辩护士公会，留美同学会，京师大学同学会，伶界联合会等。

还有成立有中外民间文化友好团体：华法美三共和国联合会，中美英睦谊会等。

这时期，大量民间文化团体的出现与民初政府提倡社会的文化教育政策有关。如，1915 年，教育总长汤化龙呈请："国基甫定，民习未纯之时，使非于此项教育积极提倡，不徒人民之德慧不开，社会将日趋于下，而蚩蚩者氓乏适宜之训化，尤惧无以定志气而正趋向，其于国家前途关系甚巨。"[①]

民国始建，南京临时政府就公布多项谳除陈规俗令，大大推动了民初风俗改良。上海出现了不少风俗改良文化团体。光复实行剪辫团、剪发缓易服会、捐辫助饷社、

---

① 《教育部关于设立通俗教育研究会呈并大总统批令》，《中华民国史档案资料汇编》第 3 辑文化，第 101 页。

进德会等属于此类。

这一时期，上海文化新风的最重要成果是《新青年》杂志创立。“二次革命”失败后中国时局变化使陈独秀等先进知识分子深受刺激，他们认为在中国搞政治革命没有意义，而欲“救中国、建共和，首先得进行思想革命”。1915 年 9 月，以上海群益书社为依托，陈独秀创办了《青年杂志》，1916 年 9 月改名为《新青年》。《新青年》以其民主、科学、新文化的鲜明宗旨，吸引、聚合了一大批当时最具影响力的进步青年思想家，给仍然处于混沌迂腐的中国文化思想界以极大的震撼和影响，上海成为新文化运动的中心，陈独秀等先进知识分子成为以后五四运动的旗帜。

总体上说，民国初期是上海的文化社团大发展的时期，文化社团承担了新旧交替时期社会思想文化交替对比与反思的任务，并在新的形势下，继续寻求社会真理。

四、五四时期的文化社团

民初的政治现状击碎了国人对民主共和的美好梦幻，在一定意义上说，五四运动是民初政治实践破产的反应。五四运动后期的主阵地转移到上海，在新文化运动的洗礼之下，近代上海的文化社团表现出前所未有的思想和组织状态。这一时期文化社团的主体是青年学生，并向社会各阶层群众深入。

1919 年 5 月 11 日，上海学生联合会成立，复旦大学何葆仁任会长，其成立的目的是：“期合全国青年学生之能力，唤起国民之爱国心，用切实方法，挽救危亡。”[①]上海学联积极组织和领导了上海青年学生的爱国运动，发挥了指挥中心的作用。

1919 年 6 月 16 日，全国学生联合会在上海成立，段锡朋为会长，何葆仁为副会长。全国学联积极组织和领导各地学生继续斗争，并参加拒签和约运动，为五四运动的胜利做出了积极贡献。

救国十人团是五四时期兴起的民众爱国团体，每组十人左右，深入社会民众，广泛开展爱国讲演活动。1919 年 5 月 11 日，上海孙宝辉等 10 人发起组织救国十人持久团，目的是为了把爱国运动持久地开展下去，并规定团员必须遵守的约言：不买日货、不用日币、不乘日船、不被日人雇用等。中华救国十人团联合会，是救国十人团在上海成立的全国性的统一领导机构。

少年中国学会上海工读互助团，是少年中国学会五四运动期间在上海发起的组

① 李新、陈铁健主编：《伟大的开端》，中国社会科学出版社 1983 年版，第 76 页。

织。提倡会员到青年中间去,为民族独立运动服务。

新人社,1920 年 4 月在上海成立,信仰新村主义,希望社会中每个分子都能得到平均发展个性的机会,各尽所能,各取所需。这是一种近代资本主义社会改良思潮。

1920 年 2 月,彭璜等在上海发起上海工读互助团,5 月,平秀英在上海组织上海女子工读互助团,6 月,旅沪湖南学生成立沪滨工读互助团,11 月,赵醒侬发起组织沪滨伙友工读互助团。工读互助主义批判"劳心者治人,劳力者治于人"的传统观念,提倡知识分子与工农相结合。

平民周刊社,1920 年成立,是复旦大学学生组织的一个旨在研究和宣传改造社会方法的团体,以"研究合作主义、提倡平民教育、发展平民经济为宗旨"。①

中华海员工业联合总会上海支部,1921 年成立,林伟民任会长,以阶级观点把劳动者结合起来。上海女权运动同盟会,1921 年 10 月成立,倡导和保护妇女参加社会运动。

上海合作联合会,1922 年成立,宗旨是"谋相互的扶助,为普遍的宣传,养成合作人才,调查合作事业"。②

五四后,上海成立的群众合作主义团体还有:上海合作同志社、平民协社等。

浅草社,是 1922 年在上海成立的文学群众团体,创办《浅草季刊》,发表作品,鼓励民众继续奋斗,向往光明美好的生活。

上海戏剧协社、辛酉剧社等是这一时期成立的文艺革新群众团体。

资产阶级民主共和思想及其实践的破产,使苦闷的人们继续寻求救国救民真理。五四运动中,马克思列宁主义传入我国并产生一批信仰共产主义的先进知识分子,上海率先成立了共产主义小组和工人阶级的先进组织。1920 年 8 月,陈独秀、李汉俊、陈望道等在上海正式成立上海共产主义小组。1921 年 8 月,中国劳动组合书记部成立于上海,是一个"要把各个劳动组合都联合起来的总机关"③。

五四运动后的上海文化社团,把近代上海的思想文化水平推进到一个崭新的高度,使上海这座新旧杂陈的近代都市,焕发出更强的正能量,成为近代中国发展进步的策源地,城市精神和秩序呈现出积极向上的历史律动。

---

① 张允侯等:《五四时期的社团》(四),(北京)生活读书新知三联书店 1979 年版,第 32 页。

② 张允侯等:《五四时期的社团》(四),(北京)生活读书新知三联书店 1979 年版,第 133 页。

③ 全总职工运动研究室:《中国工会历史文献》第一集,工人出版社 1958 年版,第 2 页。

五、大革命时期的文化社团

1924年国共两党建立革命统一战线，把各革命阶级联合起来，发动了“一场席卷全国的革命运动，这场革命运动声势之浩大，发动群众之广泛，在中国历史上是前所未有的”[①]。大革命以推翻外部帝国主义势力支持的军阀割据统治为目标。上海的文化界围绕反帝、反封建，反军阀、支持国民革命的主题，建立新的进步文化社团，提高近代上海市民的政治觉悟，激发上海支持大革命的热情。与国共合作的革命形势相适应，这个时期的文化社团呈现出各阶层文化社团大联合的局面。

废约运动大同盟。1924年8月，全国学生联合会30多个团体在上海成立废约运动大同盟，号召全国人民组织起来，从根本上推翻帝国主义在中国的权利与势力。

非基督教学生同盟。1924年8月，上海青年学生重组1922年曾经发起的非基督教学生同盟，进行反对帝国主义文化侵略的斗争。

上海国民会议促成会。1924年11月，上海工、学、商、教等143个团体成立以邵力子担任主席的上海国民会议促成会，反对帝国主义军阀分赃的善后会议，要求实现国民会议，建立人民政权，结束军阀统治，要求废除不平等条约，保障人民言论自由，废督裁兵等。

上海女界国民会议促成会。1924年12月成立。号召妇女积极支持国民大革命。

上海各界妇女联合会。1925年6月成立，以“团结上海各界妇女，为求女子在社会上的一切真正平等地位，谋自身之彻底解放。”[②]

1925年前后，上海成立的很多文化生活社团：东风社、青凤文学社、湖波文艺社、爱美文学社、济美社、幻社、上海著作人公会等。受大革命运动的影响，文艺爱好者和文化人走出个人小圈子，融入更大的社会生活环境。

中华全国体育协进会。1924年8月成立在上海，会员包括华东、华南、华西、华北、华中五个区，联合全国体育团体、促进体育之进步。成立后，加入了远东体育协会、国际足球联合会等国际体育组织，1931年被国际奥委会正式承认为中国的国家

---

① 胡绳:《中国共产党的七十年》，中共党史出版社1991年版，第44页。

② 妇联妇女运动研究室:《中国妇女运动历史资料》(1921—1927)，人民出版社1986年版，第391页。

奥委会。

共产党员发起和领导的群众文化团体深入发展。1925 年 6 月共产党领导的工商学联合会成立。

这一时期，上海也有一些不同意马克思主义的群众文化团体。如上海工团联合会，1924 年 3 月成立，参加该会的成员相当多，包括上海纺织工团、南洋烟草职工同志会、上海纺纱女工协会、中华劳动联合会、中国工会、中华工会、全国工界救亡大会、全国工团工人自救会等团体。该会主张“只问面包，不问政治”、“只要工会，不要政党”的思想，反对中国共产党对工人运动的领导。全国国家主义团体联合会，1925 年 12 月由曾琦、李璜等主张国家主义者联合全国 30 多个相关宗旨的社团，在上海成立，以“联合全国信仰国家主义之团体，实行全民革命，以实现国家主义为宗旨”。[①] 鼓吹国家主义，宣扬国家至上、民族至上，不认同马克思主义，反对阶级斗争学说，主张阶级合作。

非马克思主义文化社团的成立，并且有大量群众团体参加，说明当时文化界对马克思主义的传播和对马克思主义的理解还处于初步阶段，甚至存在很多不正确的片面解释，如单一强调暴力革命等。也说明近代上海广大市民主要关心的是社会的安定和生活的稳定。

1927 年统一战线破裂后，上海的很多进步文化团体被迫停止活动或被解散，但国民党统治限制自由的高压政治措施，却激发了民众文化团体的复苏。看来政府只用高压政策，而不能给社会发展创造好的条件，民众的反抗是不可避免的。

中国自由运动大同盟，1930 年 2 月，由鲁迅、郁达夫、田汉、郑伯奇等在上海发起成立，争取思想、言论、出版、集会、结社、教育自由，反对国民党的专制统治。

黄埔革命同学会，1930 年 11 月，由国民党左派邓演达在上海发起成立，与各地反蒋势力进行联系，共同进行反蒋活动。

太阳社，1927 年冬成立，倡导无产阶级革命文学，发表了大量革命文学作品。

南国社，1927 年冬成立，田汉任会长，宗旨是团结能与时代共痛痒之有为青年，作艺术上之革命运动。

上海艺术剧社，1929 年成立，主要负责人是夏衍、郑伯奇等。主张革命的知识分子应下决心站到无产阶级立场上。

---

① 《中国青年党》，中国社会科学出版社 1982 年版，第 123 页。

中国左翼作家联盟，1930 年 3 月在上海成立，参加者大部分是原创造社、太阳社、我们社、引擎社和艺术剧社、时代美术社等文艺社团的成员，宗旨是团结和组织所有进步作家，推进革命文学运动。用革命立场的文学鼓舞民众勇于参与到社会改造中来。

中国社会科学家联盟，1930 年 5 月 20 日成立于上海，以“发展马克思主义的社会科学运动为宗旨”。[①] 为培养年轻的社会科学工作者，1930 年下半年，社联成立了社会科学研究会作为自己的外围组织，在上海的大中学校建立学校支部，在社会上建立街道支部，出版发行《新思想》、《社会科学战线》、《社会现象》等杂志，组织翻译出版马克思主义的社会科学读物和新文学书籍，联络进步团体，团结广大进步知识分子，宣传马克思主义，在学生和职工中开展业余文化教育活动，培养了一批社会科学工作者和革命干部，为社会科学运动的深入发展，为马克思主义在中国的广泛传播和应用，作出了卓越的贡献。

这一时期，上海的群众文化社团还有：朝花社、摩登社、中国著作者协会、生路社、秋野社、绿漪社、晨光社、普罗诗社、青年文学研究会等。

六、抗战时期的文化社团

九一八事变使我国遭遇空前的民族危机，国民党政府的不抵抗政策使全国人民非常失望。这一时期上海成立的文化社团大多是以抗日、救亡、民主，反投降、反分裂、反倒退、反内战等为活动内容，把民众团结起来开展抗日救亡工作。

1931 年九一八事变后，上海就有国难救济会、上海市民地方维持会、国民御侮自救会、上海各大学教职员联合会、上海妇女救国大同盟等抗日救亡社团的成立。

1932 年 12 月在上海成立中国民权保障同盟，宋庆龄任主席。以唤起民众努力于民权之保障为宗旨。[②] 反对迫害抗日人士。

1932 年 9 月上海成立中国诗歌社，用大众化诗歌语言，宣传反帝反封建的现实斗争，推动现实主义的新诗歌运动，激发民众的爱国热情。

1933 年上海成立中国农业经济研究所，以马克思主义为指导，长期坚持对农村

---

① 《中国社会科学家联盟简章》，《中国社会科学家联盟成立 55 周年纪念专辑》，上海社会科学院出版社 1986 年版，第 251 页。

② 陈漱渝：《中国民权保障同盟》，北京出版社 1985 年版，第 149 页。

经济进行深入细致的调查研究工作，成立中国经济情报社、文化资料供应社。

1935 年 2 月上海成立中国劳动协会，宗旨是："根据三民主义，研究劳动理论，建设劳动文化，协谋劳动福利，复兴中华民族"。[①]

华北事变后，国家命运更加严峻，上海文化社团进一步号召民众组织起来，呼吁建立抗日统一战线。

1935 年 12 月上海成立文化界救国会。提出"开放民众组织，保护爱国运动，迅速建立起民族统一战线"[②]等主张，号召"全国文化界联合组成救亡统一战线，领导民族解放运动"[③]。

上海各界救国联合会，1936 年 1 月成立，是由一二九运动后上海成立的上海妇女救国会、文化界救国会、大学教授救国会等抗日救亡团体发起组织的，选举沈钧儒、章乃器、李公朴、陶行知、邹韬奋、沙千里、王造时、史良等为执行委员，领导上海抗日救亡运动。创办《救亡情报》，宣传报道各地救亡情况，推动上海抗日救亡运动的发展。随后成立的上海电影界救国会、职业界救国会、国难教育社、学生救国联合会、著作人协会、工人救国会等抗日救亡团体都加入了该会。

全国各界救国联合会，1936 年 5 月在上海成立。确定全国各界救国联合会"以团结全国救国力量，统一救国方策，保障领土完整，图谋民族解放为宗旨"。[④]，选举宋庆龄、沈钧儒、何香凝、章乃器等为常务委员。全国各界救亡联合会成立后，积极发展各地救国会组织，并在国外开展抗日救亡组织活动。

这一时期，上海发起成立的抗日救亡文化社团还有：上海银钱业业余联谊会、上海各界缉私大同盟、上海青年妇女俱乐部、中国文艺家协会、上海工人救国会、上海学生救国会等。可见，抗日斗争的紧迫形势把各业各界的爱国情感都激发了出来。

1937 年卢沟桥事变发生后，上海各界发起成立了很多支持抗战的社团组织。抗战文化进一步在民众团体中凝结。

1937 年 11 月，上海发起成立中国工业合作协会，目的是把后方的人力、物力动员组织起来，发展各种工业生产，支持长期抗战。在全国各地建立了各种工业社，把大批难民尤其是失业技术工人组织起来，从事军需品和民用品生产，举办各种职业

---

① 齐武：《抗日战争时期中国工人运动史稿》，人民出版社 1986 年版，第 263 页。

② 张静庐：《中国现代出版史料》乙编，中华书局 1957 年版，第 115 页。

③ 张静庐：《中国现代出版史料》乙编，中华书局 1957 年版，第 116 页。

④ 中国社会科学院历史研究所：《救国会》，中国社会科学出版社 1981 版，第 106 页。

学校和培训班，为抗战培养技术人才。这一时期，上海还有国货工业联合会、迁川工业联合会等。

1937 年 11 月，上海成立中国青年新闻记者协会，范长江、恽逸群、杨潮等为总干事，团结广大新闻工作者，积极宣传报道抗战情况，鼓舞人民的抗日斗志。

上海文化界救亡协会，1937 年 7 月 28 日成立，以联合文化界爱国人士、开展抗日救亡运动为宗旨，团体成员有上海戏剧界救亡协会、上海游艺界救亡协会、上海战时文艺协会、上海漫画界救亡协会等。

上海工人救亡协会，1937 年 8 月成立，下设上海纱厂工人救亡协会、上海印刷界工人战时服务团、上海人力车夫救亡协会等 40 余个各业职工抗日救亡团体。

上海职业界救亡协会，1937 年 9 月成立，沙千里任理事长。团体成员有上海洋行华员联谊会、上海银钱业业余联谊会、海关同人俱乐部等。成员包括店员、职员、经理、工程师、工商业者等广泛的职业界人士，出版《救亡周刊》。

上海学生界救亡协会，1937 年 10 月成立。该会团结上海地区学生，进行抗日救亡宣传，开展救国募捐，慰问抗战将士，抢救伤员等工作，创办机关刊物《学生生活》。

这一时期，上海还有上海业余剧人协会、上海救亡演剧队等群众抗日文化社团。

抗日战争期间，上海文化社团的发展，把民众的爱国感情凝结起来，极大地提高了近代上海城市社会的凝聚力，上海各界以忍辱负重的坚韧精神支持抗战，支援抗战，成为抗战后方重要的物资供应基地。抗战精神也使城市的生产生活社秩序保持了基本稳定。

抗战胜利后，上海积极组建倡导民主建国的文化社团。抗日战争磨练的反帝爱国精神也把群众性的反帝斗争推向高潮。

1946 年 12 月上海市学生为抗议驻华美军的暴行，联合成立上海抗暴联。上海交通大学、暨南大学、复旦大学等 17 所学校学生代表举行联席会议，并酝酿成立全国学联，共同反对其他帝国主义对我国的继续侵犯，以争取中华民族的彻底独立和解放。其实包含着对国民党联美反共的抵抗和斗争。

1946 年 5 月，上海成立人民团体联合会，沙千里、马叙伦等为常务理事。由中国民主促进会、中国民主同盟、中国民主建国会、农村经济研究会等 52 个团体联合发起成立，呼吁国内和平，反对内战。

上海市学生联合会 1947 年 5 月成立，上海 100 多所大中学校学生参加。随后中国学生联合会(全国学联)在上海召开成立大会。

这一时期上海的进步文化团体还有：上海工人协会、上海大学教授联谊会等。

从本节对近代上海各个时期文化社团发展的梳理，可以看出，近代上海文化社团的走向是与国家、民族命运的曲折历程密切相连的。在遭遇国家屈辱、外族欺凌的历史过程中，近代我国工商业经济中心城市的上海，社团的政治觉悟成为民族精神的高地。上海文化社团发展的旋律，演绎了一曲近代中华民族坚韧复兴的动人乐章。近代上海文化发展的历程告诉我们，上海文化不是仰洋人鼻息的奴才文化，也不是小富即安的小资文化，而是与时代共进步的中华民族优秀文化的传承，在我国近代化历程中，占有不可或缺的可贵地位。近代上海文化社团是近代上海文化的重要载体，在不同的历史发展阶段，扮演了推进文化进步、调动民众活力、优化城市秩序的积极角色。

第四节　近代上海的政治社团

政治社团，是以进行政治革命或政治改良为目的社会力量组合。近代上海不但发展了众多的经济、文化、群众、公益等社会组织，而且是近代中国主要政治组织产生和活动的舞台。中国共产党和中国国民党都把近代上海作为主要的活动基地。可以这样说，近代上海是众多政治社团的孵化场、发育地，各种政团组织在这方沃土建立、成长、分化、消失。这里蕴含的社会进步力量是政治社团产生的条件，政治社团的发展也给近代上海注入了新的活力。近代上海的政治社团是从戊戌维新以后涌现的。政治社团的建立一般有几个必要条件：一是有一定的经济基础，二是有思想文化氛围，三是社会环境比较宽松，四是有一定的阶级力量。戊戌维新以后，近代上海具备了这些条件。

一、各方政治社团涌现上海滩

戊戌维新时期，维新派开启了组建近代政治社团的先河。当时，上海成立了上海强学会、农学会、不缠足会、蒙学会等 17 个组织[①]。这些学会以研求学术为主，但也有明显的政治倾向。它虽不同于后来比较正规意义上的政党，但也不同于传统的文人结社性质。这些学会有明确的章程，会员登记等各种要求，对申请入会人，有一

① 张仲礼：《近代上海城市研究》，上海人民出版社 1990 年版，第 674 页。

定资格要求，有具体联络、活动地点，设有会长、干事等名目，这些，都带有明显的近代党团色彩。与传统的文人雅集之类的结社不同。戊戌以后，清政府严厉打击政治结社，但国家衰败所引起的政治革新潮流不可能被阻断。在北京等地的政治社团由于清政府的严禁而消失的时候，上海则由于租界环境相对安全，成为政治社团崛起的地方，北京的一些政治社团，如强学会，也转移到了这里。自立会、中国教育会、光复会、同盟会、预备立宪公会、政闻社等，政治色彩鲜明，组织日趋严密。同盟会是近代中国第一个比较正规意义上的资产阶级革命政团，它不但在上海设有支部，有秘密联络机构，而且领导长江流域反清起义的指挥机关——同盟会中部总会，也设在上海。

至民国初年，上海的政团，名目更为繁多。除了同盟会、光复会，上海还有大小30多个以"社"、"会"或"党"命名的政团，诸如共和统一会、统一共和党、自由党、上海公民会、民社、民国公会、大同公济总会、共和建设讨论会、中华进步党、工商勇进党、国民党(发起人为朱寿朋等，不是由同盟会改组而成的国民党)[①]、东社、国民竞进党、少年中国党、政见商榷会、共和党、国民公会上海支部、东亚大同社上海支部、共和统一党上海支部、中华国民共进会、中国社会党、中华民国工党、女子参政同盟会、女子同盟会、中华女子共和协进会、神州女界共和协进社等，林林总总，形形色色。这些代表不同阶级、阶层、派别、团体利益的政团竞相在上海发展组织、办报和演说，争取群众，发展力量，不断分化、组合。

从严格意义上说，政党取得执政权之前都是政团，是有政治章程的社团。

在从1912年到1949年的30多年中，上海一直是中国各种政治力量竞争的重要地方。对中国现代政治影响最大的两大政党，中国国民党和中国共产党，都是在上海创立的，都曾经把活动中心放在上海。其他在中国近现代史上影响较大的政团，几乎无一与上海无关，而且很多党派中央机关就设在上海。

以国家主义相号召的中国青年党于1923年12月在法国巴黎秘密成立，对外名称是中国国家主义青年团，1924年将活动中心移至国内，上海是其主要基地，其团体醒狮社、中国少年自强会、复旦青年团均设在上海，其报刊《醒狮周报》、《独立青年》、《申江日报》，亦在上海发刊。1925年冬，中国青年党中央党部亦由巴黎迁到上海，翌年8月，中国青年党第一次全国代表大会便是在上海举行的。

---

① 张仲礼:《近代上海城市研究》，上海人民出版社1990年版，第675页。

国民党右翼派别西山会议派，公开亮出派别旗帜是1925年11月在北京西山召开的会议，然而，此事的酝酿却在上海，会议以后，他们把活动中心也移到上海。他们在上海成立自己的国民党中央党部，发刊《江南晚报》，操纵《民国日报》作为宣传阵地。1926年3月，非法的"国民党第二次全国代表大会"也是在上海举行的。

国民党改组派一开始就是以上海为活动基地的。1929年3月，改组派组织的"中国国民党改组同志会"在上海成立，其机关总部、机关刊物均设在上海，其主要人物陈公博、顾孟余、王法勤、王乐平等亦以上海为其基地。

邓演达等人领导的中国国民党临时行动委员会(又称第三党)，与上海的关系更为密切。1930年8月，这个组织在上海成立，中央机构设在上海，在各地设分支机构。其后，这个组织在上海进行一系列旨在反对蒋介石的秘密活动，组织黄埔革命同学会，举办干部训练班等。

中国托派组织托陈取消派，亦以上海为主要活动处所。1931年5月，托陈取消派统一大会在上海大连湾路一秘密住所召开，宣告正式组成"中国共产党左派反对派"。此前，中国托派共有4个小派别，即"我们的话"派、"无产者社"派、"十月社"派和"战斗社"派，这些组织有的是在上海建立的，有的虽然不是在上海建立，但都以上海为重要活动点，各式托派报刊亦多在上海出版。

抗日战争胜利后，活跃在中国政治舞台上的各民主党派，大多与上海关系密切。以文化教育工作者为主，包括一部分工商界人士的中国民主促进会(简称"民进")，是1945年12月在上海成立的，其成员很多是上海文化界知名人士。以谭平山为主要发起人的三民主义同志联合会(简称"民联")1945年在重庆成立，1946年春，中央机关由重庆迁到上海。以民族工商业界人物为主的中国民主建国会(简称"民建")，于1945年12月在重庆成立，次年4月总会便由重庆迁至上海。以沈钧孺为主席的中国人民救国会(简称"救国会")1945年12月在重庆成立，次年2月中央机关亦迁至上海。

其他旋兴旋仆，时起时辍的各种政团，以上海为重要基地或活动中心的，更是难以述及。小教联、大教联、妇女联谊会、工商协会、学生团体联合会、杂志联谊会、美术作家会等等，以中性的名字，开展政治活动。这类政治性社团，名目繁多，不胜枚举。1946年"上海人民团体联合会"成立，列名参加的各种团体就有91个①。

① 张仲礼:《近代上海城市研究》，上海人民出版社1990年版，第677页。

从晚清到民国，各种政团竞相以上海为活动中心或重要基地，并非是政治家和政客们特别厚爱于上海，而是因为上海有着近代党派活动所必需的各种条件。除去前述政治社团建立的今本条件之外，上海还拥有其他地区所不具备的特殊优势条件，如，迅捷发达的通信网络、雄厚的报刊编辑出版力量、畅通的大众媒介传播渠道、发达便利的市内市外交通设施、良好的公众活动场所等。

特别值得指出的是，上海成为近代中国政治大舞台，还由于上海在国际、国内政治中举足轻重的地位和它特殊的政治格局。就国际地位而言，上海是连接中国与世界的结合部，中国人在这里可以观测到整个世界风云的变化，外国人从这里可以看到中国内部的变动。在上海发生的事，往往不但具有全国性，有时还会具有国际性。就国内而言，上海长期存在一个中国政权不能直接管辖的租界，上海地方行政又长期处于三家二方的分割状态，彼此难以控制，这种格局，使上海出现许多有利于政治活动的场所，人们在华界活动，遭到政府镇压，可以逃到租界，在法租界出事，可以逃到公共租界。这种进可活动、退可避祸的特殊格局，是从事政治活动的人们纵横捭阖的优越之地。民国时期，上海与全国政治中心南京仅咫尺之遥，这也使得上海的政治地位越发重要。租界长期实行的西方政治制度、奉行的民主政治观念，与中国本身的政治制度、政治观念有很大不同，这里的制度与观念，为人们从事政治斗争提供了良好的条件。章太炎、邹容等人在租界骂皇帝，在清廷看来罪该杀头，在租界看来却不算什么。他们宣传的革命思想，并不受租界的限制，可以传到租界外乃至全国。这种制度与观念，是上海能成为中国政治大舞台的重要因素。上海市民文化素质较高，工人阶级、资产阶级、知识分子等，人数多，又比较集中，来自全国各地，与各地有天然密切的联系。这种情况，使得各种党派政团既可以在这里找到自己的依靠力量，又可以通过上海，带动全国。

近代上海的政治社团，综合起来分为两大派别：资产阶级改良派和革命派。

二、资产阶级改良派的大本营

资产阶级改良派，指以不推翻清朝统治为前提，主张对社会政治进行改革的派别，包括戊戌变法时期的维新派，辛亥革命以前的立宪派。

戊戌维新时期，改良派在上海的活动，主要是组织学会、发行报刊、进行舆论宣传等。

维新变法的风云人物康有为、梁启超等人思想的酝酿，与上海有很大的关系。

早年康有为读到过上海出版的《西国近事汇编》等书，思想一变，认识到西方并非蛮夷，倒认为西国"治国有法度"[①]。1882年，他乡试返粤途经上海，见上海租界那么繁盛，进一步认识"西人治术之有本"，于是大购西书而回。他自称，"自是大讲西学，始尽释故见"。所谓"故见"，是指习惯地把外国称为"夷狄"的自大观念。梁启超是1890年经过上海时，从坊间购得《瀛环志略》等介绍世界史地的书，"读之，始知有五大洲各国"[②]。其他改良派人物，亦有不少人的思想酝酿与上海有关，如谭嗣同、宋恕、叶瀚、钟天纬等。上海是孕育改良思想的温床，培养维新人才的摇篮。

戊戌政变以后，各地改良派或死或隐或逃，上海则相对安全，因此不少人来到上海，这里，成为改良派重新生聚的处所。

1905年，日俄战争以日胜俄败而结束，俄国因此诱发了1905年的资产阶级革命。日本是立宪国，俄国是专制国，日本是小国，俄国是大国，结果却是小国得胜，这对专制的中国震动极大。"世之论者，咸以专制与立宪分两国之胜负"[③]，这给资产阶级改良派提供了要求立宪的充分理由，也促使清政府中的一些官员开始认真考虑立宪问题。驻法公使孙宝琦、两江总督周馥、湖广总督张之洞、两广总督岑春煊等纷起要求立宪。清政府为了争取舆论，笼络立宪派，抵制革命，做出预备立宪姿态，1905年8月派出以载泽为首的五大臣出洋考察宪政，第二年9月宣布"预备仿行宪政"，并规定从改革官制入手。清政府的预备立宪许诺，得到了资产阶级改良派的真诚拥护，为他们进行立宪宣传和组织提供了合法依据。因此，资产阶级立宪运动迅速在全国展开，预备立宪公会、宪政预备会、宪政公会、政闻社等立宪团体竞相出现，作为中国资产阶级力量最为集中的上海，不但走在这一运动的前面，而且成了资产阶级立宪派的活动中心。预备立宪公会诞生在上海，政闻社总部后来也迁到上海，立宪派的头面人物，立宪派的宣传阵地亦主要集中在上海。

预备立宪公会于1906年12月16日在上海正式成立，是国内成立最早、规模最大、影响最广的立宪团体。发起人主要有郑孝胥、张謇、汤寿潜、曾铸等人。首任会长为郑孝胥，副会长为张謇、汤寿潜。预备立宪公会积极进行了宣传立宪和参与请愿等活动。

---

① 康有为:《康南海自编年谱》，中华书局1992年版，第9页。

② 梁启超:《三十自述》，《饮冰室合集》文集之十一，中华书局1989年版，第16页。

③ 觉民:《论立宪与教育之关系》，《东方杂志》第二年第12期。

预备立宪公会在上海编辑出版了两种刊物，一是《预备立宪公会报》，是"供上等社会之省览"的专门刊物。二是《预备立宪官话报》，是用来"开通下等社会"的白话报。预备立宪公会编辑出版了很多关于宪政方面的书籍，诸如孟昭常的《公民必读初编》、《公民必读二编》、《城镇乡地方自治宣讲书》、邵羲的《日本宪法详解》、汤一鄂的《选举法要论》、孟森的《咨议局章程讲义》、沈其昌的《议员要览》等。这些书籍都很畅销。

1908 年 2 月政闻社本部迁移上海，马相伯为总务员，以上海为大本营开展立宪活动。

从戊戌到辛亥，十几年间，上海之所以会成为改良派的大本营，除了上海政治格局特殊、文化设施发达等条件，与上海的社会基础大有关系。上海在开埠以后几十年中，产生了这么一种社会阶层：他们在长期的经商、办厂、办学、当买办等活动中，积聚了比较多的资财，在物质上过着比较优裕的生活，他们较早接触现代知识，较通西学，对中外差距有比较深切感受，他们长期生活在上海，对租界西人种种政治制度、市政设施，规约条例、耳濡目染，看得真切，对中国之落后，有切肤之痛。其群体大体包括：中小民族资本家、收入较高的知识分子、富裕商人、有名望的绅士，还包括一些职员、买办。以预备立宪公会的一些人为例，张謇、汤寿潜，一是状元、资本家；一是进士出身的小官员、社会名流；徐润、李平书、荣宗敬、荣德生、虞洽卿等，是资本家，有的还兼为买办；张元济、夏曾佑、高凤谦、夏瑞芳等是文化人兼企业家。这些人多是在上海城市近代化过程中崭露头角的，较之传统城市的名流，他们更多近代知识，更多务实经历。因此，他们对封建的一套常表不满，但也不愿社会动荡过于剧烈。务实的人多爱改良而恶革命，这批人于是成了改良派的社会基础。

三、资产阶级革命派的基地

近代资产阶级革命派团体有两个基地，一是国外的日本，一是国内的上海。

1900 年，革命思潮在上海已开始酝酿。1900 年 7 月 6 日，唐才常等人在上海愚园召开"中国国会"，容闳、严复等 80 多人参加。会议通过宣言，主要宗旨有三：①保全中国自主之权，创造新自立国；②决定不承认满清政府有统治中国的权利；③请光绪皇帝复辟。毕永年建议举起反清革命旗帜，章太炎割辫易服，以示与清朝决裂。以后，上海的革命派社团活动由拒俄、学潮、苏报案、光复会到反清起义，一浪高一浪地向前发展。

1902年3月15日，上海各界200余人在张园集会，致电清廷，要求“力拒俄约，以保危局”。3月24日，上海各界又发起一次拒俄集会，士农工商各界近千人集会张园，外国人来旁观者亦有几十人。拒俄集会，为后来的反清革命运动开了一个很好的先例，即遇事便到张园集会，人数动辄数百人、上千人，这是上海爱国绅商群体意识增强的表现，扩大了上海的影响，增强了上海民众的爱国意识。随后组成了拒俄同志会。

1902年成立的政治社团还有，中国教育会、爱国学社等。

中国教育会“表面办理教育”，“以教育中国男女青年开发其知识，而增进其国家观念，以为他日恢复国权之基础为目的，暗中鼓吹革命”，该会成立不久，南洋公学退学风潮便把这个教育会卷到革命的漩涡之中，成为一个著名的革命团体。

1904年底，蔡元培、陶成章、龚宝拴等浙江籍革命志士，在上海成立了反清革命团体光复会，以“光复汉族，还我河山，以身许国，功成身退”相号召。这个组织日后在反清起义中起了重要作用。

1905年10月27日，同盟会领导人黄兴在上海亲自主盟，吸收蔡元培参加同盟会，并携带孙中山的委任书，委派蔡元培为上海分会会长。此后，蔡元培发展了黄炎培等一批人加入了同盟会。

1906年春，同盟会上海、江苏二分会合并，派高旭为会长，机关设在上海。

1909年至1910年，于右任等革命党人相继在上海创办《民呼日报》、《民吁日报》和《民立报》，不遗余力地宣传民主革命，这是辛亥以前革命宣传史上著名的“竖三民”。

1911年7月31日，中国同盟会中部总会成立，总部设在上海。成立宣言说，总部所以设在上海，是因为这里“交通便利，可以联络各省，统筹办法”，实质上是利用上海租界进行活动，几个月后，这个组织在领导、指挥反清革命起义斗争中起了关键作用。武昌起义后，“时响应之最有力而影响于全国最大者，厥为上海”。①

四、中国国民党和中国共产党的诞生地

1919年10月10日中国国民党在上海宣布成立。中国国民党的成立经历了中国同盟会（1905年）——国民党（1912年）——中华革命党（1914年）——中国国民党

① 孙中山：《建国方略》之一，《孙中山选集》，人民出版社1981年版，第208页。

的过程，最终经过五四运动的洗礼，1919 年 10 月在上海建立。中国国民党在上海活动凡 30 年，上海是国民党的最大基地。

上海是中国共产党的诞生地。中国共产党是工人阶级的政党，她诞生在上海，是由近代上海工人阶级集中、马克思主义在上海的传播、近代上海城市特点决定的。

近代上海的工人阶级资格老、数量多、觉悟早。近代上海的工人阶级诞生于 19 世纪 50 年代，1920 年达到 514 068 人，占全国工人总数的 26.4%[①]。五四运动时期上海的工人阶级最早以独立的姿态登上历史舞台。

1920 年七八月间，中国共产党上海发起组率先成立。1921 年 7 月中国共产党第一次全国代表大会在上海召开，标志着中国共产党的诞生。

在中国共产党的早期，上海一直是中共活动的中心，1933 年之前中央机关设立在上海。

近代上海成为各种政治社团的大本营，一方面显示了上海的发展与状况在全国中的重要地位与优势，另一方面，各种政治社团的存在与活动对近代上海的城市动员和城市进步起到了推动作用。

第五节　近代上海的群众社团

这里的群众社团是指，各阶层劳动群众为了自身的工作和生活利益而自觉成立的各种社会组织，特别是工人组织、职业组织、妇女组织等。

一、近代上海的工人社团

近代上海的工人群体产生以后，在强大的传统观念束缚中，不可能一下子产生自觉的阶级意识。工人团体的进步和发展经历了一个从传统色彩较浓的同乡、同业互助组织，到阶级自觉的近代工会的上升过程。资本市场经济中，工人是出卖劳动力为生的群体，经济条件很差，一般来说受到的近代教育较少，或者没有接受过教育，只有经历商品市场的严酷考验和生存磨难，并在先进思想的指导之下，才能形成阶级意识和阶级联合。近代上海的工人群体，是随着近代工商业的发展不断扩大的，在 20 世纪初的时候还比较分散，以后随着近代产业的发展，如中外纺织厂，才大

① 唐振常:《上海史》，上海人民出版社 1989 年版，第 556 页。

群体地集中起来。工人团体的建立范围、规模、规则都受到这种历史环境的制约。

（一）早期的工人帮组织

这是一种传统的劳动团体模式，主要是为了解决同业纠纷，合群互助，还没有形成劳资观念。主要有：

手工帮，系手工工人组织。依职业结帮，活动以调处同业纠纷，制定同行公议的条文使彼此依从。如银楼工人的饰业团、翻砂工人的同义会等。

机器工人帮，是以同业与同乡关系为纽带，同业职工、同乡雇主相结合的团体。如法兰西报馆排字工人的西字团结社，商务印书馆的集成同志会等。在上海早期机器工人中，木工有广东（台山籍）新宁帮、广东木工（非台山籍）杂帮、宁波帮木工、另有输子庙帮会组织等。

地方帮，以地域或工种为纽带的劳工团体。是一般无技能的劳动者组织，在苦力层最多。如，在沪海员中除以甬籍海员为主的均安水手公所外，还有炳记社、广义和、联义社、定海公社、兴业社等二十多个团体。另有南北 17 家码头堆栈小工组织的裕后社等。旨在自救互助，如均安水手公所组织水手上船时捐款，办子弟学校，免费治病，并发放失业借款，遇难海员葬仪费、介绍工作等。在搬运业苦力帮中也有帮头抽取苦力部分收入为基金，以接济因病、因故不能工作的苦力，扶助伤残或安葬死者等。

在一些单身来沪、涉世不深的青年工人中往往有兄弟会、姐妹会形式的小群体，多见于青年女工、学徒集中的行业，以同事、同乡、同性为范围，人数 3～5 人不等，以年长者为中心，他们年龄接近，同吃包饭、合租一屋，工作、娱乐、生活不出此圈子。

这些早期的劳工组织是社会帮会势力发展的对象，几乎都与社会帮会势力有联系。近代上海的青洪帮势力几乎控制了上海平民谋生的所有手段，整个苦力层和相当部分技术工人的招募由帮会控制，戏园、游乐场多由帮会中人经营，渔市场的货源、菜市场的摊位出租也多为帮会控制。帮会头目以收徒为敛财方式，工人为谋一饭碗和人身安全，就不得不送礼入帮。此外棚户区地皮一般为帮会人物所占，贫苦居民逢年过节都要备礼答谢帮会人物，才能免遭拆屋驱逐。上海纱厂系统中男工 70%～80%加入青帮，人力车夫中 90%入青帮，在码头、邮政、公共交通系统中帮会势力也较为集中。[①]

---

① 朱邦兴等著：《上海产业与上海职工》，上海人民出版社 1984 年版，第 112、473 页。

城市中贫困大军的存在与膨胀是帮会势力滋长的基础，也说明早期工人阶层的依附性很强，还没有产生独立的阶级意识，近代意义上的工会组织还没有形成。

经过五四运动的洗礼，20 世纪 20 年代后，在先进思想理论的宣传教育下，上海的劳工阶层逐步有了自觉的阶级意识，工人阶级的社团组织开始摆脱传统的依附性，成为有力量的社会组织。

（二）工人阶级社团

五四以后，在"劳工神圣"口号的感召下，上海工人阶级出现了在近代思想影响下的工读互助和合作主义的新社团。主要有：上海工读互助团，1920 年 2 月由陈独秀、王光祈等发起，以实行半工半读、互相协助为宗旨。沪滨工读互助团，1920 年 6 月成立。上海女子工读互助团，1920 年 5 月成立。沪滨伙友工读互助团，1920 年 11 月成立。平民周刊社，1920 年 5 月由复旦大学学生李荣祥、黄华表、毛飞、谭常恺等发起成立，出版《平民周刊》，1921 年 12 月改名为平民学社，以"研究合作主义，提倡平民教育，发展平民经济"为宗旨[①]，下设图书馆、合作购买部、出版部。上海国民合作储蓄银行，1919 年 10 月成立，旨在"补助小本营业，提倡合作主义，鼓励同袍储蓄，解放平民经济"。上海织袜女工工会，1920 年成立，由上海织袜厂女工自发组织。药业友谊联合会，由上海药业店员自发组织，1920 年成立。上海职工俱乐部，1922 年 5 月成立，以"实行合作主义，提倡高尚娱乐"为宗旨。上海职工合作商店，1922 年 8 月成立。同孚消费合作社，1922 年 10 月成立。上海合作联合会，1922 年 12 月成立。合作同志社，1920 年 12 月由薛仙舟、程婉珍、陈果夫等在复旦大学成立，以"研究合作主义，提倡合作事业，造就合作人才"为宗旨。平民协社，1923 年成立，"以互助的精神，谋物质上的便利，进而求精神上的快乐"。

这一时期，工人团体出现联合的趋势。1922 年 12 月，上海合作联合会成立，参加者为上海国民合作储蓄银行、平民学社、上海职工俱乐部、上海职工合作商店和同孚消费合作社等五个团体。宗旨是："谋相互的扶助，为普遍的宣传，养成合作人材，调查合作事业"。[②]

五四之后，国共两党都努力争取对工会组织的领导。

---

① 《平民学社章程》，张允侯：《五四时期的社团》（四），三联书店 1979 版，第 32 页。

② 《上海合作联合会章程》，《五四时期的社团》（四），生活读书新知三联书店 1979 版，第 133 页。

这一时期国民党影响下的工会，如1921年成立的中华海员工人联合会上海分会，在一定程度上代表了工人的利益，表明了资产阶级政党在国民革命时期的进步性。

1927年后，国民党发起控制的工会组织有：上海市总工会，上海市工人福利委员会，上海市护工总队等。

中国共产党一直在争取对工会的领导。1920年11月上海共产主义小组发起成立上海机器工会。中共第一次代表大会第一次决议明确指出党的基本任务是成立工会。1921年8月中国劳动组合书记部在上海成立，机关刊物《劳动周刊》，成立宣言提出："我们只有把一个产业底下的劳动者，不分地域，不分男女老少，都组织起来，做一个产业组合。因为这样一个团体才能算是一个有力的团体"，"向劳动者宣传组合之必要，要联合或改组已成的劳动团体，使劳动者有阶级的自觉，并要建立中国工人们与外国工人们的密切联系"①。1925年五卅运动中，上海总工会成立，与全国学生联合会、上海学生联合会、各马路商界总联合会组成了统一战线性质的工商学联合会，成为反帝运动的公开指挥机关。大批工人、积极分子在五卅运动后加入共产党。配合北伐战争的胜利推进，1926年10月、1927年2—3月，上海工人举行了三次武装起义，第三次起义取得了胜利。共产党领导下的工人运动充分显示了城市产业工人的政治觉悟和反帝反封建的彻底性，也表现了共产党作为工人阶级政党的号召力和组织力。共产党领导的工人阶级社团主要有：

1925年5月成立上海总工会，由中华海员工业联合总会上海支部、上海公共租界电车工会等24个团体组成，李立三任委员长。至7月，上海总工会发展到所属工会117个，会员近22万人。

1924年上海邮务公会成立，1927年改上海邮务工会，以收回邮权，发展邮政，改良邮工待遇为宗旨。

20世纪20年代末成立京沪、沪杭甬铁路工会。

1929年6月成立上海工会联合会，由市政、码头、丝厂、五金、纱厂、烟厂、印刷等10余个工会发起成立。

1936年8月成立上海工人救国会，1938年1月改称工人救亡协会，1946年3月改称工人协会，根据形势需要开展活动。在日商纱厂、美亚绸厂、沪东烟厂、英商怡

① 《中国劳动组合书记部宣言》，《共产党》月刊第6号，1921年7月7日。

和纱厂、中外印刷厂以及码头工人、工人夜校中建立工人组织。

1936 年 2 月成立职业界救国会，1937 年 9 月改为职业界救亡协会、1949 年初改为职业界协会，主要由中外企业、商号职员、店员和学徒组成，还有部分高级职员和少数工商业者参加。

上海沦陷后，工会组织被日军占领当局和汪伪政府改组把持。先后成立有中华工人福益会、上海工运协进会、上海市总工会、上海工会整理委员会等工人组织，为其稳定社会秩序服务。

二、近代上海的职业社团

这里所说的职业社团，是指由各种机构的非体力劳动职员、自由职业者等群体成立的社团。如律师社团、工程师社团、会计师社团、教师社团、文艺家社团等组织。

职员通常指在经济、文化、政治等机构中从事非体力劳动的服务人员，一般具有某种以理论知识为基础的专业技能，从事于有组织为公共利益服务的工作。近代上海城市化进程使造就职员的各种专门职业相应出现，而职员群体的壮大标志着社会机构层次增多、协调范围扩大及与此适应的文化事业的发达。近代上海的职员群体不仅阵容可观，而且有知识技能，分布广，层次多。是近代上海城市中一支重要组合力量。

从 19 世纪五六十年代起，上海就开始出现一些凭借新式职业谋生的市民，包括洋行雇员、进出口商店伙计、新式学堂教员、银行、海关、电报、邮局、铁路系统职员等。20 世纪 20 年代以后，新式职业领域的职员群体加快扩大。因为职员的专业技能需要一定训练和新式教育，接受过近代学校教育的大批青年按其学历水平进入不同的职员队伍。20 世纪 30 年代，金融、新闻、交通、司法、医药、高校、中学、洋行、工部局、公董局、政府机关、大百货公司等单位的职员群体数量合计达 20 万人。[①] 这是一个比较分散的市民群体，有相当一部分职员参加工会组织，有的建立自己的专业社团。

职员组成的职业社团，一般表现的是合群互助的愿望，自励自强为途径的联合努力，较少消极的依附性，比较关注社会状况，有较畅通的表达观点的渠道，经常发出社会声音。

---

① 张仲礼：《近代上海城市研究》，上海人民出版社 1990 年版，第 724 页。

20 世纪 20—30 年代，上海的律师、医师、会计师、记者、工程师、建筑师、文艺家等都建立了专业社团。如，上海医师公会、中西医药研究社 7 个，上海律师公会数个，还有中华武术会十余个。[①] 30 年代后期始，在上海沦陷、内战重启的政局中，职员就业出现困境，各业中下层职员成立的职业社团迅速增加。

（一）近代上海律师公会

1912 年 1 月，上海成立中华民国律师总会，是由留日法科毕业生自发成立的组织。1912 年 12 月定名为上海律师公会，采取会长制，公举陈则民为会长。由于律师会员的增多，1927 年上海律师公会改制为委员制。1927 年至 1935 年，上海律师公会会员的人数从的 323 人增长至 1 232 人[②]。改制后的上海律师公会制订了新会则，进一步体现了公会管理的民主精神。如，赋予会员弹劾权和罢免权，如果有执行委员被认为工作不尽职，由监察委员对其进行弹劾，如监察委员不尽职或违反会则，各会员均有罢免其职务之权；对违背律师章程或会则的会员有惩戒权；对于女性律师，公会给予平等对待；强调律师出庭应遵守相应礼节等。

此外，1926 年后，还有执业律师自组织的律师同乐会、律师联欢社等。

（二）近代上海会计师公会

1925 年 2 月，中华民国会计师公会成立，次年改称为上海会计师公会，这是中国第一个会计师职业团体。

上海会计师公会章程明定以“联络感情交换智识，图谋会计师地位及德义之向上，促进吾国经济事业之健全发达”为宗旨。[③]

其工作重心主要围绕会计师初兴期间的种种制度问题及执业阻碍，外诉政府，内治行规，为近代会计师制度之完善及会计师营业之发达而努力。开展谋会计师之社会地位之向上；整理会计师的兼职问题；实施行业自律；拓展会计师职场等工作。

（三）近代上海医师公会

1925 年 11 月，上海医师公会成立。该社团章程明文规定“凡具有下列资格者得为本会会员。在国内外政府主办之公私立医科大学及专门学校毕业者；领有政府发

---

① 忻平：《从上海发现历史》，上海人民出版社 1996 年版，第 186 页。
② 《上海律师公会会员统计表》，Y4－1－322《上海律师公会报告书》(33)，上海档案馆藏。
③ 《上海会计师公会章程》，1926 年《会计学报》第 2 期，第 195 页。

给之医师执照，并在本市主管机关注册者。”[①]创立时会员近百人。这是一个西医社团。

1927年4，为上海中医公会成立。是为了应对来自西医的竞争与挑战，也为了争取新成立的国民政府对中医职业地位的承认而组织的中医社团。其宗旨“全在研究医学，发扬国粹”，并声明“凡本埠中医，均得入会”[②]。

协助政府卫生部门，预防疾病，普及现代卫生常识，是上海医师公会一项重要的工作。譬如在《申报》上几乎每日都会有医师公会会员撰文向市民介绍讲授日常卫生小知识。在报纸上专门定期写专栏外，医师公会还不定期出版医疗卫生书籍，传播卫生常识。如1939年，上海市医师公会，因鉴于日前各地居民来往，特“呈现预防种丛书。后面并附英法对照文，应用甚便，业已印就，计每本十张，实价一角。”[③]除普及卫生常识外，公会还定期举办学术报告，一般而言这样的学术演讲是面向公众开放的。1932年2月，在淞沪会战期间，医师公会积极开展救护活动，照顾伤员，关注各难民收容所难民健康状况。受上海市特区市民联合会函请担任医疗工作，“以后如有那难民收容所送请诊疗之难民，一律免费”。[④]

（四）近代上海记者公会

1921年创立的上海新闻记者联欢会是上海最早的记者团体。继之而后的是上海日报记者公会和上海通讯社记者公会。1932年6月，上海新闻记者联欢会吸收了上海日报记者公会和上海通讯社记者公会的会员，正式成立上海新闻记者公会。[⑤]

上海新闻记者公会主要职能包括：捍卫言论自由，反对国民党实施的粗暴侵犯言论自由的新闻检查法令；对民族救亡表达己见，“九·一八”事变后，记者公会发挥了传媒优势，“以暴日横行，而日人复藉其新闻政策之惯技，颠倒黑白，大事宣传，以混淆世界各国之视听。该会特于今日（二十六日）假座沙逊大厦华懋饭店，招待各国驻沪记者”[⑥]，盼能“主持公道，详实报道”[⑦]；关注记者职业权益与社会地位，例如，

---

① 《上海市医师公会为呈请备案向社会局报送的申请书、团体调查表、财产调查表、职员履历表、许可证及会员录》，上海市档案馆藏，档案号：Q6-18-298-1，第38页。

② 《上海市中医公会备案批准》，《申报》1927年4月19日。

③ 《上海市医师公会近讯：上海市医师公会》，《上海医事周刊》1939年第5卷第17期，第3页。

④ 《医师公会注意难民健康》，《申报》1932年2月13日。

⑤ 马光仁：《上海新闻史：一八五〇—一九四九》，上海书店出版社1996年版，第704页。

⑥ 《记者会近日招待西报记者》，《申报》1931年9月26日。

⑦ 《记者会招待各国驻沪记者》，《申报》1931年9月27日。

1934 年《民生报》社长成舍我遭到逮捕，记者公会积极通电营救，在舆论压力下，国民党政府释放了成舍我；鼓励记者们各抒己见，增进记者们的社会责任意识与团队精神。如在 1936 年 5 月召开的春季会员大会上，提案创办新闻记者运动会，以增进会员健康；提议组织全国新闻记者协会，以充实、团结力量。

（五）各职业社团的大发展

上海沦陷后，社会状况恶化，各种职业社团出现了大发展的趋势。自 30 年代后期始，职业团体在中下层职员相对集中的行业有长足的发展。这些社团一般具有进修、娱乐、福利等方面的功能。尤其在战时，职业团体多以发扬互助精神，共谋福利为首要工作，诸如免费医疗、理发、消费合作社、失业互助会、职业介绍委员会等。如银钱业业余联谊会、保险业业余联谊会，洋行华员联谊会、工部局华员俱乐部、海关俱乐部、药剂生联谊会、益友社、求知互助社、职业妇女俱乐部等。40 年代中期，出现了工程技术人员组成的工余联谊社、四行二局员工联谊会、大新同仁联谊会、新药业同人联谊会、五金界同人联谊会、十六铺地区六业店职员组成的联市联谊会、小学教师联合进修会、中等教育联谊会、上海大学教授联谊会、上海大学教授会等等。

作为非政治性社团它们不对政府、行政机构施加压力，因此不构成政治威胁，即使在复杂多变的政治环境中一般也能够合法生存、稳健发展。无论是租界当局还是地方政府对职业团体的成立、活动都不作强行干预。甚至在日伪统治时期，银联、益友社等较大的职业团体仍能保持活动。例如，益友社从最初 40 人，到 1948 年 3 月拥有社友 1.5 万人，分布于商业系统的各个行业，成为商业系统覆盖面最大的群众组织。

职业团体的日趋发展，使 40 年代后期上海职员群体的中下层成为一支充满生机的有组织的社会力量，作为按职业组合的社会组织掌握了自我保护的有效手段。

三、近代上海的妇女社团

近代中国妇女解放运动开始于戊戌维新时期，到二十世纪初年有了较大发展。上海又得风气开放之先，妇女的独立、自主、社会参与意识较早形成，与此相适应的是近代上海妇女社团的建立和发展。

1897 年至 1949 年，上海先后成立 100 多个妇女团体[①]。或以政治活动为主，或

① 上海市地方志办公室\\上海通网站\\上海市地情资料库。

以争取妇女自身解放活动为主,还有以文化生活、宗教慈善、学术研究等活动为主。创办者分属各党派、宗教、慈善等团体,也有不少是妇女自发组织。

1897 年上海就有女学会成立,1903 年到 1911 年间有关妇女问题的报纸杂志有 12 种之多[①],妇女学校和妇女团体相继成立。民国以后,妇女社团继续发展,对维护妇女权益、组织妇女力量产生了积极作用。

1906 年,上海成立中国妇人会南洋分会,主要从事募捐救灾、讲求实业、兴办女学、提高妇女社会地位等活动,1907 年春,创办了《中国妇人会小杂志》半月刊。1911 年,周佩宜于上海组织世界女子协会,以期振兴女权,同期,丁乘时曾于上海设立妇女宣讲会。

武昌起义后,上海出现了女子参政同志会。该会"发起人以共和后人民平等,女子参与政事要求,欧美已渐有效,中国女子何独后人"为理由。[②]

1912 年 3 月,上海成立神州女界共和协进社,"以联合全国女界,普及教育、研究政法、提倡实业,养成共和国完全高尚国民为宗旨"。[③] 7 月,上海中华女子实业进行会成立,"主张振兴女子工艺、提倡女子经商、结合女工团体、发达中国实业"[④]。同期,上海的妇女团体还有:妇女青年会,中华女子缝纫会等。

1920 年代后,上海各界妇女社团联合发展。1925 年 6 月,上海各界妇女联合会成立,宗旨是:"团结上海各界妇女,为求女子在社会上的一切真正平等地位,谋自身之彻底解放。"[⑤]。五卅运动中,该会积极开展宣传和募捐活动,联合商界罢市,并进行演剧募捐。11 月 15 日,该会召开第二次临时大会,发表宣言,提出参加消灭帝国主义与军阀的国民革命运动,争取妇女的平等和解放。1935 年上海成立中国职业妇女协会,进一步把妇女社团提高到新的水平。

第六节 近代上海的公益社团

公益社团的存在和发展是一个社会文明进步的重要标志。中华文化中有乐善

---

① 刘健清:《社团志》,上海人民出版社 1998 年版,第 245 页。

② 《民立报》1911 年 12 月 28 日。

③ 《女界协济社宣言》,《民立报》1912 年 3 月 5 日。

④ 张玉法:《民国初年的政党》,岳麓书社 2004 年版,第 509 页。

⑤ 《中国妇女运动历史资料》(1921—1927),人民出版社 1986 年版,第 391 页。

好施的精神传统，在近代上海的社会发展中以公益社团的形式得到体现。一般来说，社团组织都带有某种公益性质，这里主要介绍慈善、风俗改良等公益社团。

一、近代上海的慈善社团

太平天国战争以后，为了应对战乱善后环境，上海出现了大量慈善组织。1910年代初，上海有慈善组织 50 家左右[①]。民国以来，上海的慈善社团发展迅速，到 1936 年，增至 199 家[②]。各慈善组织都将济贫救弱作为己任，如上海广益善堂以“济困扶危、救生恤贫”为宗旨；仁济善堂以“救济贫穷、育婴兴学”为目标；沪南广益中医院在章则里也明确表示，以“慎重贫病”为宗旨[③]。

1912 年—1937 年上海的民间慈善社团主要有：上海慈善团、上海仁济善堂、上海广益善堂、位中善堂、中国济生会、至圣善院、闸北慈善团、上海孤儿院、净业社慈善部、上海一善社、莲社法会、上海邑庙董事会、上海钱业公义会、沪南慈善会、中华黄卍字会、同仁辅元堂、上海联义善会、沪南公济善堂、祇园法会、上海贫儿院、上海残疾院、沪南广益中医院、明德集义会、上海善德善社、中国崇德会、览德轩、上海灾童教养所、上海华洋义赈会等等。

近代上海的慈善事业不断进步，由传统的应急施舍，到建慈善医院和收容所，再到收容同教化相结合的办法提升慈善事业的社会效益。

（一）应急施舍

为死去的贫苦者提供棺材，为无衣无食者施舍衣米，向无钱治病者赠送医药，掩埋暴尸，照料寡妇、孤独者，收养弃婴等。

例如，同仁辅元堂，其活动内容有抚恤老弱，发放衣米、粥饭，施舍棺材，收容、埋葬尸体等；同仁济善堂，该堂 1927 年发放内科药 121 000 次，外科药 24 000 次，施舍棺材 670 个，抚恤 200 人，创办仁济育婴堂，月平均收养 60～70 个弃婴[④]。

（二）建慈善医院和收容所

西人基督教会的慈善事业开了近代上海民间慈善医院的先河。西人先后开办的仁济医院、同仁医院、西门妇婴医院、广仁医院等为贫民免费或减费治疗。20 世纪

---

① 梁元生：《慈惠与市政：清末上海的堂》，《史林》2000 年第 2 期。

② 上海通志馆编：《上海市年鉴》，中华书局 1936 年版，第 191 页。

③ 上海档案馆馆藏档案，卷宗号 Q114-1-9。

④ 《上海特别市社会局业务报告，民国十七年》第 247 页，上海图书馆，索书号：366006。

初，华人慈善事业受其影响，也开始创办慈善医院，如李平书 1904 年创办的上海医院，随后建立的上海广益中医院、沪南神州医院等都是免费或减费为贫苦百姓治病。1911 年上海有实力的资本家发起成立了中国救济妇孺总会，收容被诱骗拐卖的妇女，或送回家，或收留在留养院，尽力安排工作，自食其力。1929 年 10—12 月，上海残疾院、妇女教养所、游民习勤所、普益习艺所等慈善团体共留养 5598 人，其中 3 947 人住养①，很多人由此走向新生。

（三）收容同教化相结合

近代上海的游民乞丐很多，是社会安全的一大隐患，无业游民经常引起社会混乱，严重影响正常的社会秩序。1922 年末，上海 30 多个主要慈善社团的代表，酝酿成立收养游民的工厂。1925 年 12 月，华界、租界的各界士绅商人联合发出倡议，扩充原先作为残疾人收养机构的上海残疾院，以后成立了收容乞食游民的淞沪残疾乞丐游民教养院②，传授工艺技术，增长生存能力，图求社会的安宁。1926 年末又设立了淞沪教养院③，收容游民，教授技艺。很多游民经过收容劳动锻炼，掌握了一定的劳动技能，在做出不再成为乞食游民的保证后离开。

收容教养院等慈善社团以拯救弱者、塑造新人为目的，为近代上海的城市化秩序做出了贡献。

二、近代上海的风俗改良社团

风俗改良社团是致力于摈弃传统陋习，倡导城市文明新风的公益社团。在新旧更替、中西文化直接碰撞的近代上海社会，必然引发人们很多习俗和心理适应的问题和矛盾。风俗改良社团是在社会风气剧烈演变的状态中应运而生的，是市民适应文明新风的助力，帮助减缓新旧过渡的心里摩擦和行为不适。

1897 年，上海成立不缠足会，抨击对妇女的残酷束缚，倡导女童不再缠足，已缠者放足，铲除千年谬俗，革此浇风。④ 戊戌以后，1903 年，上海成立中国天足会，并随后创办了《天足会报》，对处于动摇之中的传统心理影响很大，促进了社会新风的形成。其实，这不只是一个旧习惯被打破的问题，而是吹响了社会大变革的前奏。

---

① 张礼恒：《略论民国时期上海的慈善事业》，《民国档案》1996 年第 3 期，第 142 页。

② 《申报》1927 年 2 月 6 日。

③ 《申报》1927 年 2 月 20。

④ 梁启超：《试办不缠足会简明章程》，《中国近代史资料丛刊・戊戌变法》(四)，第 433 页。

1898 年，著名改良派人士郑孝胥、郑观应发起组织了上海戒烟会，广劝戒烟。1904 年上海商务总会成立后，建立了振武宗社，厉行禁烟，下设分支机构 600 余处，历任戒烟者 3 万余人。[①]

1907 年，上海建立惜阴会，改良丧葬、祭祀等礼仪。

民国初期，上海成立有：万国禁烟会、全国禁烟联合会、不吸烟会等，持志不移地倡导摈弃陋习。

1912 年初，上海成立光复实行剪辫团，号召男人剪辫。相似的社团还有：礼俗大同社，剪发缓易服会，中华民国剪发助响会，沪南家政改良研究会，中国监狱改良协会等。社会习俗改良蔚然成风。

1912 年，基于党派纷争，党人丧志污浊之气，上海成立进德会，提倡不嫖、不赌、不纳妾、不当官、不做议员、不吸烟、不喝酒、不吃肉的所谓“八不主义”，[②]以唤起人们的公德心。稍后，唐绍仪、蔡元培等组织社会改良会，提倡个人自立，不置婢妾，提倡自主婚姻、离婚自由、再嫁自由，提倡少生儿女，废跪拜之礼、以鞠躬拱手代之，废缠足穿耳敷脂之习，戒除迎神、拜经及诸迷信鬼神之习，等等[③]。同期，还成立有希社、侠义党、空无党、青白社等提倡人格修养的社团。

三、近代上海的公共事业社团

公益事业社团特指谋取社会公共利益的民间社团。在近代上海城市大扩张过程中，由于政府无力顾及公益事业，民间公共事业社团承担了很多公益事务，缓和了近代上海很多城市矛盾和紧张。近代上海公共事业社团最著名者，当属上海城厢内外总工程局，是近代上海社会自治的标志性民间组织。

1905 年 10 月，上海城厢内外总工程局成立，这是一个在维新思想影响下，由绅商组织的地方自治社团。其宗旨是：“整顿地方一切之事，助官司之不及，兴民生之大利，分议事、办事两大纲，以立地方自治之基础。”[④]局内分设议事会、参事会，“以议事会为代议机关，以参事会为执行机关”。另设户政、答政、工政三部与书记处、会计处、翻译处、采办处和裁判所分管各务。另设办事总董五人，其中一人为领袖总董，

① 王世刚：《中国社团史》，安徽人民出版社 1994 年版，第 168 页。

② 王世刚：《中国社团史》，安徽人民出版社 1994 年版，第 328 页。

③ 羅家倫：《革命文献》第四十一辑，台北文物供应社 1969 年版，第 144—147 页。

④ 《上海城厢内外总工程局简明章程》，《东方杂志》第三年第一期。

兼任参事会议长；议事经董33人，组成议事会。领袖总董任期三年，其他办事总董、议事经董任期四年，“每二年改选其半”。经选举后由上海道袁树勋委派李平书为领袖总董，莫锡纶、郁杯智、曾铸、朱佩珍为办事总董，姚文枬、郭怀珠等为议事经董。将上海城厢内外分为七个区，各设分办处，选派区长、副区长各一人及赞助员等。宣统元年，清政府饬令各地分设自治公所，总工程局改组为上海城厢内外自治公所，内部机构几无变化，只是将上海城厢内外重新划分为五个区，备设区董一人，赞助员六人。辛亥上海光复后，自治公所改为上海市政厅。

上海城厢内外总工程局总董李平书(1854—1927)，是近代上海威望卓著的绅商，先后发起成立近代上海多个有影响的民间社团，为近代上海社会治理做出积极贡献。光绪年间，李平书做过广东陵丰、新宁、遂溪知县；湖北武备学堂总稽查、提调；光绪二十九年转任江南制造局提调，兼任中国通商银行总董、轮船招商局董事、江苏铁路公司董事。先后创立医学会，中西女子医学堂、南市上海医院(今上海市第二人民医院)，开办华成保险公司等。李平书首倡清末上海地方自治运动，光绪三十一年，和姚文枬、郭怀珠、莫锡纶等集议创设总工程局，以整顿地方，立自治之基。报请官方同意后，总工程选出37人为议事经董或办事总董。李平书任领袖总董，统管城厢内外总工程局。积极主持总工程局工作，派人接收城厢内外道路、路灯管理权，设立和资助小学堂以利初等教育事业的发展，统一巡警以维持地方治安，同时还采取一系列措施阻止租界的扩张。在掌理总工程局的4年中，共辟建、修筑道路60多条，修理、拆建桥梁50多座，新辟、改建城门3个，疏浚河浜9处，修筑驳岸、码头11座，年收入达16.4万余两。光绪三十三年，上海道瑞澄下令禁绝华界鸦片烟馆，交总工程局办理，李平书遂将原有沪南学会体操部、商业体操会，沪北商余学会、沪西士商体操会等五体育会组成南市商团公会，自任会长。宣统元年(1909年)清政府颁布《城镇乡地方自治章程》，原城厢内外总工程局改称上海城厢内外自治公所，李平书仍为总董。

1907年，上海各行业、各区域的民间救火会、救火社有30多个，次年联合成立了上海救火联合会，拟订了统一章程，筹集银两，建成了具有瞭望与报警双重作用的警钟楼。上海救火联合会也是近代上海著名的民间社团，为维护近代上海社会和民众生命财产安全做出重要贡献，也显示出民间组织力量的社会关怀和积极意义。

1912年9月上海成立商业体育维持会，1913年4月成立人道维持会，这是上海商界主动组织的以维护社会治安、开展人道主义援助的社团。辛亥革命后的一段时期，国家政府动荡，特别是长江流域，战事弥漫，兵燹阴影浓郁，社会经济环境和民众生活环境惶惶不安，动乱因素增多，严重威胁社会秩序的稳定。上海因有租界区域，近代以来一直是动乱时期外地民众寻求避难的地方，辛亥革命时期，上海同样有大量外地群众涌进，一时给上海的社会秩序带来严重压力，并带来一定的难民问题。商业体育维持会和人道维持会，就是在这样的情况下，以上海工商界力量建立的民间社团组织。

第四章　近代上海社团的社会管理活动

“社会管理主要是政府和社会组织为促进社会系统协调运转，对社会系统的组成部分、社会生活的不同领域以及社会发展的各个环节进行组织、协调、服务、监督和控制的过程。”[①]从广义说，为社会和民众利益而进行的组织、服务、动员、协调、监督、控制等活动，都是具有社会管理意义的活动。近代上海社团为保护群体利益、维护社会环境、促进社会革新而建，在参与社会活动和促进社会进步中不断发展。作为近代上海社会的重要角色，各类社团活动繁多，风格各异，可以说是五光十色，异彩纷呈。在近代上海的历史舞台上，起到了维系社会秩序、动员社会力量、推动社会变革的作用。本章择要述论近代上海社团的社会管理活动，以帮助理解其社会管理功能。

第一节　会馆公所的活动

一、祭祀和善举活动

传统的会馆公所有个基本的活动，就是定期的祭祀活动，通过祭祀活动凝聚乡情，联结乡谊。会馆公所内都设有本籍或本业供奉的先祖牌位或神座。祭祀礼仪有平常的拈香礼拜，有重要节日时的隆重典礼。这时会馆公所就是集体的象征，集体的祭祀联谊能够增强成员的集体荣誉感和责任感。活动中还伴随着捐奉善款的义务，既慰藉了心灵，又储备了以后活动的经费。

会馆公所设置客室，安排新来的同乡暂时寄宿，接济部分困难成员。对遭遇不测的成员或同乡给予经济上的帮助，如支给回乡旅费、养育孤儿、设立义塾、施给衣物、药品等。

---

① 李学举：《加强社会建设和管理 促进社会和谐与发展》，《求是》，2005 年第 7 期，第 16 页。

会馆公所的一项重要善举是为客死他乡的乡亲料理丧事,馆所的建筑中设有殡舍,安置死者的灵柩。适应异乡人的心理,安排灵柩返乡。一些会馆公所备有木材等料件,自制棺柩,廉价出售给同乡人,对一时无钱购买者,给予施送。

有些会馆还置备"义冢地",如四名公所、绍兴会馆、徽州会馆等在"义冢地"安放同乡灵柩,适时将一些灵柩运回故乡。

二、沟通调解活动

当官方的种种规定对同业者的利益有抵触或相背时,业主可向所属会馆公所反应。会馆公所应业主的要求召集会议,商讨应对办法,会后向官衙申请或请求变更规定,以便商业活动得到官方的保护。

同业在商业经营中产生纠纷,可以向会馆公所的董事会申请调解。会董将召集全体成员来评判是非曲直,并提出处理意见。当事者如不满意,可以不服从处理。但是,其在以后的经营活动中会受到其他成员的排斥,甚至会造成不得不歇业的结果。所以,会馆公所的调解有较强的制约力,成员如果一开始不将纠纷告知本会馆公所,而直接向地方官上诉,并请求制裁,往往会受到会馆公所的处罚。当成员与外界发生纠纷时,也可以通过会馆公所请地方官仲裁纠纷,成员的利益会得到更大的保障。

三、办理借贷和代办厘金的活动

会馆公所的成员在发展经营事业时,遇到资金短缺可向会馆公所提出借款。董事们会对该成员的信用和经营加以了解,提出借贷与否的意见。各会馆公所的自定贷款期限,利率高低各有不同,有严格的借贷规则。

咸丰年间,清政府在全国推行一种"厘金税"。商品运输途中每卡必征,商家处处遭受查验和抽厘,苦于应付,对经营颇多影响。会馆公所代表全体会员向厘金局协商,由会馆公所一次性代收,集中支付,然后厘金局发放通行证,运输船竖起一定标志,可自由通过每个厘卡,免遭反复受检查的麻烦。

四、规范行为和团结抗侮的活动

在没有商法来约束经营者行为的时代,经营者们的行为规范、经营规范是约定俗成的商业习惯,有了会馆公所,商业习惯逐渐被协商议定,成为经营者共同遵守的行为规范。会馆公所对遵守规约的成员多加以保护，使其利益不断增进，对违反规约的成员，不仅处以罚款，还得演戏谢罪。若严重违约又不听仲裁的，会馆公所董事会可对该违约者作出“除名”的处分，继而全体成员也与该成员店铺绝交，俗成“同盟绝交”，使受罚者失去任何保护而难以发展和生存。

在会馆公所的权益受到租界当局的严重践踏，而华人政府又不能有效予以保护的时候，会馆公所往往进行集体抗争，有助于改善华人任外人欺负的形象，促进各方尊重相互利益。上海近代史上最著名的华人团结维权事件，是1875年、1884年四名公所与法租界的两次抗争，以及1905年广肇公所抗议英领对广东籍妇女黎黄氏的不公正审判。抗争取得了一定的成效。

第二节　同业公会的活动

一、优化原料供应，开拓商品市场

20世纪30年代，华商纱厂联合会筹集资金会同江苏省政府合资向美国购买大批棉籽，向河南西部产棉区试种和推广，并向西北棉区推广种植。面粉业同业公会联合华商杂粮业同业公会和苏浙皖内地机制面粉厂公会，呼吁国民政府实业部请江浙两省农民推广种植优良麦种，使面粉厂实现原料自给，聘请美国农作物育种学专家为总技师，指导和检查各地农业改良场。九一八事变后，提倡爱用国货和抵制日货。同业公会坚持对日经济绝交立场，拒用日货原料，自筹资金设立原料工厂。国货橡胶制造业同业公会发动所属会员厂筹款自建橡胶原料化工厂。针织业同业公会创办线厂，专为同业提供棉线原料。棉织业同业公会组织棉纺厂，筹备棉业纱厂。铜铁机器业同业公会筹设原料工厂，以永久性挽回利权。

同时期，丝绸产品外销遇阻，被迫转向国内市场，而国内市场上大量日本人造丝走私廉价倾销，国产丝绸处于困境。1933年，电机丝绸厂同业公会和上海绸业银行以及绸缎业同业公会发起组织“中华国产绸缎展览会”，在上海市商会商品陈列所展出。扩大国产绸缎的市场影响。有些同业公会面对外来的倾销，组织全体会员企业在上海增设经营商号，在全国各地广设分号，在价格上与外货展开正面竞争，迫使外货退出中国市场。1945年抗战结束后，美货占领上海的香料市场。香料工业同业公会向政府竭力呼吁，迫使国民党政府下达法令，只准进口制造香料的原料，不准进口香精,使国产香料争得了国内市场。

二、监督产品质量,核定产品价格

橡胶业同业公会规定,同业产品须力求精良,不得偷工减料,损坏同业信誉。如有产品质量低劣,经督促不改善的,将予以相当的制裁,必要时呈请社会局依法办理。热水瓶制造业同业公会规定,不得掺用劣质原料粗制滥造,危害国货销路。许多同业公会具体制定产品质量的规格,严格区分为正品、副品、次品。同业公会还规定,凡会员单位已经呈准注册的商标牌号,同业其他会员单位不得互相效仿影射,与冒牌劣货斗争。草呢帽业同业公会在报上公布全市 17 家机制呢帽厂的厂名和商标,供社会识别和监督,以维护同业信誉,保护同业利益,制止日货流入。新药业同业公会重视查究假药,大东药房制造假药被严厉处罚开除会籍。该会推动全国新药同业公会制订行规,发动全国同业一致拒售伪药,并且设立"伪药检举委员会"。棉纺织行业中经常出现产品掺水掺杂现象。同业公会呼吁设局检验棉花质量,杜绝棉花掺水掺杂的陋习,这成为棉纺织业历年重要的会务活动。同业公会强调商业道德和商业信誉,常设鉴核委员审定产品,对优良产品采取优证制度,对冒牌、掺假、偷替等进行取缔,保护会员单位形象,保持行业信誉,尽量杜绝劣货流入市场。

各同业公会的章程和业规把核定产品或商品的售价列为重要条目,根据产品的档次核价,不许自立名目,随意折扣或暗盘贴券,如有滞销货品必须放盘折售的必须经公会许可,交由公会备案。印铁制罐业同业公会业规有"定价一章",规定产品价格由公会议定。搪瓷工业同业公会业规中也有"价目"专章,如同业两家以上都是同样产品时,则由公会议定其品名和售价。如因原料涨跌,成本变化,须变更价目时,也须由公会议定。1932 年(民国 21 年),橡胶行业出现跌价竞争,该业公会认为:如果专以低价竞卖为目标,竞争愈烈,价格愈低,同行业则会一败涂地,如以产品质量为目标,竞争愈烈,质量愈佳,价格自然愈高。该同业公会评价委员会规定:各厂除产品外,一律用原有商标,不得贬价乱市。1935 年(民国 24 年),该业公会又合组营业监查所,监查所由各厂互选 1 名监督员组成联合委员会,每隔半月轮流到各厂监查,要求各厂不做低档货,不卖低档价。芝麻麻油商业同业公会规定,由执委每周议价一次,市价波动大,则召集临时会议。颜料商业同业公会将进口品种制成商品价目表,分发同业,规定的售价以成本及利润为基准。新药业同业公会组织评价委员会,对畅销物品评定售价,确定价格。

三、开展调研，扶助同业

同业公会经常进行商情调查，行业调查，对同业进行业务指导，优化企业的经营管理。丝厂业同业公会的章程明确将“同业之调查、研究、改良、整顿及建设事项”列为首要任务。毛巾和被毯行业在同业公会主持下，多次调查各会员厂的用纱、实际需用纱线、产品外销量总值、主要设备及产量、需用进口原料和外汇等等。以上海为基地，以上海新药业为主体的全国新药同业公会定期出版《新药月报》，每期辟有“药品商标汇览”“成药许可证一览”“国货新药介绍”“新药情报”等固定栏目，并刊登专文介绍近代商业经营的行为规范，以帮助同业改进经营方法，交流经验，增加业务知识。银行业同业公会重视市场信息，接办“银行周报”，报道各地金融消息，介绍国外金融组织及管理经验，对本国金融事业的建设提出各种具体建议和方案。经常发表经济调查报告，每月编制财政金融、商业市况等各类经济统计资料，联合会员银行研究业务及经济事项，互相臂助，促进同业发达，向同业灌输近代金融知识，引导同业重视对商情的调查研究。钱业公所改组成上海线业公会后，联合各会员研究业务，创办《钱业月报》，宣传革新除弊，交流国内外市情，报道各商业概况，巩固钱庄业务，促进同业发展。该公会还敦促各钱庄破除成见，每至年终将资产负债表和营业损益表如实报告公会，以公开交流，展示事实，决定未来方针。

四、筹备物资，支援抗战，坚持正常运转

募捐物资抗日救国。1931 年“九一八”事变和 1932 年的“一二八”事变，各同业公会在反日爱国运动中，起了一定的作用。1937 年的“八一三”抗战时，各同业公会募集物资，捐钱、捐物，支援和慰劳前线抗日将士，并且积极推动购买“救国公债”等。如棉布业同业公会在行业中募集物资，制成了 13 万件棉背心，将 10 万件送往前线，3 万件救济难民①，还将大量慰劳品送往前线，另有许多同业公会组织人员支援前线，运送弹药物资，救援伤员。1937 年各同业公会根据市商会通告，坚守岗位，支援抗战，维持原有组织和工作。所有执监委员继续负责，共赴国难，努力支持抗战。

---

① 上海市地方志办公室：《上海市地情资料库》http://www.shtong.gov.cn/node2/node2245/node4538/node56967/node56984/node56986/userobject1ai45352.html.

第三节 上海总商会的活动

上海总商会是近代上海最重要也是影响最大的社团组织，拥有很高的社会组织威望，在租界和华界当局与工商企业和民众之间起到很大的缓冲和沟通作用，在近代上海非常复杂的政治经济条件下，开展了许多事关大局的社会活动，具有社团角色的鲜明代表性。

一、推动优化政治环境的活动

（一）争取华人参政，协调华洋矛盾

1905 年 12 月会审公廨事件后，上海总商会派代表多次与英租界当局接触，达成了在租界组织华人咨询委员会的意见。次年初，选举产生“华商公议会”，工部局决议组建一个小组委员会与华商公议会接触。随后拟就“华商公议会”章程草案，宗旨是：“以和平之志愿，灵敏之手腕”[①]，协调华洋关系，维护租界华民、华商的正当利益。

1919 年 8 月，工部局纳税人会年会通过了租界增捐的议案，公共租界上的各马路商界联合会发起了反抗增捐运动。总商会会长会同各路商会代表亲自走访英总领事法森斯，英总领事答应设立华人顾问 2 人，华人顾问可以提出并讨论关于财政事宜，作为华人直接参与市政的过渡。

1920 年租界纳税人会年会召开之前，总商会与商总联一再致函工部局，要求华人顾问问题尽快立案并通过。4 月 7 日举行的纳税人会年会上，工部局提出“设立华人顾问委员会”的议案，年会通过了这个议案。11 月 9 日纳税华人会理事会照章选出工部局华人顾问 5 名。1921 年 5 月，工部局华人顾问委员会第一届委员正式就职，宣告成立。这是华人租界参政的又一次成功。

五卅运动后，1926 年 4 月 13 日，总商会在《申报》等各大报纸上发表《华人对于五卅惨案各大问题的宣言》，主张纳税人同等之地位，参加外人纳税人会议，解决一切界内问题，表明坚决要求租界参政权的决心。4 月 14 日，纳税人会年会如期召开，工部局提出“创设华董三人”的议案，工部局接纳华董及其修正案获得纳税人会年会通过，并函告总商会协商各方。1927 年 1 月 15 日，总商会与纳税华人会 5 位代表及

---

① 《上海公共租界华顾问会的始终》，《上海通志馆期刊》1933 年，第 921 页。

交涉员共同会商办法，决定由总商会函告各团体发表意见和建议。1927 年 12 月，总商会会同商总联与工部局达成谅解备忘录，同意工部局参加华董 3 席，另外在各委员会中增加 6 席华人委员，其职权、待遇与其他董事、委员一律。这是上海总商会争取租界华人参政、协调华洋矛盾的一次成功尝试。

（二）争取司法自主，收回会审公廨

1903 年 11 月 25 日，在租界上经营的华商集会，为租界华商在涉讼问题上争取公平待遇。当时，租界上的洋商有纠纷控告华人，只需一纸便函递交给捕房，捕房便将被告华商捉拿拘押，一路上拖拖打打，有时同 流氓窃贼铐在一起，使当事华商体面扫地、受尽屈辱。至于华商控告洋人，非但不能函请拘拿，甚至告状无门。对此状况，租界华商、华民心存不平，请商会方面交涉，商业会议公所代达下情，后由商部出面干预，公共租界工部局会议对处理华商案作了一些规定，“凡捕房拘拿有体面的人，准该人知照商业会议公所函请捕房释放，明晨自行到堂”；又有“凡商业会议公所应有租界内各业华商每年公举董事几位，办理保全华人体面”[①]等等。

民国初年，随着租界华商的增加，交涉案件日益增多，会审之案必须聘请洋人律师，华商耗去高额费用，还难以据理力争，这样的遭遇各行各业都有，向以体面与信用为经商之本的商民纷纷向总商会请求，仰赖保全。

1916 年，总商会会长和董事同会审公廨及外国驻沪领事直接进行交涉，要求“遇有商业上的起诉，是否体面华商，是否入会，先行函询敝会”，取得会审公廨的一些让步。

总商会重新核定的会员同人录，编制成中、英文对照的名册，送达会审公廨及各驻沪领事备核，以敦促公廨落实“优待体面华商”的措施。

1916 年总商会争取到租界“优待体面华商”的权利，随即将此次对租界华商权利的处理做成了“改良公共租界会审公廨”的调查报告。分呈政府外交部和司法部，请求政府收回公廨的华人权利，以根本改良现状，在坚持华洋分案办理的原则下，达到“保主权而惠商民”的目的。

1921 年 4 月 18 日，总商会组成专门委员会，推进收回公廨主权事宜，定名为“公益研究会”。一方面以 1916 年向政府及公使团提出的改良公廨的要求，继续与政府、

---

① 上海市地方志办公室：《上海市地情资料库》http://www.shtong.gov.cn/node2/node2245/node4538/node56987/node57001/node57992/userobject1ai45380.html.

领事进行接洽、磋商，另一方面从事宣传，造成舆论来促使形成要求政府收回公廨的声势。

1922年，总商会又联合上海各商业团体致函驻沪领袖领事，表明“此次我国提案，实为沪埠全体商民最低度之愿望，请转达各领，勉于容纳”①。

1923年，总商会就收回公廨主权继续交涉，吁请政府尽快收回会审公廨，并由民众选举法官，同时，对租界当局以扩大租界为交还公廨华人利权的交涉条件予以驳斥。

1925年，总商会“五卅事件委员会”在提出与英交涉的条款中，再次提出“收回会审公廨”。在与外国使团的交涉中，这个关键问题始终被使团回避。

1926年2月，外交部在北京与公使团代表专门协商收回上海公廨一案，但终无进展。4月，总商会发表《华人对于五卅惨案各大问题之宣言》，继续要求收回会审公廨。随后会同律师公会、上海会计师公会等团体，联名向江苏省当局致电，主张“由省政府主持，订立暂行办法，先行收回”。在总商会的坚决要求下，5月21日，江苏省政府“淞沪商埠督办公署”总办丁文江等与英、美、日3国驻沪领事就收回公廨举行了秘密会谈，又经过将近一年的磋商、让步、争持，终于定于1927年1月1日由领事团交还会审公廨。随后改组为临时法院。

会审公廨主权的收回，经过了总商会长达20多年的持续努力，可谓功不可没，华人在租界的权益得到一定程度的改善，对疏解华人民怨起到良好作用。

（三）参与政治革新，组建商团维市

1910年5月(宣统二年四月)，上海商务总会发表《联合海内外华商请愿国会公告书》，请求“速开国会，实行宪政”②。

1921年，在商务总会联合江苏省教育会召开“全国商教联席会议”，议决发扬民意、反对军阀战争、组织全国性的国是会议，并向全国各省社会团体发出通电。要求否认不平等条约、取消日本对华的“二十一条”、整理财政、废督裁兵、废止战争。

1922年12月，军阀战争此起彼伏，总商会在提出“裁兵、理财、制宪”的政治主张的同时，发出《致全国各金融机关请一致拒绝政府承募一切债务通电》。

---

① 上海市地方志办公室：《上海市地情资料库》http://www.shtong.gov.cn/node2/node2245/node4538/node56987/node57001/node57992/userobject1ai45380.html.

② 上海市地方志办公室：《上海市地情资料库》http://www.shtong.gov.cn/node2/node2245/node4538/node56987/node57001/node57992/userobject1ai45381.html.

1923 年 1 月，总商会和其他社团召开紧急联席会议，发出《致国务院请切实履行整理内外债电》，坚决反对英、法、美、日 4 国公使团向中华民国北京政府提出的“以增加后之关税为整理外债之用”的修正关税提议。

1923 年 6 月，对于曹锟在北京的政变，总商会通电全国，宣布否认北京高凌蔚之非法摄政及曹锟有候选总统资格；通电全国军民长官，维持地方秩序，加意保护大局问题等。7 月 4 日，总商会召开民治委员会成立会，呼吁全国开展民治，反对官治、兵治。8 月 4 日，总商会民治委员会委员与上海县商会，南京、杭州两地的总商会代表举行联席会议，专题筹商维护保境安民、防止江浙两省军阀战争的问题，要求两省当局会同各国领事重点保护通商要岸上海。

1924 年 9 月，齐卢战争爆发，《江浙和平公约》破产。11 月 24 日，总商会致电段祺瑞政府，强烈要求执政府顺从民意，在上海地区实行废除护军使，废除镇守使、废除兵力、迁移兵工厂的弭兵保民措施。

1927 年 9 月，总商会与其他商会联名致函国民政府，陈请成立上海特别市参事会，参事会设通信会商处，在总商会内。

1905 年底，大闹会审公廨案后，租界巡捕罢岗，租界当局请万国商团出来维持社会治安，但因与租界上的华人语言不通，常常发生摩擦，租界商民的商业活动受到威胁。商务总会拟创设“华商体操会社”。

1906 年 5 月，华商体操会社正式成立。年末，总商会致函租界工部局总董，提出华商体操会社加入万国商团的申请。经逐一交涉。1907 年 4 月，华商体操会社中挑选了 83 位队员，签约加入万国商团，称“万国商团中华队”，由工部局委派洋人担任正、副队长，其余的队员则为中华队的候补队员。

1911 年辛亥革命前夜，全国各界都在谋求救亡图存之策，商务总会代表在“国会请愿”失利后，回沪鼓动革命，随后，总商会邀“万国商团中华队”、上海南市商团公会联合组成了全国商团联合会。以应对形势、稳定秩序。

（四）邀约阻拦清军，协助反清起义

1911 年 11 月 2 日，清军五艘军舰自汉口而下，停泊在吴淞口，要装运江南制造局的大批枪械弹药，提供给清军镇压起义。商务总会向各国驻沪领事发出公函，以“清政府遣兵来沪，扰乱治安，外人生命财产，华民百万生灵势必同遭其厄”为理由，请求“派外国兵舰一艘，驻扎吴淞口，以阻清政府兵舰入口；苏州河亦由西兵驻守，以遏来兵”[①]。领事团立即派出德国兵轮开赴吴淞口阻止南京水师，又派出一队水兵至苏州河巡逻，以阻止清军从苏州的来路。3 日，以上海商团为主力的起义军攻下了上海最后一个清政府的军事重地江南制造局，从而使上海的革命党人陈其美等成功地光复了上海。

为了继续北伐推翻清政府，上海商务总会为军政府垫银 180 万两，其中 120 万两系充宁沪杭及扬州军饷，同时，商务总会与沪南商务分会还选择经济实力较强的会员商铺，向他们筹借款项，共筹得 27 万银两，送给军政府应用，当时，沪军向上海商家的借款达 300 万两之巨[②]，都是通过上海商务总会向各业筹集的。

上海总商会开展的活动，在上海光复的过程中起到了重要作用。在变动不居的形势下，总商会所做的一切，都是希望能给上海营造一个比较好的工商业环境。

（五）协调五卅善后，组织中华爱国募金大会

1925 年五卅事件发生后，上海形成了声势浩大的反帝运动，各界开展罢工、罢课、罢市的斗争。5 月 31 日，商总联会决议罢市，总商会则欲请求政府进行外交交涉，不作罢市决定。但 6 月 1 日下午，各团体在总商会议事厅召开联席会议，会上，上海学生代表提出，要求全体商界举行罢市，商总联、纳税华人会相继表示同意。最后，总商会签发了罢市通告，宣布上海商界于第二天实行罢市。

6 月 10 日总商会召集临时会董会和会员大会，虞洽卿带着官方的“意思”阐述了处置“五卅事件”宜“单独对英”的宗旨，且“与英亦稍有分别”，指出“五卅事件”完全由英领事与工部局负责，要求会员“认清目标”，不要妨碍与美、法等国的关系，也不要把日本牵连在内，目标仅是英国驻沪官方机构。大会上也有会员陈词慷慨，持激烈的斗争态度。但会员大会就总商会有责任处理好“五卅事件”达成了共识，议决以总商会的名义立即组织“五卅事件委员会”。

总商会“五卅事件”委员会组建后，提出 13 项交涉条件，大致内容为：关于善后方面，撤销非常戒备、释放被捕华人、惩凶、赔偿、道歉、工人有做工与否的自由、撤换工部局总书记；关于主权方面，提出了华人在租界的言论、集会、出版之自由、华人参与租界市政建设权、收回会审公廨等项。总商会将 13 项交涉条件交民国北京政府特派

---

① 《新闻报》，1911 年 11 月 6 日。

② 上海市地方志办公室：《上海市地情资料库》http://www.shtong.gov.cn/node2/node2245/node4538/node56987/node57001/node57992/userobject1ai45383.html.

员审查，并将交涉事宜及条件通电全国各界，要求“静候解决”。但政府特派员与外方的外交交涉没有成功。

6月19日，总商会议决取消罢市，在与工商学联合会反复磋商后，决定于6月26日商界开市，还就疏销栈货采取了措施。

6月21日，总商会在媒体上刊登“经办五卅事件捐款”的启事，继而发出《劝商界资助工人通函》，发起积极的捐款活动以救助遇难和失业的工人。总商会会董、会员带头捐款，电请政府拨款救济，组织“中华爱国募金大会”，与慈善团体一道实施救济工作。最后公开捐款数目，向社会澄清存在的质疑。

二、推动优化经济秩序的活动

（一）倡导经济秩序，呼吁改良税制

推动颁布商法。1907年11月，商务总会和商学公会在上海愚园共同举行商法特会，邀请全国各地的商务总会、分会，及海外的中华商会代表出席大会，讨论商法起草问题。1912年3月，总商会向南京临时政府即将上任的实业部总长张謇呈文，表明振兴商务须从订定商法着手的意见。在上海总商会的推动下，农商部于1914年初相继公布了《公司条例》《商人通例》《国币条例》等。1924年1月，总商会商品陈列所设立“商标专用品展览会”专题，启发商民的商标意识，推动《商标法》的落实。1926年11月，总商会联合国货维持会、提倡国货会、国货工联会、中华商业协会诸团体举办商标专用品展览会。

建立新式会计制度。1924年5月，总商会提议改良中式会计制度，委托会计师组织人员拟订新式会计的组织大纲。1927年7月始，总商会执行新的会计制度。

建议裁撤厘金。太平天国时期，清政府推行“厘金”制度，运转已半个世纪，不仅税率渐增，而且逢关纳税，遇卡抽厘，重复课征日益严重，致使商品流通障碍重重，商家利益屡受侵害。民国建始，各地各区的商会、商民纷纷致函总商会，吁请与当局交涉裁厘轻税。总商会明确表态，“凡于商人有便利之事，本会不能不争。”[①]以稳定商业情绪。1914年3月，在全国商会联合会的首次代表大会上，总商会提出“裁厘加税”议案，主张裁撤厘金，以增加关税抵补，获与会代表赞同。1920年11月，财政部

---

① 上海市地方志办公室：《上海市地情资料库》http://www.shtong.gov.cn/node2/node2245/node4538/node56987/node57003/node57005/userobject1ai45388.html.

对总商会一再提出的“裁厘加税”的主张复函，准备先行裁厘，再议增加关税问题。1927年，针对国民政府发布的不利上海货流的裁撤厘金条例，发表《致国民政府财政部九月一日加税裁厘筹备不及请展期实施电》，致使国民政府宣布“暂缓裁厘加税”。1928年7月，国民政府发布裁厘、开征“特种消费税”的通电。总商会会同县商会、闸北商会协商，向政府拟就了关于“裁厘加税”的详细说帖，一方面肯定政府的裁厘决心，一方面表达对日用品征特征税的不满。1929年2月，发表《反对特种消费税宣言》，宣布征华商特税违反民意，此乃恶税，阻止政府推行。直到1931年，全国才停止厘金。在解决裁撤厘金问题的过程中，以上海总商会为代表的工商界社团，在联系实际、调查研究的基础上，持续地向政府表达商民的意见甚至抗议，保持了行政与社会的沟通和折冲，由于社团组织的主动参与，使社会矛盾处于开放状态，不至于积重难返。

抵制重征货物税。1912年(民国元年)，江苏省议会决议征收产、销重征的货物税。民国3年，江苏省财政厅颁行改货物税分征为并征，增加税率。1918年，江苏省财政厅决定，在全省实行裁厘改税，将一省分为江南、江北两地，货物经别地要重新征税。1920年夏，北方数省发生重大水灾，上海商界组成筹赈协会，会同华洋义赈会，广仁堂、中华慈善团等各界团体纷纷募捐赈灾，但到9月间，财政部又下令向商民征收“货物税附加赈捐”。1921年夏，南方各省发生重大水灾，财政部议准颁行《附加赈款票条例》，规定将货税附赈继续延收一年。民国11年12月，江苏省财政厅就货物税问题又向全省发出通令，将征收货物附加税一成。民国13年7月，江苏省财政厅又通令征收货物附加税，并预收6～12个月。1925年7月，江苏省财政厅要求各商会协助调查物价，为增加税收作准备。前面列举的政府不断增税和搜括税征，反映了北洋军阀时期对上海商民税收的沉重。每次增税或变相增税，上海总商会都向当局政府极力反应商民的不堪重负，或进行坚决抗争。如，针对1925年12月江苏省财政厅增加税收的决定，总商会12月20日、29日及1926年1月2日，连续发出3次函电，要求当局取消加征税额，仍按旧章征税，言明如果坚持加征货物附税，金融立见恐慌，商民“惟有辍业待毙”[①]。第三次的函电严词指责：“旧税未除新税遽增，苛捐巧取，层出不穷，脂膏已竭，何堪再剥”[②]，告诉当局，米商已不堪重负，不采购粮食，上

---

① 《申报》，1915年12月30日。
② 《申报》，1916年1月16日。

海已处在民食断绝的边缘，社会动乱将因此而一触即发。在总商会的据理抗争之下，财政部急电江苏省收回成命，缓办货物税附加二成之事宜。但同时又向全国商会发出通告说："厘税为国家正供，税率轻重，捐则疏密，当事者向有权衡，岂容商会出面干预，……近日商会等遇事辄电部控诉，此风断不可长。"[①]总商会接到此文后，立即在媒体上发表公开信：《财政部不许商会直接请愿之反动》，抨击财政部挟官凌商的态度，指出立宪之国，应"国与民似宜休戚相关"，商会在政府与商民之间，应是"部有所委托，商会惟力是视；商会有所请愿，大部惟力是施。钳其口可使之不开，能强其心使之不冷乎？"[②]表明了商会维护工商界应有之权力的决心。

（二）应对金融危机，维护金融市场

清光绪三十四年（1908 年），上海的一些大商人因经营不善并兼做股票投机，致使企业负债累累，或潜逃，或破产，导致与他们有资金借贷关系的钱庄出现倒账局面，引起在沪外国银行为免受倒账拖累而纷纷撤回放款，紧收银根。上海市面危机四伏。上海商务总会以财产相抵，与上海道联合担保，向汇丰银行借银 230 万两，向江苏藩库借银 70 万两[③]，交北市钱业会馆和南市钱业公所统筹，用以接济市面。

宣统元年（1909 年）底到宣统二年初，上海发生了橡皮股票投机事件，史称"橡皮风潮"，其结果使钱庄更大范围、更加迅速的倒闭，外国银行团见状便釜底抽薪，作出决议缩短钱庄抵押庄票的期限，使危机中的上海钱庄和商业活动雪上加霜。商务总会对此局面，一方面联络各业商人及有利益所系的在沪外国商人集议，抵制外国银行团缩短庄票期限的决议，迫使外国银行团宣布将新规定推迟一个月实施，实际上是无限期地拖延了下去；另一方面，处理"橡皮风潮"的善后，会同上海道、钱业董事、英国驻沪副领事、怡和洋行及汇丰银行的大班共同磋商，拟向外国银行团借银 350 万两，由当任和继任的上海道负担保之责，另从上海道库中提借 150 万两，合计 500 万两，[④]用以稳定上海市面。

民国 4 年（1915 年）下半年，袁世凯复辟帝制，引起各地强烈反抗，袁世凯为镇压

---

① 《申报》，1916 年 2 月 15 日。

② 《申报》，1916 年 2 月 17 日。

③ 上海市地方志办公室：《上海市地情资料库》http://www.shtong.gov.cn/node2/node2245/node4538/node56987/node57003/node57005/userobject1ai45389.html.

④ 上海市地方志办公室：《上海市地情资料库》http://www.shtong.gov.cn/node2/node2245/node4538/node56987/node57003/node57005/userobject1ai45389.html.

反抗大肆调兵遣将,加紧筹措军饷,使政府财政竭蹶。于是下令中国银行和交通银行大量发行纸币来维持垫款,保存银两,要求将各地分行的库存现银集中到北京。民国5年四五月间,各大商业城市风闻消息,纷纷向两大银行兑现银两,发生了大规模的挤兑风潮。此时,袁政府却下了"停兑令"。上海市面陷入一片混乱。

中国银行上海分行的正、副经理宋汉章、张公权反复权衡,毅然决定对抗政府的"停兑令",他们联络浙江兴业银行、实业银行、上海商业储蓄银行等各方巨头组成"中国银行商股股东联合会",在上海各大报纸连续发布通告,表明上海分行照常兑付存户的现款,而停付政府支取的各种款项,并致函总商会转告各业,各业企业如有损失,将由沪行股东联合会负责向政府交涉。总商会对此表示了积极的支持,并向各业发出通告,强调中国银行沪行营业殷实,信用昭然,不仅日常照兑,连星期日也有兑现营业,希望各行各业毋庸疑虑,帮助平息停兑风波,维持市面的良好进行。在总商会的协助下,中国银行沪行经过"停兑令"以后十几天的维持兑现,终于渡过了挤兑风潮的危机。

(三) 协助国货展览,开拓国货市场

光绪三十四年三月(1908年),两江总督端方等策划由官商集资,在南京合办一次大型的商品博览会,命名为"南洋劝业会"。七月间,端方的特派人员来上海游说此事。随后,上海商务总会总理周金箴等专程到南京谒见端方,磋商南洋劝业会事宜,认定总商会承担建设费用15万元①,后来又有追加。

宣统元年二月(1909年),上海商务总会出面,召集报界招待会,向新闻界详细介绍了劝业会的组织情况,希望记者们如同宣传政治改良、教育改良那样,热情宣传此次劝业会,为经济改良而"极力提倡"。《新闻报》《中外日报》《时报》《神州日报》《舆论日报》《时事报》《申报》派出多名记者出席。上海商务总会先后向各地各埠商会发出函电,并在报上刊发广告,号召华商踊跃参赛。八月初,总商会组织举行了上海出品展览会,作为南洋劝业会上海出品的预展。

宣统二年四月(1910年),南洋劝业会在南京隆重开幕,上海有125家厂商参赛②。送展的赛品与内陆省府的赛品代表了当时中国工业制造的新水平。

---

① 上海市地方志办公室:《上海市地情资料库》http://www.shtong.gov.cn/node2/node2245/node4538/node56987/node57003/node57005/userobject1ai45390.html.

② 上海市地方志办公室:《上海市地情资料库》http://www.shtong.gov.cn/node2/node2245/node4538/node56987/node57003/node57005/userobject1ai45390.html.

民国10年(1921年),在五四运动中成立的上海"对日外交市民大会",经总商会提议改组为"市民提倡国货大会",由总商会、上海县商会、闸北商会、各马路商界总联合会、宁波同乡会、绍兴同乡会、广肇公所等48个民众团体参与,总商会会同其他商界团体提供活动经费。该会倡导市民广用国货来抵制日货,并多次组织国货旅行团,举行国货流动展览会。

民国10年11月(1921年),总商会举办商品陈列所展览会。来自106个地区的870家厂商推出12大类38 000余件展品。

民国11年10月(1922年),在总商会商品陈列所举办蚕茧丝绸展览会。展出261家厂商的1 165件产品。展览会中,由总商会商品陈列所邀请专家组成评审会,评出最优等奖100件、优等奖133件、一等奖108件、二等奖11件。所有展品于民国12年送往美国纽约,参加第二届万国丝业博览会。

民国12年10月,在总商会商品陈列所举办化学工业展览会。全国各地厂商送展的产品为农艺化学、工艺化学、电气化学3大类30种,计3 000余件①。

民国14年(1925年),总商会借助"市民提倡国货大会",率先在南市筹备开设国货商场,经过招商,7月,位于上海的第一国货商场隆重开张,商场以"裕经济实力根本救国,愿工商各界协力同心"相号召。首次进入国货商场三个层面的有85家国货工厂。

民国17年7月(1928年),总商会与工商部驻沪办事处、上海特别市市政府农工商局共同发起主办夏秋用品国货展览会,在总商会商品陈列所举办,展览以国货大竞卖为主题。上海有62家厂商送来展品②。在开幕典礼上,连工商部部长孔祥熙也发来了贺电。

第四节　近代上海工会的活动

近代上海工人阶级的组织——工会,是五四运动以后发展起来的。近代上海工人有集中度高的群体优势,一旦在先进思想指导下,组成阶级团体,就超越了传统工

① 上海市地方志办公室:《上海市地情资料库》http://www.shtong.gov.cn/node2/node2245/node4538/node56987/node57003/node57005/userobject1ai45390.html.

② 上海市地方志办公室:《上海市地情资料库》http://www.shtong.gov.cn/node2/node2245/node4538/node56987/node57003/node57005/userobject1ai45390.html.

人群体自发软弱的状态，对社会变革产生前所未有的历史作用。①

一、联合起来，罢工御侮

1925 年，五卅惨案发生次日，上海总工会成立。6 月 1 日上海总工会发出《罢工宣言》和《告全体工友书》，提出惩办凶手、赔偿损失、承认工会、禁止殴打工人等条件，号召实行总同盟罢工。英商、日商等厂工会率先罢工，后有日轮、英轮海员参加。6 月 4 日，上海总工会按照中共中央关于建立反帝联合战线的指示，和全国学生联合总会、上海学生联合会、各马路商界总联合会共同组成上海工商学联合会，提出取消不平等条约等 17 项交涉条件。7 月，有 50 余万工人、店员参加罢工、罢市。2 个月中，建立 117 个工会，参加会员近 22 万人。因形势发生变化，上海总工会按照中共中央的决定，收缩罢工。8 月 25 日，日商纱厂最先达成承认工会、酌情增加工资等复工协议后复工。接着日轮海员复工。9 月底，英商工厂、轮船 5 万多工人、海员相继复工。

1930 年 6 月 18 日，法商水电公司工人为改善生活状况举行罢工。法电 1 500 余名罢工工人在法电工会带领下进行斗争。得到各业职工和国民党控制的一些工会支持和声援，法电资方作出让步。8 月 12 日，劳资达成协议，资方答应照付罢工期间工人工资，答应增薪等。次日，历时 57 天的法电工人大罢工胜利结束。

1936 年 2 月，上海工会联合会和全国总工会白区执行局成立日本纱厂工作委员会，领导日商纱厂工人运动。11 月 8 日，沪东日商上海四厂工人为反对虐待员工、要求增加工资等率先罢工。当晚，同兴二厂、东华等 7 家工厂共 1.5 万余人罢工。沪东大康、裕丰等纱厂 6 000 余人先后参加罢工。11 月中旬，沪西内外棉 7 家工厂及喜和一、二、三厂等相继罢工。得到全市各界支持和声援。日商被迫接受工人要求增加工资、不得打骂工人等条件。

二、配合北伐战争，组织三次武装起义

1926 年 7 月，广东国民政府举兵北伐，上海工人配合北伐军举行三次武装起义。第一、第二次起义分别在是年 10 月、次年 2 月举行，均因准备不足而失败。1927 年

① 本节的数字统计以上海市地方志办公室:《上海市地情资料库》统计 http://www.shtong.gov.cn/node2/node2247/node4569/node79185/node79189/userobject1ai103438.html.

3月，北伐军逼近上海，上海总工会、沪宁铁路总工会发动铁路工人罢工，阻止军阀增援兵力阻击北伐军。在中共中央特别委员会的直接领导下，上海总工会组织工人纠察队3 000人，进行投弹、射击等实战训练。3月21日午时，80万罢工工人转入武装起义。经过30小时激战，取得第三次武装起义的胜利。3月22日，选举产生上海特别市临时市民政府，中共党员、上海总工会委员长汪寿华当选为市政府委员。3月24日，上海总工会下令复工。

三、服务抗日救亡工作

1937年“八一三”事变，中国军队奋起抵抗日军侵犯上海。上海工人救亡团体和全市人民一起，掀起抗日救亡运动。南洋、华成等烟厂女工组成救护队，奔赴前线抢救伤病员；江南造船所工人突击生产水雷支援前线；法电工人组织星期服务团，赴前线帮助构筑防御工事；纺织、印刷等业工人组织救护、宣传、侦缉等服务队，开展各项服务工作；煤业职工组成有40辆卡车、200多名队员的救护队，为前线运送物资、救护伤员和难胞；500余名人力车工人携300辆人力车去前线担任运输和向导；海关、银钱、百货等业职工以及教育、文化等各界员工开展普遍的捐献、劝募、宣传活动，动员各界民众投入保卫上海的战斗。市总工会也发起成立上海工界救亡协会，参加战地服务活动，赴前线运输军火、救护伤兵等。11月上海沦陷后，职工以怠工、“无头斗争”等隐蔽形式开展抗日救亡斗争，从人力、物力、财力等方面支援抗日救亡。

四、劝工大楼“二九”惨案的团结抗争

抗日战争胜利后，大量美国剩余物资倾销中国，上海民族工业受到沉重打击，全市失业工人骤增。1947年2月初，百货业工人倡议全市商店职员开展爱用国货、抵制美货运动，得到全体职工和民族工商业者的广泛响应。2月9日，在劝工大楼举行爱用国货、抵制美货委员会成立大会。上海各界代表400余人参加。郭沫若、马寅初等人应邀出席演讲。大会开始后，国民党特务、打手及护工队员300余人用凶器在会场内外肆意行暴。永安公司职工梁仁达被毒打致死，13名职工代表被打致重伤，15人遭逮捕。上海工人协会向各界揭发国民党特务的暴行，号召全市职工联合各阶层爱国人士，为严惩凶犯，扩大爱用国货运动，各业职工和各界人士成立后援会，捐款、慰问罹难职工家属。

五、要求解冻生活费指数,维护社会民生

1947年2月,国民政府宣布把生活费指数冻结在当年一月份水平上。生活费指数冻结后,物价仍暴涨。二三月间,机器业、炼钢业、橡胶业、六大公用事业等业职工集会、请愿,提出无条件解冻生活费指数。五一国际劳动节前夕,上海工人协会发表宣言,提出要和平、民主,解冻生活费指数等口号。职工和各界人士一起开展反饥饿、反内战斗争。5月1日,在国民党控制的市总工会借纪念五一举行的反共集会上,职工高呼口号,打出横幅,要求"立刻解冻生活费指数"。5月8日,丝织业工会发动1万余名工人冲破当局禁令上街游行。次日,法电工会组织2 400名工人在闹市区游行6小时,并向政府当局递交请愿书。5月10日,上海市政府宣布有条件解冻生活费指数。

六、动员民众反对特务迫害

1947年9月19日,国民党中统特务破坏承印工会宣传品及进步刊物的上海富通印刷所,政府当局借机在20多天里先后逮捕上电、法电及百货业等100余名工会干部和职工,并通缉近40名工会干部。9月23日,上电工会组织2 000余名职工向上海市社会局请愿,要求释放被捕的工会干部。各业工人由中共上海工人运动委员会领导展开反迫害斗争。上电、法电等工会相继组织罢工,纺织、机器等业工会组织局部罢工进行声援,各大百货公司职工开展抵制国民党工会的不合作运动。各业工会近200名理监事联名呼吁,反对国民党解散工会、逮捕工人,要求保障民主和人权。政府当局被迫让步,被捕工人和工会干部获释。1948年初,上电和法电工人重新夺回工会的实际领导权。

1948年1月30日,申新九厂7 500余名工人罢工反对资方克扣配给品、无故开除工人。2月2日,淞沪警备司令、市警察局长督战,千余名军警荷枪实弹,由装甲车开路,冲进厂区枪杀罢工工人。工人不畏强暴,用纱管、砖头等奋起自卫。3名女工死亡,140余人受伤,236人被捕,300多名工人被开除,26名工人被判刑,酿成申新九厂"二二"惨案。2月16日,工人被迫复工。上海工人协会号召全市工会用各种方式声援申九工人的斗争。各界人士纷纷谴责当局暴行,捐款捐物,救助死难者家属和受伤工人。上海机器造船联合产业工会等成立申九惨案后援会,组织申九哭诉团,到各厂、各业控诉军警暴行。2月22日,全市6万多工人戴黑纱、发传单,悼念申

九死难工友。

七、护厂迎解放

1949 年初，中国人民解放军解放上海前夕，上海各单位成立以中共地下党员和工协、职协、教协会员为骨干的护厂、护店、护校队，开展反搬迁、反破坏、反屠杀的群众运动。江南造船所、中纺公司各厂、法商电车公司、美商电力公司和电话公司、英商电车公司、煤气公司和自来水公司等企业，以及邮局、电信局、海关、银行、商店等各业职工，在“机器是工人的命根子”、“保住工厂就是保住饭碗”等口号下，阻止拆迁，保护设备，保护财产物资、技术资料，并对本企业的机器设备、生产经营以及敌特组织、驻军装备等进行调查，将有关资料通过地下党组织转给中国人民解放军和接管人员。团结、争取厂主共同保护好工厂，警告国民党军警宪特人员认清形势，立功赎罪。4 月中旬，全市各单位护厂护店队约 6 万余人统编为人民保安队。5 月 24 日夜，解放军对上海市区发起总攻，全市人民保安队员佩戴统一臂章，守卫工厂企业和重要设施，并为解放军带路，劝降国民党军队，搜索残敌，押送、看管俘虏，维持社会秩序，收缴枪支弹药等。在上海工人配合下，全市工厂未受到破坏，保证全市水电煤气正常供应，电话畅通，市内交通基本正常。

八、参加接管工作

1949 年 5 月，500 余名工人代表参加对前市政府各处室及所属局的接管工作。各级工会组织职工配合军代表接管官僚资本主义企业，清点企业设备、物资、钱财、账册、档案等，用 2 个月就完成 157 家企业的接管工作。

第五节　近代上海青年团体的活动

近代上海青年社团是在五四运动及以后成熟壮大的，是群众社团中发展出来的一支生力军。青年学生是民主、科学思想的最早觉悟者，具有强烈的爱国主义精神和反帝反封建意识。中国共产党成立后，在共产党的影响和领导下，上海的青年社团迅速发展成为团结广大青年进行反侵略、反暴行、要民主、要自由的先进力量。

一、反侵略运动的社会动员

1919 年的五四运动，其实是一场维护国家主权的反侵略斗争。上海的学生社团积极呼应北京的学生运动，与上海的工人阶级一道把五四运动引向深入，使之成为一场近代史上伟大的爱国民主运动，让西方列强看到了中国必将复兴的伟大力量。5 月 7 日，上海学生和工人、市民共约 2 万人示威游行，支持北京学生爱国运动。9 日，全市各校停课，举行国耻纪念会，青年工人、店员开展抵制日货爱国行动，要求惩办卖国贼，废除二十一条，收回山东权利。5 月 26 日起，全市学生举行总罢课，联络商、工各界一起行动。6 月 4 日，上海学联通电，抗议 6 月 3 日北洋政府当局逮捕爱国学生。6 月 5 日，全市工人罢工，商界罢市。上海商学工报联合会成立，全市举行“三罢”(罢课、罢工、罢市)，五四爱国运动中心由北京移到上海。6 月 12 日，曹、章、陆被罢免，全市复业复课复市。

1931 年九一八事变发生，上海学生连续 3 次赴南京请愿，敦促国民政府抗击日本侵略。9 月 25 日，第一次赴京请愿，提出集中兵力、驱逐日军出境等要求，蒋介石表示考虑；11 月 26 日，第二次赴京学生代表会同南京及各地学生 2 万多人到国民政府请愿，27 日蒋介石接见，并表示学生要求可以接受，上海学生返沪后，国民党市党部指使暴徒破坏学生集会；12 月 14 日，上海学生 1 800 人第三次赴南京请愿，17 日在南京珍珠桥附近遭军警镇压，18 日凌晨上海学生被押回上海。

1932 年“一·二八”事变，上海爱国学生迅速掀起支援十九路军抗战的热潮，三天内有数千名学生报名参战。2 月 3 日，上海大学生义勇军 500 余人和救护队 300 余人组成十九路军随营学生义勇军奔赴战场。学生广泛开展募捐支前、收容难民等工作。

1935 年 12 月 9 日，北京学生发起反对华北事变、反对日本侵略的运动。12 月 23 日，上海复旦大学学生发起组织赴京请愿，表示声援，要求政府出兵抗日，结果被阻于北火车站。上海各校学生纷纷加入，两天集 3 000 余人赴京请愿，经过五天四夜斗争，仍未能赴南京请愿。学生转而组成上海大中学生抗日救国宣传团，沿沪宁公路步行到嘉定、太仓、昆山、苏州等农村宣传抗日救国。其他学生广泛开展抗日救亡歌咏活动。中华基督教青年会组织 700 名民众歌咏队举行大合唱，引起 5 000 多听众共鸣。

1937 年“八一三”事变，上海女童子军杨惠敏冒炮火向八百壮士送去国旗，鼓舞斗志。1938年7月，伪上海市政府策动租界内学校向伪政府登记，青年学生发起护校斗争拒绝登记。到8月，租界内87所中等学校联合登报声明拒绝登记。1940年3月，汪精卫伪国民政府成立，全市100余所大中学校发表声明，绝不承认汪伪政权，3万学生举行反汪宣誓："我们永远是祖国的儿女，我们决不投降。"①

在上海抗日局势日益恶化的情况下，上海很多有志青年到大后方，到抗日根据地去，有的到延安。

二、联合反对洋人的暴行

1925年5月15日，上海内外棉七厂日本大班开枪打死中国工人顾正红，激起工人、学生和各界人民的愤怒。全国学生总会和上海学联参加由工会和商会等35个团体组织的日人残杀同胞雪耻会，揭露顾正红被害真相，控诉日人暴行，遭租界当局逮捕。5月30日，3 000余工人、学生及其他阶层群众集中南京路一带演讲示威，租界捕房拘捕演讲学生。群众涌向捕房抗议，遭租界捕房暴行枪杀，造成学生和群众13人死亡，伤者无数，造成震惊中外的五卅惨案。五卅惨案后，全市学生立即总罢课。5月31日，上海总工会号召全市工人总同盟罢工，并与学生一起敦促实现全市总罢市。上海"三罢"迅速波及全国，25个省区约600～700个市、县共1 700万人参加反帝爱国运动。

1946年12月25日，北平发生美军强奸北京大学女学生事件。12月31日下午，上海法学院等17所大专院校学生代表举行联席会议，成立上海市学生抗议美军暴行联合会。1947年元旦，上海交通大学等27所大中学校1万多名学生汇集外滩公园前，进行大游行，高呼"美国兵滚回去"，并向美国特使马歇尔、驻华大使司徒雷登提出抗议。

三、开展反内战反迫害活动

1946年春内战爆发。5月5日，在中共上海地下组织领导下，上海53个单位成立上海人民团体联合会，发表《反对内战宣言》，由上海市各群众团体选派代表赴南京请愿。经各方面协商推选11人为代表，组成上海人民和平请愿团，其中学生界代表2名。6月23日，请愿团出发，在北火车站广场受到5万多人欢送，其中学生2万

---

① 唐培吉：《上海抗日战争史丛书》，上海人民出版社200年版，第338页。

多人。

1947年内战不断扩大，政府发给国立大学公费学生的副食费，每天只能买两根半油条。5月15日起，上海国立大学学生相继罢课，上街宣传反饥饿、反内战，要求提高教育经费，增加学生公费。5月19日，上海学生与浙江大学生联合组成沪杭学生代表晋京请愿团，提出“到南京去要饭吃”[①]、“向炮口要饭吃”[②]等口号。5月20日，赴南京请愿的学生遭宪兵、特务毒打。上海各校联合组成抗暴联，召集102所大中学校学生代表开会，成立上海市学生抗议“五二〇”惨案后援会，决定举行全市总罢课，上街头控诉“五二〇”暴行。又提出“反迫害”，形成全国反饥饿、反内战、反迫害的统一斗争。

1945年9月27日，国民政府教育部公布《收复区中等以上学校学生甄审办法》，认为伪公立专科以上学校系“伪学校”，一律关闭，在校学生系“伪学生”，必须进行“甄审”，交通大学、上海医学院、德国医学院、雷士德工学院、上海商学院、上海音乐学院等6所学校为“伪学校”。11月6日，六校学生千余人请愿，要求取消甄别，并举行沉默游行，10、11日两次游行。国民政府被迫改变办法，六校学生恢复学习。

四、有组织地进行要民主要自由的抗争

1948年1月13日，同济大学1 930多名学生投票选举第三届学生自治会，全市50多所大中学校学生代表到校祝贺。校方拒绝承认学生自治会理事，禁止学生自治会活动，并开除、处分学生40多人。1月29日，同济学生决定晋京请愿，政府当局出动军警包围同济大学，并纵容马队冲击学生队伍，致使多名学生受伤和失踪，造成同济“一·二九”血案。当晚，4 000多学生在同济大学工学院礼堂举行血债晚会，控诉军警暴行。警察、特务又冲进礼堂，200多名学生被捕。3月15日，同济、交通大学等校1 000多学生到上海市地方法院要求旁听对被捕学生的审讯，法官托词改期再审。第二次审讯辩论，学生在公堂控诉军警罪行。经过斗争，11名被诬告“殴打市长嫌疑”的学生无罪释放。

---

① 共青团上海市委：《上海学生运动史1945—1949》，上海人民出版社1983年版，第90页。

② 上海研究中心：《上海700年1291—1991》，上海人民出版社1991年版，第83页。

第六节　近代上海妇女团体的活动

妇女群体的觉醒及其社团活动是近代思想解放运动的重要表现，也是近代人类文明进步的重要成果。由于近代上海得风气之先，妇女社团的活动在近代上海的发展史上留下了可贵的业绩，起到了动员、服务、组织妇女群体的作用。

一、主张女子参政的活动

清宣统三年(1911 年)十二月，中国社会党女党员林宗素发起成立上海女子参政同志会，要求参政权，得到孙中山赞许。1912 年 2 月，女子后援会创办人唐群英(同盟会女会员)联络林宗素、沈佩贞(女子尚武会创办人)、吴木兰(女子同盟会创办人)等联合组成女子参政同盟会，要求南京临时参议院审议《中华民国临时约法》时给女子参政权。3 月 19 日临时参议院讨论女子参政请愿案，否决女子参政。20 日，唐群英等到参议院质问。21 日又集合 20 余人涌到参议院，遭阻拦。打碎参议院玻璃窗，踢倒士兵，造成轰动全国的大闹参议院事件。4 月女子参政同盟会在南京成立，通过 11 条政纲作为妇女解放的纲领，并通电不承认《临时约法》，提出宪法制订要有女子参政条款。1913 年 11 月内务部以"法律无允许明文"为由，勒令解散女子参政同盟会。

1925 年 1 月，向警予率百余名上海女界国民会议促成会会员，持旗帜和宣传品到上街演讲，宣传国民会议应是人民团体的会议，应有妇女团体参加。针对北洋政府《国民代表会议组织条例草案》关于选举权与被选举权仅限于 25 岁以上男子的规定，致电北洋政府，表示不承认没有妇女团体代表参加的国民会议，并致电在北京参加国民会议的促成会全国代表大会代表，联合各地妇女代表抗议国民会议，请愿修正条例。同时电告各地妇女团体，希望共同参与上述活动。3 月，上海女国民大会召开，40 余个团体 200 多名代表到会①。大会主席向警予重申女界国民会议促成会的主张，陈望道、张太雷等到会发表演说，支持、鼓励女界斗争。大会致电孙中山与国民党中央执行委员会，请求为女界力争权利，并致电善后会议，要求修正条例草案。

① 上海通志编纂委员会:《上海通志》第 2 册，上海人民出版社 2005 年版，第 1053 页。

二、创办女子报刊和学校

1898年中国女学会出版中国第一份以妇女为对象的刊物《女学报》，并创办第一所中国自办女学堂中国女学会书塾，

1921年12月，上海女界联合会在中共领导下，创办《妇女声》半月刊，为第一份中共妇女宣传刊物。次年2月，该会在上海创办平民女学，为第一个中共培养妇女干部的学校。

三、参加抗日救亡活动

1931年九一八事变后，上海80余个团体2000余名代表组成上海妇女救国大同盟。同盟万余人在南市公共体育场召开抗日救国大会，电请国民政府实现和平统一，宣布对日具体方针。1932年"一·二八"事变后，各界妇女组成中国妇女抗日救国大同盟，发表《慰劳十九路军士兵书》《为帝国主义侵占上海告劳动妇女书》，组织宣传募捐队，分赴街头、工厂，鼓励共同御侮，募捐支援十九路军，组织慰劳救护队到前线慰劳中国官兵。1935年12月，上海妇女救国会举行成立大会，会后举行万余妇女参加的示威游行，唤醒民众共同抗日救亡。1936年3月8日，各妇女团体举行纪念三八国际妇女节大会，举行有万人参加的示威游行。9月18日，妇救会组织大批会员到漕河泾参加九一八纪念碑奠基典礼，史良和100多名会员被军警打伤，20余人被捕[①]。11月，妇救会发动日商纱厂女工举行反日总同盟罢工，组织上海妇女儿童绥远慰劳团到前线慰劳。

抗日战争全面爆发后，1937年9月18日上海市妇女慰劳分会发起征集棉背心工作，为前线战士缝制寒衣。分会主席何香凝函请各省主席夫人组织缝纫团为前方将士缝制棉衣。举办各种救护、防空、防毒学习班，发起妇女献金运动等，支持抗日。上海沦陷后，上海妇女界难民救济会以救济难民的名义团结各妇女团体，继续抗日救亡。1939年7月，中国职业妇女俱乐部，冒着遭汪伪特务恐吓的危险举行物品慈善义卖会。

---

① 刘友梅：《史良与救国会》，中国民主同盟网站 http://www.mmzy.org.cn.

四、要求和平民主的活动

1946 年 3 月 8 日，上海妇女联谊会组织 3 万名妇女在兆丰公园举行三八妇女节庆祝大会。许广平、罗叔章和女工代表汤桂芬等到会讲话，各界妇女代表也相继在会上发言。会后进行反战大游行。3 月 31 日，上海妇女联谊会、中国妇女联谊会上海分会、基督教女青年会等发起，各界妇女代表组成上海市选举国大妇女代表运动筹备会。4 月 14 日，3 万多名妇女分区域参加国大女代表的选举，选出许广平、宋庆龄等 35 名国大代表。17 日，报刊登载国大女代表当选名单，但国民政府未予承认。

第七节　近代上海慈善团体的活动

一、赈济灾民活动

遇有自然或兵燹等灾难，赈济灾民是慈善团体的一项主要工作。上海是一个沿海城市，自然灾害多发，每逢自然灾害的时候，慈善团体便主动开展赈济灾民工作。慈善团体施米、施粥予以赈济，以解大批流离失所灾民的即时之需。

1903 年 1 月 20 日，新北门永庆祥珠花店不慎失火，遭殃者多为贫苦市民和手工业者，时值隆冬，灾民无家可归，缺衣少食，沪上各善堂采取紧急募救措施，救济受灾难民，慈善团体募集捐款，向难民发放抚恤。

1905 年 9 月 1 日，上海遭受百年未遇的特大风潮，造成巨大的生命财产损失。巨潮淹没民宅，平地尽成泽田，城内水深数尺，大小东门等处交通中断，房屋吹塌，树木吹断，各栈房所存货物漂没殆尽。濒临海滨的宝山、南汇、川沙、崇明等县受灾最重。乡民被怒潮冲散，无处逃生，死亡者的尸体漂浮海面竟多至千具。灾后，慈善团体积极救灾，呼吁社会慷慨解囊，以表爱心，与政府一起展开救援。

1940—1943 年，沪西全家巷、余姚路、法华镇大片棚户先后 3 次大火，大部棚户化为灰烬。受灾户共 700 多户，2 100 多人无家可归①。上海市佛教同仁会发给灾民施粥票 1 千张以上，棉衣 60 套，并将募得款项资助灾民，还搭建瓦顶竹屋供灾民

---

① 上海市地方志办公室：《上海市地情资料库》http://www.shtong.gov.cn/node2/node2245/node65977/node65993/node66025/userobject1ai61605.html.

居住。

1937年"八一三"淞沪抗战期间,战区居民家破业毁,沦为难民,纷纷拥入租界,高峰时达70万人。难民无家可归,无亲可投,扶老携幼,露宿街头,处境极为凄惨,冻饿而死每日达百人以上。上海的慈善救济团体、同乡会、教会等组织,纷纷成立难民收容所。据上海慈善团体联合救灾会、上海救济委员会、中国红十字上海国际救济会三个团体统计,民国二十六年8月～民国二十九年先后共建难民收容所247所,收容安置难民70多万人。[①]

二、救贫济困活动

救贫济困是近代上海慈善社团的经常性活动。

施医是各类慈善组织最普遍的救贫济困活动之一。每个慈善组织依据情况,实行施医活动。施医形式各有不同,有些是请几名医生到慈善组织门口坐诊,在药价给予补贴,还有的全部免费。施医包括门诊、住院、处方、给药、种牛痘等。每年有数万人得到帮助,1927年施医655 752人,施药89 686元,种痘15 807人。[②]

在冬天施棉衣裤,让贫民能够御寒过冬,是慈善组织冬天救济的一项工作。各慈善组织依据财力,购置数量不一的棉衣裤,每届天寒广为发放。1927年政府统计的发放衣服31 466件,[③]尚有许多慈善组织的数字未统计进去。

城市很多游民因无固定工作,常造成大批饥民,施粥是用最低的成本养活最多人的有效办法之一。冬天施粥是上海慈善组织的一项重要工作,每年的10月至来年的4月,开设施粥厂,举办施粥。(柯象峰:《社会救济》第30页,正中书局1944年)有些小的慈善组织则用手推车装上粥桶,到街上分发。[④]

顾炎武说过:"人聚于乡而治,聚于城而乱。"[⑤]农民聚于农村与土地系在一起有利于稳定,而近代上海的移民中有大量脱离土地的贫民,他们在城内聚集下来,民食问题成为严峻考验。在经济不景气时,政府通过粜米的方式来解决米价腾贵。慈善

① 上海市地方志办公室:《上海市地情资料库》http://www.shtong.gov.cn/node2/node2245/node65977/node65993/node66025/userobject1ai61605.html.

② 《申报》,1928年11月16日。

③ 《申报》,1928年11月16日。

④ 赵云声主编:《朱葆三传》,《中国大资本家传》(六),时代文艺出版社1994年版,第282页。

⑤ 顾炎武:《日知录》,第12卷。

组织则除了出资帮助采购米之外，还派送贫困户大米。大米的施放办法有的直接施放大米，有些组织发放米票，凭票到慈善组织中领取大米。据市社会局的统计，1928年末至1929年初，上海慈善团体共发行一升米票70 157张，二升米票907 224张，约有2 750石。[①] 为了防止有些人多次领取，而部分人领不到，慈善团想了很多的办法，如手臂上涂上不易褪色的颜料，还有种牛痘等办法。[②]

上海由于大量流民的涌入，造成了人口的直线上升，也出现了社会问题，其一便是大量的人口死亡，特别是冬天一到，大批的流民冻死街头巷尾，每天都有一批，而无人收尸。还有一些贫困家庭因太穷没有钱置棺下葬，不得不向慈善组织求救。上海部分慈善组织专门从事施材、收埋等慈善活动，如上海永义善会在十天内收到申请施材十具。[③] 这是永义善会在施舍条件很严的情况下的施舍数字。各个慈善组织的施材范围和条件不尽相同，但每年数额都比较大，1927年，捞尸441户，施材大3 516具，小11 656具，掩埋36 479具。[④]

三、设置救助弃婴孤老的场所

把需要救助者收容在救助组织内安养，对于无法自力谋生的市民予以生活上的照顾，通过育幼、安老、教养、疗养等有关院所予以收容，使其物质及精神生活得到救济，是慈善活动中的重要手段。每个慈善社团依据自己实力的大小及场所的宽余程度来决定收容人数，施舍数量。

育婴场所是专门收养弃婴的慈善组织。到1931年，上海慈善社团先后成立育婴组织七所，[⑤]分别是上海育婴堂、江平育婴堂、惠生育婴堂、仁济育婴堂、闸北育婴堂、新普育堂和第一劳动托儿所。

孤儿院是收养十六岁以下的儿童慈善机构，如徐家汇的土山湾孤儿院在1855年就成立了，采取教与养相结合的办法教养孤儿。

游民救济机构是近代上海慈善社团专门设立的救济社会上游民的组织。游民

---

① ［日］小浜正子：《近代上海的公共性和国家》，转引之葛涛：《研究近代上海公共性与国家关系的新作——小洪正子〈近代上海的公共性和国家〉的介绍》，《史林》，2001年第1期。

② 上海档案馆藏档案：全宗号Q114－1－20。

③ 资料来源：上海档案馆藏档案：全宗号Q115－30－1。

④ 《申报》，1928年11月16日。

⑤ 吴泽霖：《上海的育婴事业》，《华年周刊》第28期。

在近代上海一个特殊的群体。吴泽霖把游民的定义为:“凡年龄在十四岁至五十岁之间而无正当职业,或有不良行为之堕落阶级,谓之游民。”[①]主要是指无固定工作,在社会上游荡的人,也是社会的不安定因子。他们是社会中的弱势群体,间接对于社会的进步,直接对于社会的安定,都有极大的影响。他们都在壮年时代,不如婴儿或老残者易于管束。游民救济机构对游民进行轻便的手工业培训,既可束缚其身心,也得一部分的收益,实是一举两得的办法。救济游民的组织都带有“习勤”或“习艺”的称号。对游民的管理,根据其身体状况和受教育程度,着重于“民生在勤”的劳动训练,使游民入院后勤劳工作,一方面可以养成一技之能,一方面由可以锻炼其身心,用工厂制度进行管理,获得很大的成效。救济游民组织最重要的方针是工作劳动化,举动纪律化,生活平民化,言行道德化。管理严格,每日工作约十余小时。

其他慈善活动的组织还有:老残救济机构,主要收留60以上的流浪老人;妇女救济组织,救助被拐卖或无家可归的妇女,或解救娼妓助其从良等。

四、中国福利基金会的主要活动

中国福利基金会是近代上海著名的慈善团体,在上海开展了很多慈善活动。它的前身是宋庆龄1938年6月在香港创办的保卫中国大同盟,1945年11月改名为中国福利基金会,迁到上海。宋庆龄在上海开展贫苦儿童的救济工作,先后建立三个儿童福利站,向贫苦儿童发大米,进行健康检查,办识字班等多种形式的工作。同时,还设立文化福利基金,救济贫病作家和艺术家。

此外,近代上海的宗教团体也开展了大量的慈善活动,譬如,开设各种近代慈善医院、妇孺医院、盲童及聋哑学校、麻风救济会、济良所、近代文化启蒙和普及设施、安老院、难民收容所、伤兵医院、卫生疗养院、设立福幼院、孤儿教养所、建公墓、救济灾难活动等。

---

① 吴泽霖:《上海的游民救济事业》,《华年周刊》第34期。

第五章　近代上海社团的社会管理功能

"功能"是指事务或方法所发挥的功效和能力[①]。社会管理功能是社会管理活动所表现的社会管理功效和能力，是对社会管理活动的意义抽象。含有组织、协调、服务、监督和控制意义的社会活动，具有社会管理的功能。从第四章内容述及的近代上海社团活动情况，归纳出以下方面的社会管理功能。

第一节　敦睦社群情感

联络情谊，维系群缘是一部分社团组织的重要活动内容，这种活动是对社会个体，特别是对离乡背井人们情感需求的有效服务。会馆公所在这方面具有重要功能，会馆公所的建立都是以联络乡情，维系乡谊，给本籍来沪人员提供服务为基本目的的。

一、联移民散涣之情

开埠后，大量外地商客开始旅居上海，各地商民建立的会馆、公所是19世纪末之前上海社团组织的主要组成部分。会馆、公所是一个移民群体的集体象征，其基本功能之一就是联谊乡情，敦睦本土情感，使远离家乡的人有一个倾注情感的环境，产生向心力和归属感。有了情感的联结，一个群体的行为就会具有一定的可预测性，个人行为也会伴有一定的责任意识。遇有矛盾与情绪对抗的事情，会馆公所也是同籍人疏解心情，稳定紧张情绪的地方。从近代上海早期不同地区移民所建会馆公所留下的碑刻史料可以看出，敦睦社群情感的目的是很明显的。

创修山东会馆碑记：

"昔管仲相齐，擅鱼盐之利，发山海之藏，卒霸齐国。嗣是以来，流风未沫，大率四出谋生，以佐

① 《辞海》，上海辞书出版社1980年版，第508页。

耕桑之不逮。地濒海也，番檣市舶，无往不通。论商业者，各国未通商以前，以吾乡为极盛焉。上海在我国朝之处，仅海陬蕞尔邑，而吾乡之商此土者，至今二百余年。尚有田址之留贻，若预知今日之繁盛，以备后来者恢张之用，盖先民之所见远矣。余自光绪甲午，承乏镇道，丙申权摄沪关，则常进吾乡之商于斯者，询以利弊。既稔知来者之多，与旅居之不易，每思辟地为馆，以生合群之力，而联散涣之情。”①

行商异地，人生地疏，各种困境风险在所难免，远离血缘宗族情感慰藉的客商和谋生者易生情绪失落涣散之感。在很多情况下，比客观困难更使人难以应对的是情感的失落。山东会馆创设记，载录了本籍涉沪经商前驱者就有建立会馆的“留贻”。随着近代上海的繁盛发展，同乡来者日多，修会馆联涣散之情成为同籍有识之士的责任之举。通过会馆公所的祭祀、联谊和各种典礼活动等情感凝聚形式，使身处异地经商、生活的同乡产生情感依托，不但能够填补“独在异乡为异客”的感情空白、缓解“旅居之不易”，而且从社会意义上说，它在一定程度上维系了一个群体的稳定状态。

大多会馆的创立都以敦乡谊、联乡情为基本功能。再如，浙绍公所碑序：

“自乾隆初年间，绍郡商绅在上海地方贸易，立有铺户，计在长久。犹虑檣帆来往，无总会之局，于是就近本城北门，置得隙地一处。当即具呈纳粮，建立公所。一则以敦乡谊，一则以辑同帮。”②

把“敦乡谊、辑同帮”当做本帮长久立沪谋业的事业考虑。

重修泉漳会馆记：

“吾闽泉漳两郡人之贸迁于外者，夙称繁盛，凡所托足之处，类皆建有会馆，所以联商情而敦梓谊，法至良意至美也。”③

表达了对会馆公所在“敦梓谊”方面良好作用的推崇和建馆的主要宗旨。

创建建汀会馆始末记：

“嘉庆初年，先君子与同邑王君耀光、傅君晋三、杨君学祥，醵金置上海南郊田创立义冢，复于董家渡购屋数椽，春秋祀天后。借祭余以联乡情。”④

建会馆，通过祭祀活动达联乡情之目的，成为号召旅居群体的普遍共识，也成为社会责任人士光明磊落的建设会馆宣言。

---

① 《上海碑刻资料选辑》，上海人民出版社 1980 年版，第 195 页。
② 《上海碑刻资料选辑》，上海人民出版社 1980 年版，第 210 页。
③ 《上海碑刻资料选辑》，上海人民出版社 1980 年版，第 244 页。
④ 《上海碑刻资料选辑》，上海人民出版社 1980 年版，第 275 页。

建汀会馆记：

"会馆义冢之设，所以联乡谊、妥旅魂，法至良、意之美也。上海商贾汇集，凡贸易于斯者，类有此举。"①.

表达了会馆作为乡籍人们生死相寄的情感依托之所，成为城市移民的普遍心理倾向，就像今天大使馆对于本国侨民一样的情感象征。

建汀会馆碑记：

"仕宦商贾之在他乡者，易散而难聚，易疏而难亲，于是立会馆以联络之，所以笃乡谊也。"②

为了生活、事业在异地拼搏，建会馆以聚亲睦情，有助于同乡的情感联络，对稳定城市移民心理具有重要象征意义。

潮惠会馆碑记：

"吾郡距沪四千里，其航海而懋迁于是者，我潮阳及海阳、澄海、饶平、揭阳、普宁、丰顺、惠来凡八邑。溯始来至今日，百有余年矣。朋簪既盛，物力滋丰。嘉庆年间，于洋行街捐厘公建潮州八邑会馆，奉天妃祀焉。以迓神庥，以敦梓好。"③

潮惠会馆二次迁建记：

"会馆之建，非第春秋伏腊，为旅人联樽酒之欢，叙敬梓恭桑之谊，相与乐其乐也；亦以懋迁货居，受廛列肆，云合星聚，群萃一方，讵免涯眦，致生报复；非赖耆旧，曷由排解？重以时势交迫，津梁多故，横征私敛，吹毛索瘢，隐倚神丛，动成疮痏。虽与全局无预，而偶遭株累，皇皇若有大害。踵乎厥后，既同井邑，宜援陷阱，凡此皆当忧其所忧者也。纵他族好行其德者，亦能代为捍卫，而终不若出于会馆，事从公论，众有同心，临以明神，盟之息壤。俾消衅隙，用济艰难。保全实多，关系殊重。推之拯乏给贫，散财发粟，寻常善举，均可余力及之，无烦类数，此会馆之建，所不容缓也。"④

潮惠会馆在潮州八邑旅沪移民心理占有很重要的情感地位，后来该会馆拓展了很多社会事业，得到本籍人士和社会的支持。这得益于以会馆为形象的情感维系，通过睦敦社情的活动，团结了一个群体，凝聚了一方力量，善济了一批弱者，稳定了一方秩序。

新建豫章会馆碑志：

"昔闻诸父老日，间尝走通都，过大邑，见夫士商云集，或游宦，或服贾，群然杂处其地者，罔不设立会馆，为同乡汇叙之所。各直省尽然，尤莫盛于北之幽燕、南之吴越。其时余年尚少，辄识之

① 《上海碑刻资料选辑》，上海人民出版社 1980 年版，第 277 页。
② 《上海碑刻资料选辑》，上海人民出版社 1980 年版，第 278 页。
③ 《上海碑刻资料选辑》，上海人民出版社 1980 年版，第 325 页。
④ 《上海碑刻资料选辑》，上海人民出版社 1980 年版，第 331 页。

于心而不忘。迨余壮岁离家，在申贸易，吾乡人之藏于其市者，实繁有徒。平居各勤其业，弗尚往来；即伏腊岁时，彼此过从，仅十之二三。方欲创一公所，凡事遇公私，集议其中，藉可时常亲近，未始非联属乡情之善举。终以俗务纷投，刻无休暇，而事不果行。迟至道光二十一年，知上海县事虔南曾公，籍本江西，与余同省。久入仕途，颇敦乡谊。下车伊始，招叙衙斋，询及豫省士商，众居兹土，宜营会馆。俾春秋佳日，宴集谈心，不时聚首。虽处异乡，情同故里，一举三善，其快何如！"①

表达了游子的经历再长，也不会忘却情感的归途，而"情同故里"则人生乐事也。各方人士存心于"同乡汇叙之所"的会馆建设，不能不说会馆这类社团是适应于移民社会需要的。

上述列举的一些会馆联络移民情感的创建始因，从社会管理的角度来理解，这种社团组织具有服务旅居商民情感需要的基本功能。

二、交事业同人之谊

同业公所或同业公会具有明确的交流同业之谊的建设目的。旨在通过建立同业的"人和"关系，营造良好的同业发展秩序。一些同业公所的修建记，记载了同业公所睦敦同业之谊的愿望。如，重修桐油苎麻业公所收支碑：

"窃维实业不兴，商界所由堕落；机关不备，市场何自振兴。按桐油苎麻一业，向仅流通于内地，近则畅售于外洋。而油麻之原料既美，需用实繁，尤为外人所欢迎。故近年出口既多，销场益盛。且逆料前途，必有加无已，此可为同业贺者也。惟天时、地利、人和三者，为营业之关键。今既上承天时，下尽地利，尤当注意于人和。彼外人之能以商战争雄者，惟其对于内则精益求精，对于外则同德同心故也。而吾国商人，积习相沿，但知各图利益，不思合力竞争；欲求人和，亦难矣哉！本公所自同治柒年创立以来，前人成绩，班班可考，详载于碑。惟先辈既创设于前，则同人自当维持于后。"②

碑刻记述了桐油苎麻公所，强调事业发展的"人和"作用，希期公所睦敦同业情感，同心同德共谋发展。

重建沪南钱业公所落成记略：

"沪市南北钱业如林，而发达之机，实以南市为初桄。中西互市以来，时局日新，商业日富，奇货瑰宝，溢郭填壖。而握其枢者，实赖资本家斥母财以孳息，稗群商得资其挹注，于以居积而乘时。顾商战之要，业欲其分，志欲其合。盖分则竞争生，而商智愈开；合则交谊深，而商情自固。公所之

① 《上海碑刻资料选辑》，上海人民出版社 1980 年版，第 336 页。

② 《上海碑刻资料选辑》，上海人民出版社 1980 年版，第 353 页。

设，所以浚商智联商情也。”[1]

希望钱业公所起到“合志”“交谊”的作用，以达固商情、浚商智、维护行业秩序的目的。

其他各类同人社团也都具有同样的联谊功能，诸如，各种学会、研究会、俱乐部、职业社团等，通过社团的联谊活动和联络关系，给行业发展、职业进步奠定有序的认识基础。

上海早期社团组织中，主要是以地缘乡谊为纽带作为组织基础的，这类组织强调的是中国传统的同乡观念，为来自某些特定地域范围内的移民提供世俗情感上的联谊，这是初期上海移民社会的一种反映，适应了上海商业和航运业为主的城市发展过程中人口构成的流动性。这类组织与移民的精神需要有关：即集群、思乡、互助的需要，作为一种独特的移民文化，“是对移民乡土情感失落心理的一种补偿，是其寻根意识的一种表现，是移民力图保持乡土文化联系的一种努力”[2]。这种社团所突出的是以地缘为中心的带有传统宗法性色彩的组织原则，尽管有很明显的封建意识和落后性，却不失为是早期移民社会中联合群体、扶助弱势的互助组织形式，起到了一定的稳定社会和安定民生的积极作用。

第二节　议订行业规则

订立行业行为规范，维护行业活动秩序，是同业公所组建的基本目的，也是其担负的重要职责，具有监督、控制行业秩序的作用。一些同业公所的碑刻内容记载了制订行业规则的资料，从中可以窥见行业社团为规范行业秩序而做出的细致努力。

一、制定行业规则

水木业同行议定规条告示碑：

“一、议各帮公同□□□定司年司月，挨次轮值，不得推诿。一、议上海五方杂处，各匠难以分帮，今议不论上海、宁波各□□归新殿，一律不□□□□□□争执。一、议水木匠工价，每日钱壹佰文，学徒八十文，各加酒钱□文，饭钱□□文。惟包饭业已米贱，减至贰佰二十文，设□米昂随议酌

---

① 《上海碑刻资料选辑》，上海人民出版社 1980 年版，第 398 页。

② 乐正：《近代上海社会心态 1860—1910》，上海人民出版社 1991 年版，第 189 页。

加，城厢内外一律不准克扣。其雕镂石工价略有增减，亦照旧给发。一、议常年遵循旧规定期，各匠及学徒满师者，均□□□□□□□俾以便稽查。如有在外向同业索扰，假公济私者，禀究！一、议学徒满师执单，向有到殿捐壹□□□□□学□□□□□□□□□永禁捐钱名目，以示体恤。一、议先师诞辰及四时供□□□□□规□□□□不致□□□□□□□□□以清□酬便，用归节省。至各匠常年造房执单，乐助之项，必登簿上交代。司年司月公同稽查，不得丝毫入己。致(下缺)。一、议如有无赖私刻行单，在外撞骗者，□□公同禀送究治。同治柒年肆月初五日示。"①。

其中包括了对同业者工作和报酬的规范，以及同业者对公所应做的奉献和公所对同业者劳动机会的保护。

乌木公所重整旧规谕示碑：

"窃身等乌木公所，在治北三铺地方，年久失修，赖公产余资，渐充经费，众议择吉整新。而沪地五方杂处，深恐游手好闲、以及棍徒滋扰，呈明旧所遗规，环叩恩施给示勒石，俾垂久远，以禁滋扰等情到县，据此。除批示外，合行示禁。为此示仰该乌木合业人等知悉：现据柱首孙友福等修葺公所，重整旧规，经理一切，系为同业义举，尔等务各查照公所章程，一律遵守。倘有无知棍徒，借端滋扰，许即指名禀县，以凭提惩不贷。其各凛遵毋违！特示。遵。

计抄公所旧章：一、常年三节致祀，同业一体拈香，自诚虔敬。一、苏宁及下乡来沪称工，向所报名入行，一循旧章。一、新开店作满年后，每年均准收徒壹人，以体旧章也。一、就地学徒满师，循向旧章，向所报名注簿。一、外作无店收徒称工，亦向公所报名、入行注簿。一、不论店作工司，就地父传子业，亦以满师例，向公所报名注簿。一、其父在沪立业，其子别地学就来沪称工，亦向公所报名入行。一、行中凡有死而无着者，许由亲族报所，具领棺殓费拾肆千文。一、柱首司年轮届，八月初二日在邑庙敬神，将清帐榜贴，然后交卸；轮流承值，不得推诿。一、店作收徒上工，其司徒不得在外称工，私自发做，以及调工，各宜自重，遵守旧章，以免争执。一、铺家乏本，无木进作，存徒未满期者，亦准其在外称工。倘又添本贸易，仍许前徒满师，方可再收后徒，以符向章。一、子承父业，或长或嫡，以亲生一人照满师例，其余亦许向公所报名入行。倘另从别师，仍照徒式，以昭平允。一、工钱每千六底足串，银洋照市，概承旧章，各宜遵守。以上均系公所旧章，务各一律遵守。"②

对行业规则做出了很具体的安排，使该业的开业、沿承、徒工、工薪、体恤等方面都有了明确的细则，以防护同业利益的分流，在一定时期规避了行业的无序竞争，维护了行业稳定。

典业公所公议章程十则碑：

---

① 《上海碑刻资料选辑》，上海人民出版社 1980 年版，第 311 页。

② 《上海碑刻资料选辑》，上海人民出版社 1980 年版，第 404 页。

"一、司年以签定次序轮值,惟乡典窎远,向不值年。凡有互商事宜,即由司年开列知单,关照各典齐集公所议事。倘执事公出,须派干友到议。如须乡典集会,先五日发信关照;其有须质业一同集议者,邀同赴公所会议。一、银钱出入,皆归司年经理,登付清册。每逢正月十三日团拜,公同算账,移交下手。倘有妄付,司年自认。如接手司年,甘心徇隐,代认其罚。一、向来典质洋牌照衣牌减短十文,有时衣牌任意上下,视钱市正价相去悬殊,典牌势难依照,不妨以卡钱洋厘核准,独自增减,即以司年次序,分作司月轮报。倘司月者有失觉察,即由同业关照。凡更换洋牌,必得凭此报条,庶无参差之误。质业洋牌,亦须一律,不得或异。一、宪颁通行定章,收当货件,按月二分起息。连闰十六月,宽限两月,以十八月为满,各同业务皆遵守。如有私自改章,查出公同议罚。一、收当物件,照部例原系值十当五,省颁新章金银七八成收当。沪市向来金银首饰早经值十当八,与新章已无不合。即衣件亦照售价值十当八居多,此原因质押林立,此弃彼取,不得已而至此。然当价过昂,实属血资有碍,嗣后同业收当,总以值十当八为率,其有自愿贱当者,不在此例。一、凡城乡各典,倘有被痞棍欺诈情事,关碍大局者,务宜推诚助理,毋相观望。应需使费钱洋,同业公贴一半。若事由自召,概不与闻。一、上海典铺,星罗棋布,已遍城乡。倘再有新创之典,必须同业集议,基址离老典左右前后一百间外,方可互相具保,以营造尺一丈四尺为一间,一百四十丈为一百间。如在一百四十丈以内,非但同业不能具保,须要联名禀官禁止,以免有碍发存公款。所有费用,公同酌派,受害者应多出一份。一、沪市向有质铺,除有力之家领帖改当外,其余各质前在息借案内,摊认借款,业经报官,奉上宪饬,俟有力后改当。以后无论城乡,如有违章续开质铺情事,应由附近当铺通知司年,同业公同禀官押闭,不能询隐。一、捐项原案典业除月捐外,不再加捐。或遇有官府商劝,万无可辞,由典六质四摊派。一、租界以外各典,专守本榜章程;租界以内各典,兼守工部局租界章程。查工部局定章,凡专为洋人所用物件,不得收当。有违章程,事觉到官,除所用讼费同业概不与闻外,从严议罚,以充公所经费。再:钟表等物,虽非专为洋人所用,但租界各典,前已有案,概不收当。嗣后仍宜凛遵。若所收系应当物件,遇有意外涉讼等事,有关大局,同业应公商,合力协助讼费。以上十条,察官立案,勒碑于公所厅前。"①

典业公所对行业业务定了很详实的规则和约定,对洋牌质典也做了指导性的规定。为典业起息、收当典值、新开典铺、同业互助、合力维权等做出规则性的安排。虽然封闭保守气息很浓,那是时代的局限性,如果没有同业公所公议的行业规章,且不说会引起无序竞争,对新出现的业务问题就无法协调(如对洋牌典货怎样对待?)。具体的业务规则只有行业社团才能有资格考察、制定,由政府来制定往往不切实际,甚至有时会适得其反。

行业社团对行业生存和沿承以及尽力规避行业竞争的做法,从今天看来是落后

① 《上海碑刻资料选辑》,上海人民出版社1980年版,第410页。

与封闭的，具有浓厚的保守性，不利于行业的开拓性发展。但也具有维护行业声誉，保护行业品质的作用。在社会关系监督空缺，国家法制监督空白的商品经济早期阶段，是具有稳定生产和消费秩序的规范作用的。

二、制约违规行为

制约行业的违规生产和交易，是行业组织行业管理功能的又一表现形式。行业公所的规约和告示对从业者的违规行为同样有明确的警示和治理措施。

珠玉业禁售赝品告示碑：

“窃职业新汇市公所成立以来，珠宝玉器各商入市贸易者，莫不以信实为主。故定章不论珠宝翠玉，凡属赝品，概不准携入消售，致为本汇市名誉之累。惟是近年以来，各国制造日精，于珠宝翡翠仿真之物，层出不穷，消流甚广。深恐牟利之徒，不守定章，潜将此等伪货，在本汇市混消欺骗，以图私利，而害公益。职等为维持本汇市名誉起见，察请鉴核，准予立案，给示严禁，以安商业等情到县，据此。查赝货乱真，本属有干禁令；据称近来珠宝翡翠仿真之物，层出不穷，欺骗牟利，实属有坏市规。除批示外，合行出示严禁。为此示仰珠玉阖业店商东、伙、掮客一应人等知悉：自示之后，务各将真正珠玉入市消售，以保信用。如有牟利之徒，不顾大局，再将珠宝翡翠赝物入市混售，欺骗牟利，一经查出，或被告发，定行提案，从严究办，决不宽贷。其各凛遵毋违！切切特示。遵。宣统二年捌月十三日示。”①

该告示详述珠玉业赝品伪品扰乱正常行业秩序的劣迹，劝诫业主保守信用，以杜乱徒的可乘之机。对行业店主和从业人员表达了鲜明的规则态度，并宣示了违规严纠的决心，以安商情。

禁止靛业串骗白拉及私相授受告示碑：

“靛青一业，遇有行务，并捐项一切事宜，毫无头绪。于去年冬间，延请熟悉靛行事务之职员石惟寅，专司其事。置买基地，购料起房，议请给示。迩有业中玩伙停歇，在外成群，遇有号客靛货，勾串买主，诳骗他客，冒称行伙，竟敢白拉兜揽，直面交易，私相授受，从中抽用，以致生理速渐清寥，贻害非轻。虽蒙牙帖，委查难绝，一经发觉，该顽伙远扬无踪。自奉给示创设公所之后，议得消售靛货每件抽提二分，积少成多，或遇捐项以及业中事宜，就将此款可抵。但捐从货出，讵被白拉抽用，业等无货可提，非求示禁，愈更日炽。求赐出示严禁，并求差查禀究等情到县，据此。除批示并饬差查究外，合行出示严禁。为此示仰该职员石惟寅及阖业人等知悉：尔等设立公所，议定消售靛货，每件抽提二分，以抵公用。自示之后，如有同业行伙，在外与客勾串诳骗，白拉兜揽，私相授

① 《上海碑刻资料选辑》，上海人民出版社 1980 年版，第 369 页。

受,从中抽用,致碍捐务者,许即指名禀县,以凭究办,决不姑宽。各宜凛遵,毋违! 特示。遵。”①

这是试图为理顺靛业生意所做出的努力,要求从业者遵守行规,徐图行业繁荣发展。禁止私相授受,滋生诳骗,有害同业正常发展的行为。

土布公所禁用粉面饰布告示碑:

“照得麦为谷之一,天实生之以养人;面为麦所成,人当惜之以重谷。松郡为产布之区,上海县各乡镇人家,织成布匹,销售谋生。乃访知近有射利之徒,竟用粉面逐布涂抹,希图以丑饰美,蔽惑号庄之目,往往堕其术中,以致粉面飞扬满地,践踏如泥,每日收布,作践面粉,殊不可胜计。日积月累,造孽之重大,何可胜言! 迩年来刀兵未靖,水旱为灾,江镇难民,流离失所,欲求一食,而且难得。而竟暴殄天物,积孽若斯,岂有不上干天怒,而降天灾乎! ……为此示谕各乡布庄、贩卖人等,嗣后毋许将面粉涂饰布上。其布行布号,毋许收买粉饰之布,限半月以后,一律禁止。如违、定将贩卖乡庄机户人等,提案重惩;将收配之行家,议罚示警。着令具结,永远不许收配粉布外,倘有以粉布私相卖买者,许本地局董查明禀究。苟能省历年蹂躏之面粉,亦可救数万饥饿之性命,惜福回天,生民有赖,地方人等,亦不得藉端扰害。各宜凛遵,毋违! 特示。”②

这是对纺布交易中,以次充好,淆乱质量,践踏面粉的严厉禁止告示。县府通过土布公所的名义勒石示众,规范布业纠往矫正,如有再犯,便有规可考,严厉处罚,自取其咎。这种同业组织的行规约束,对手工业时期的行业行为是有很强的制约作用的,因为在市场有限的情况下,同业之间的监督是比较易于实现的,并且同业之间本来就存在一定的竞争关系。

制订行业规则,并以组织的名义监督行业规则的执行,对行业秩序和从业人员的行为,以及干扰行业秩序的外部因素,都有相当的稳定作用。

会馆公所制订的章程和规则对会众具有很强的约束力,使这种社团组织成为近代上海市场社会中极重要的一个功能化群体,具有明显的社会集散和社会控制功用。如晚清沪地宁波人两次与法租界当局发生冲突,进行罢市、号令和指挥甬人群体的机构就是四明公所。清末上海商界不少全国性的政治通电由公所和会馆的名义签署。在晚清官府社会经济管理缺失的条件下,这些社会化经济群体维持着民间市场的日常运作,具有很高的自治效率。

20 世纪后,组织形态近代化的商会和行业协会,以及其他职业或公益社团制定的章程或宗旨,对成员个体或单位都构成基本的行为准则。而且制定章程和规则本

① 《上海碑刻资料选辑》,上海人民出版社 1980 年版,第 370 页。

② 《上海碑刻资料选辑》,上海人民出版社 1980 年版,第 202 页。

身就是社团成员规则意识提高的表现。

第三节 吸引飘散个体

近代上海是一个流动性很强的移民城市，周边省区和全国各地的民众不断流入上海。初期移民难免会有漂泊的感觉，势单力薄也不利于个体权益的保护，能够加入某种组织和社团，得到一些就业或学习的帮助，是这类飘散个体的普遍愿望。会馆公所、同乡会，工会、各种协会、学会等开展的活动，都对飘散个体具有吸引力，从而产生社会聚合的作用。

一、分散个体的组织化

近代上海各类社团的活跃发展反映了市民社会主体意识的确立，其重要社会表现就是分散个体的组织化趋势。社会个体的组织化是近代社会管理的内涵之一。从同乡性的会馆公所到近代兴起的各类专业和民众社团，通过为个体需求提供基本服务，自觉地把相关个体吸引和联系起来，使商品社会在客观的经济关系基础上实现社会关系的主动调控。

会馆公所和同乡会，一般能够为同籍来沪者提供一些介绍工作、临时落脚、个体保护等帮助，对同籍同乡具有自然的吸引力。各种协会能把个体职业者聚合起来，共同维护职业秩序和利益。各种学会、教育组织开展的学习活动能够满足人们学习知识、提高技能的愿望，从而把很多个体聚合起来。工会则能把为数众多的工人个体联合起来，遇到问题，进行统一有序的活动，既有利于维护社会秩序，又有利于矛盾的解决，是工人群体愿意加入的组织。

工人是近代上海人数增长最快、最多的群体，这部分人组织起来就会使社会更具整体性。1894 年上海的产业工人 36 000 多人，20 世纪初 40 000 多人，20 世纪 20 年代初仅纺织工人就超过了 223 000 人，[①]，工人总数达 51 万多人，[②]近代上海工人的来源，大多是为了生存，从外地移民而来的破产农民或难民。分散、孤立、自发逐利的个性特点是其早期的基本状态。生产和生活方式改变后，组织起来能够更有利

① 邹依仁：《旧上海人口变迁的研究》，上海人民出版社 1980 年版，第 30 页。

② 张仲礼：《近代上海城市研究》，上海人民出版社 1990 年版，第 702 页。

于个体生存竞争的现实，逐渐使早期的工人群体，萌生组织自己阶层社团的思想和愿望。各种职工组织以群体的力量争取自己的利益的效果，是个体的单打独斗所无法比拟的，团体就越来越有力地把飘散的个体吸引到组织中来，更有秩序的为工作和生活条件的改善而竞争。就工人团体而言，联合起来进行的各种斗争，是促进当时社会生产条件进步的基本形式。

工作条件差，生活待遇低，生存风险大是近代上海工人阶级的生存状况。在当时的社会情势下，工会组织把工人阶级组织起来不断进行着反抗斗争。罢工是工人阶级有序斗争的主要方式，工人阶级也只有组织罢工这一有力的有序斗争方式。工会组织下的统一行动，不但是有序的，而且比早期以捣毁生产资料的个体发泄形式，上升到了更高的文明层次。

这种斗争不能被认为是引起社会混乱，而是一定历史条件下促进社会生产秩序提高到新水平的必要措施。所以，在一定意义上说，推动有序的正义斗争是社会管理的特殊形式。

二、提高个体的公众意识

个体公众意识的提高、公民行为的自觉，只有在社会关系中才能实现。社团作为民间社会的自主组织，是个体进入和扩大社会关系的自然领域。近代上海社团的发展是适应市场经济开放性社会关系基础而推动的，社团的繁荣培育了近代上海市民公民意识的形成，奠定了近代上海市民社会规则的基础，保护了快速发展的移民社会的基本秩序。

各种社团以自己的活动方式把社会个体纳入一定的社会关系之中，并通过宣传和学习活动提升社会个体的主体责任意识和公民观念。

会馆公所和行业公会等传统型社团虽然带有明显的地缘色彩，是血缘宗族关系的泛化传承，但在近代上海开放性市场经济的洗礼中也在不断地向民主化演变。新型的传统社团从理念到形式都进化到更广阔的社会领域，以社团的公共理性展示其社会形象，对同籍或同业群体的公民意识提出更高要求。

各种学会、协会或吸引个体知识分子共同研究学术，或吸引民众学习文化知识、提高自身素质、培养公民观念，起到了促进社会进化的引导作用。如编印书报，传播知识，办学兴教，集群讲学等。

有些社团虽未开办专门的学堂，但通过集群讲学的方式，传输新知，具有很大的社会凝合作用。如实业讲习会每周日开讲，讲习的科目包括地理、历史、理科、文学、音乐等，“无论入会与否，均可入座听讲”。卫生讲习会除星期天外，每日下午授课，主要“讲习生理卫生及诊病法与体操，其他关于卫生之学科，皆演述其要略”。江苏教育总会则办有法政讲习所，由留日归国的雷奋担任主讲员，“听者极为踊跃”。

组织演说、宣讲也是吸引社会个体的有效方式。20 世纪初年，集会演说，蔚然成风，许多社团都“定期集会，邀请名流演说各种致富图强之要旨，期增进群众知识”。青年会下属的政治研究会，时常“敦请中外名儒，定期演讲”中外历史。商学会定期举行演说，其主题从“热学及寒暖计之制法”到“立国必以战争”，从“中东商业之异同”到“合群以求自立”，从“商战之险要”到“挽救垂亡之南市”，虽多与商业有关，但绝非限于一端；演说者，既有本会会员，也有严复、王清穆、张謇等社会名流。甚至连家政改良会这样的社团，亦每周集会，演说诸如“家政与社会之关系”“家庭之进化”“家政改良”“儿童教育”之类的题目。这种演说、宣讲，使城市充满了上进的气氛，无疑有利于提高城市的积极秩序。

为了启发稍识之无或根木不识字的下层民众，一些社团还常常利用音乐、戏剧、幻灯等人们乐见的形式作为辅助手段，进行宣讲。沪学会成立后，鉴于“感人入深者莫善于讲求音乐矣”，曾设立音乐会，复又“召集有志研究新剧之同志若干人，并敦请专家，方便指导，着手开演文明新剧，稗一切见闻者，于娱乐中无意中得受绝大之感化”。袁希涛、龚杰等人组织的通俗教育社，集资购置了一套“电光活动写真”，即幻灯，四处试演“延请讲员随演随讲，相机指点”，“以期设法开通下流社会”。春阳社、进化团等社团，致力于戏曲改良，时常以编演新剧的方式，寓教于乐。这种社团活动通过吸引民众的兴趣，启发了民智，也具有消解城市分散个体可能存在的混乱性。

第四节 协调矛盾纠纷

协调社团成员之间或与社团成员有关的人际和交易纠纷，是社团所具有的重要社会管理功能。这种功能通过熟悉的社会关系调解矛盾，充分利用缓解矛盾的各种因素，促进矛盾双方的让步和相互理解，增加矛盾调解的成功率。

一、协调相关人、事矛盾

社团组织都具有调解本业纠纷的责任和职能。例如，会馆、公所的一大职能便是以惯例和业规为依凭，判断曲直，化解纠葛。中国人传统心理是尽量回避“见官打官司”。晚清沪上会馆“皆择其地绅士司其事，凡事曲直不定者，咸就决之，无不服焉。”同业在商业经营中产生纠纷，向会馆公所的提出申请调解后，会董将召集全体成员来评判是非曲直，并提出处理意见。当事者如不满意，可以不服从处理。但是，其将在以后的经营活动中不断受到其他成员的排斥，甚至会造成不得不歇业的结果。所以，会馆公所的调解有较强的制约力，成员如果一开始不将纠纷告知本会馆公所，而直接向地方官上诉，并请求制裁，往往会受到会馆公所的处罚。当成员与外界发生纠纷时，也可以通过会馆公所请地方官仲裁纠纷，成员的利益会得到更大的保障。

上海丝厂茧业总公所章程中有关调解同人纠纷的有三条：第十三条，凡遇丝厂茧业银货纠葛，两造自赴总公所请为理处者，须先定期会集总董、议董，并邀旁听之丝厂或茧商，四家秉公调处，另立理事簿，叙述原因，两造签字。第十四条，凡有丝茧控案，地方有司衙门备文至公所质问者，及移交本所理涉者，均应详细调查，秉公论议复。尚有人刑事范围者，议不回护，应送官厅办理。第十五条，丝茧同业，或受人欺骗，重案投所告诉者，自应为直伸理。倘有挟嫌诬告及用总公所名义在外招摇者，查出送惩办，以儆效尤。

沪地著名的广肇公所，据统计，1872—1902 年间记载的议案 143 个，调解纠纷的议案就占了 97 个，其中包括合资纠纷 42 件，一般经济纠纷 29 件，劳资纠纷 1 件[①]。会馆公所一般集中了本帮最重要的商人，往往在同乡中享有很高的威望，这是会馆公所能够对同乡商人间的纠纷起到调解、仲裁作用的原因。

同乡会是各类纠纷的重要调节和仲裁机构。如绍兴七县旅沪同乡会就专门制定了《和解旅沪乡人争议事件章程》，规定旅沪乡人发生争议，不关刑事者可以委托同乡会和解。虽然同乡会的仲裁要以纠纷双方的自愿为前提，但由于同乡会是同乡人自己建立的在同乡人中有影响的社团，并且个人与同乡会具有很多关系连接，再加上同乡会领袖一般具有的个人权威，许多同乡间发生商业或民事纠纷愿意委托同乡会仲裁并接受仲裁结果。

会馆公所这类社团的调解矛盾功能，对同乡平民的矛盾事务的也进行调解。当同乡遭受欺凌时，也出面为之申诉，伸张正义。如，1873 年 11 月发生京伶杨月楼拐

---

① 张仲礼：《中国近代城市企业社会空间》，上海社会科学院出版社 1998 年版，第 416 页。

骗粤女韦某一案，韦女舅父向广肇公所求救，要求代向官府申诉。广肇公所接报后，即向官府状告，结果官府以拐骗罪将杨月楼押入牢狱，并惩以敲打胫骨150下。[①]

据档案记载，1946年，宁波同乡会调解同乡间房屋纠纷11件，婚姻纠纷5件，债务纠纷1件，打架争吵等107件。[②] 另一种情况是，各地的宁波同乡在政府机关或外国势力发生争执受了冤屈时，常请求宁波旅沪同乡会代为向机关申诉交涉。宁波同乡会街道委托后，或加以转函并附上自己的意见，或直接出面代其抗争。如，1927年一同乡被西捕枪杀，宁波旅沪同乡会极力交涉抗争，争取赔偿。1933年公共租界电力工人罢工斗争中，宁波同乡会也代表工人利益，要求租界当局接受工人的要求。[③]

近代沪地大量的商民纠纷和社会矛盾许多由会馆、公所这些民间组织处理、调解，案件重大"入刑事范围者"才送官衙审判，而官衙对一般的商业纠纷也要求会馆、公所处理，或"代办"。会馆、公所以公序良俗、同业行规和民间情理论断曲直，"咸就决之，无不服焉"，具有很高的社会效率。

二、协调华、洋之间的事务矛盾

涉及华洋商贸纠葛，或劳资争议酿成的重大事端，一般的同业社团和会馆公所则无力调处，政府也不便插手社会经济关系，这时，商会这类综合性的大型社会团体，在调节华洋等重大社会关系中能够出面起到代表性的作用。

近代上海租界存在的特殊历史条件下，上海商务总会在协调华洋商事纠葛和租借对华人经常歧视对待的难题时，发挥了重要的协调作用，在很多情况下缓解了双方的紧张局面，避免了尖锐的矛盾冲突。

近代上海本土出口品中，丝茶一直占有大宗的份额。但当时的上海丝茶出口贸易，经常受到洋行的居间盘剥，华商倍受侮弄，从而与洋行时常发生矛盾，并愤起诉讼，与洋商对簿公堂，也有一些华商则因债务涉讼而被洋商指控者。对于这类讼案，一向概由租界会审公廨受理，而租界当局一味偏袒洋商，对华商任意拘拿提讯，毫不顾全华商体面。上海工商界人士对此颇为不满，期望总商会成立以后能出面进行交涉，给予"优待"。

---

① 彭泽益:《中国工商行会史料集》(下册)，中华书局1995年版，第877—878页。

② 《宁波旅沪同乡会会员常年大会记录》，1948年，上海市档案馆藏。

③ 《宁波旅沪同乡会会务报告》，1934年，上海市档案馆藏。

总商会在1904年6—7月间，专门备函分别致送驻沪外国领袖领事、公共租界工部局及在沪各国商会，要求中外双方在振兴上海商务方面"协力同心，彼此扶助"，做到"华洋一例"，"务使在商会之人从前与洋商、各领事及工部局有误会争论之处，此后永远革除"，随函还附送上海商务总会会员、会友企业行名簿，强调在行名簿内所列企业代表的姓名，"皆系体面殷实商人"，希望对他们"凡与洋商往来遇有钱债细故被控、控人，皆不可苛刻虐待及任意拘拿"①。

当时上海租界当局、各国领事及在沪外商基于本身的经济利益，也有与上海商务总会协调贸易往来、排解华洋纠葛的愿望，故相继复函，对上海商务总会的意见和要求表示赞同，并声称凡有助于租界内华洋人士"亲睦"的事情，"无论何时无不乐与上海商会通力合作"②。同时，上海商务总会的组织机构里不仅容纳在沪外资企业的代表，而且有的代表还进入商会的领导层，这显然也是为了协调中外商界关系以利对外贸易发展的目的。

第五节　促进社会公益

促进社会公益是民间团体重要的社会功能，这样的社会功能具有重要的社会稳定意义。特别是在政府功能软化，社会公平缺乏保障，社会关系紧张不安，社会环境复杂多变的社会形势下，社团的社会公益活动在很大程度上能够维护社会的信心和延续运行。

一、建设社会事业

近代上海民间社团建设的大量社会事业，成为近代上海社团重要的历史功绩，不但促进了近代上海的社会发展，而且推进了近代上海的城市文明。通过积极的社会事业建设，社团组织提高了自己的社会影响力和凝聚力，在近代上海多因发酵、多力角逐、多头政治、多能释放的异常变动时期，成为城市秩序的重要维系力量。

民间社团的社会建设主要包括开办近代教育、文化、医院、慈善收养机构等设施，协助当局改善环境卫生、消防事业的努力等。以民间的力量填补政府社会建设

① 徐鼎新:《上海总商会史》，上海社会科学院出版社1991年版，第64页。

② 徐鼎新:《上海总商会史》，上海社会科学院出版社1991年版，第403页。

的不足和缺位。

有实力的会馆公所、经济文化社团、慈善团体等，几乎都有社会的业绩。如，潮州会馆 1919 年 12 月建立上海潮州八邑职业学校，1929 年创办上海潮州和济医院。潮州旅沪同乡会 1933 年开办业余补习学校，此后创办同乡会小学，救济失学同乡。洞庭同乡团体 1920 年创办惠旅养病院，致力于文化教育事业，创办图书馆。广肇公所自光绪二十四年(1898 年)起到 1919 年，前后办了 8 所义学，在学人数达到 1 200 人，1923 年又办了广肇公学，至 1934 年，广肇公所所办公学、义学有学生 3 000 人。宁波旅沪同乡会 1913 年开办了宁波旅沪第一小学，至 1927 年，同乡会所办的小学增至 10 所，学生达 3 400 多人。1858 年成立的上海振华堂洋布公所先后开办了振华堂补习学校、英文补习学校、振华堂义务学校等，时人称誉上海振华堂洋布公所"造就人才，功不可没"。[①] 浦东同乡会创办了浦东医院，宁波旅沪同乡会与四名公所联合创办了四名医院和图书馆，等等。

近代上海的不少社会团体，将社会事业和体恤同人及救济贫弱作为一项重要的责任写于建立的宗旨上。如，起源于光绪年间的绪纶公所在成立初期的《同业始起经费提厘议》中言道："敬事者当尽其忱恤患赈灾，藉乐善者各抒其力，凡此经费与其处置于临时，孰若预备于平时……凡吾同业各就常年进货置本每上壹千提捐二文，年终核实汇总公议，分存生息，惟祈毋漏毋遗，愈推愈广将见日新月盛众善毕举，于吾业有厚赖焉。希望各店号能常年坚持捐提，以维持赈恤等举。"[②]绪纶公所同业捐提金额的一部分就是专用于扶危济困的。四明公所在 1905 年、1906 年先后投资8 万元在公所大堂和西厂宁寿里设立医院，贫民就诊不收费；民初还建立了四明医院。宣统三年，四明公所成立了宁波同乡会，"援助鳏寡孤及残疾者亦所费不赀"。

社团的社会建设事业，无疑对一个城市的社会质量和城市市民的社会意识具有良好的正面影响。

二、服务社会危难

在诸如自然灾害、战争兵燹、难民如潮的社会危难时期，近代上海社团的救济公

---

① 费鼎：《移建振华堂洋布公所并创事务所记》，上海档案馆，上海市棉布商业同业公会档案卷号 1。

② 绪纶公所条议录，上海档案馆藏，卷宗号 230－1－48。

益活动同样对维系近代上海的社会秩序起到了巨大作用，发挥了参与社会管理的显著功能。

抗战时期，上海的同乡会是最积极的、贡献最大的民间救助团体，他们或利用会员捐助的房屋财物开办难民收容所，或租用轮船把难民送回故乡。如广东同乡团体曾收容了 5 万多广东籍难民，占当时在沪广东人总数的一半。[①] 在战争开始的半年里，宁波同乡会就收容了 2.5 万名难民，他们还租用了 4 条轮船，专门运送宁波难民回乡，先后共送走了 20 万难民，甚至一些非宁波籍的难民也得到了他们的援助。正是由于同乡会和其他民间社团作出了大量的贡献，大大减轻了政府对民间的人道主义援助。

广肇公所的慈善救济功能在“一·二八”和“八一三”战后的同乡难民工作中，体现非常突出。“一·二八”爆发后，到广肇公所要求留院医治者很多，该医院因受战事影响，经费支绌，不少患病者无法留院医治，公所特拨款资助，为救治病民之用。修葺在战争中被摧毁的医院收治同乡中麻风病患者。设立鳏寡老人院，安置此类同乡。另拨款给广东同乡会所办粤民医院扩充医务。资助集义善会虹口时疫医院，以加强战区防疫工作。“八一三”爆发后，广肇公所、粤商联合会及广东同乡会三个粤民团体组成广东旅沪同乡救济难民委员会，投入救助难民工作。为筹措难民救济工作经费，广肇公所发挥与港粤及各埠团体的传统关系，还向海外华侨吁请救援，筹集到不少钱款和衣被食物，用捐到的款物设置收容所。“八一三”后，该难民委员会采用包租轮船、分批遣送的办法，先后遣送 16 批同胞，约万余人[②]。

近代上海的宗教社团在社会慈善事业上发挥了重要的作用。19 世纪下半叶，上海的慈善活动首先是由天主教、基督教的教会和传教士们开展起来的。这些教会来到上海以后，很快就开始着手于医院、孤儿院和学校的开办。“早在上海开埠的第二年，即 1884 年，新教教会就开始免费为华人看病。后于 1846 年设立了仁济医院。此外，同仁医院于 1868 年开设于虹口，西门妇孺医院于 1885 年设立于南市。天主教会

---

① 《1938 年广东旅沪同乡会救助难民委员会报告书》，《上海研究论丛》第九辑，上海社会科学院出版社 1993 年版，第 156 页。

② 上海广肇公所、广东旅沪同乡会、粤侨商业联合会编：《广东旅沪同乡救济难民委员会报告书》，民国二十七年 5 月。

方面也不甘落后，徐家汇天主教堂于 1869 年附设了徐家汇圣母院育婴堂，收益弃婴。”①

在这些慈善活动的示范，以及在公共道德的驱使下，从 20 世纪开始，上海华人办的慈善事业，也广泛开展起来。比如，在 1905 年的时候，上海的绅士们就创建了勤生院以收容和教化贫民。1912 年夏，在南市南门外的施粥所旧址建成了贫民习艺所，以救济并教导贫民在上海的工业社会中谋生。

进入民国以后，上海的慈善团体日益增多。“上海慈善团”是民国初期上海慈善事业的中心。它每年发行《征信录》，向市民公开活动内容以及会计情况，表明自身的慈善信念、行为方式，激发更多市民的社会公德、责任和参与意识。1928 年末至 1929 年初的冬天，上海的 20 余家团体自行组织向平民开展施米活动，在那次活动中共发放一升的米票 70 157 张，二升米票 90 724 张，一共合米 27 万 5 千多斤②，对社会慈善有重要的积极影响。公益社团的慈善义诊活动在近代上海是很普遍的，据 1929 年 6 月至 8 月间的一次统计，实施义诊送药的慈善团体和医院达 23 家，免费诊疗病人 233 213 人，平均每天 1 582 人③。

这些慈善活动的意义，既在于它的济贫扶困的实际效果，更在于市民的社会意识的形成。对这些慈善活动给予支持，并积极参与的主体，正是上海市民。从这些慈善活动的经济来源看，有一部分是各个慈善团体早先接受的土地、房屋等产业的升息生财，以及组织义卖义演的所得。上海的市民个人和社会团体的捐助，则构成了慈善经费的源源不断的和主要的来源。

近代上海的市民社会激励和崇尚个人奋斗、个人竞争和个人进取，甚至由此形成了强烈的个体本位和自我权益意识。但是与此同时，扶贫济困的慈善活动，使相当部分的上海市民以社会良知、公共道德和社会责任的意识，表达了对于弱者的关怀，促进了社会群体的融洽。这种公共意识和社会参与，无疑对个体本位的个人主义形成了有机而合理的制衡。特别是这些慈善活动超越实用和超越功利的属性，使得他们能够以心灵道德的内涵，对上海市民社会的社会整合，提供相当深刻和有力的支持。

---

① [日]小浜征子著，葛涛译：《近代上海的公共性与国家》，上海古籍出版社 2003 年版，第 51—54 页。

② 徐甡民：《上海市民社会史论》，文汇出版社 2007 年版，第 245 页。

③ 徐甡民：《上海市民社会史论》，文汇出版社 2007 年版，第 245 页。

近代上海社会慈善事业的发展，是近代上海市场经济中人文关怀的一面。民间慈善活动的活跃，不但具有社会融合的意义，而且具有社会进步的道德意义。“只有当我们对我们自己的利害关系负责并且有牺牲它们的自由时，我们的决定才有道德价值。我们没有权利以他人的利益为代价来博取自己无私的美名，而我们要是在没有选择自由的情况下做到了无私，在道德上是不足以称道。如果社会成员没做一件好事都是别人使他去做的话，他们是没有权利受到赞赏的。”①近代上海民间慈善事业的发达表明，在近代上海冒险逐利的社会环境中，有一种精神在软化着社会冲突，那就是社会关怀。

第六节　表达民众关切

各种社会组织联系、团结着不同社会阶层的社会民众，能够把民众的实际情况集中起来向政府或社会公开表达，反映民众关切和要求，与政府沟通社情民意，起到协调、疏解社会矛盾的作用。

一、向政府表达商民诉求

同业公会、商会等社团组织代表会员企业与政府和社会进行沟通或交涉的活动，具有社团组织这种功能的代表性。近代上海的商会和同业公会，对外发生社会关系和交涉的主要对象是官方机构，主要内容是有关税收政策和经济政策方面关切。例如，清末民初，由于日本生丝竞争，课税沉重，私贩猖獗，丝茧业营业遇到很大困，1912 年民国甫立，3 月份上海丝厂茧业总公所就两次致电上海商务总会请转地方都督，交省议会酌议减收茧税，希望暂免征税三年，俟厂渐苏，然后逐年增推税收。此后，上海丝厂茧业总公所总董还上书北京政府请求为丝厂减税。“兆鳌等既负全体代表之责，深悉丝厂茧商前年亏耗二百余万，又年又去三百万，业已大半停辍。较之往年，仅存十分之二三。本届办茧在即，若不立予补救之策，必致商情涣散，裹足不前。……伏祈总理电咨苏浙都督察核时宜，厂丝一百斛，无论产销出口正半税银，合准值百抽五为标准。”②将请求政府减免过重的捐税作为公所的头等急务，不遗余

① ［英］哈耶克：《通往奴役之路》，中国社会科学出版社 1997 年版，第 200 页。
② 《丝业请减丝茧税》，上海缫丝工业同业公会档案，上海档案馆藏，卷宗号 S37－1。

力反复吁请，以挽救“岌岌不支”之缫丝业。

当行业遭遇市场危机时，同业公会则要求政府能予以政策优惠，或请求财政救济。如，1948 年上海燃料煤供应紧张，燃煤大涨，导致众多熟水店难以支撑，10 月 8 日熟水店同业公会呈文社会局，请求政府平价配给燃煤，同时“转呈主管当局，将本市公用事业各厂所烧存余煤渣直接配给本业，以免其他承包商垄断居奇而受燃料问题之威胁”，认为“此乃救济燃料荒而维持熟水业，遵守限价，减轻牺牲之良策”[①]。政府采纳了这个建议，使染料危机得以缓解。

对于因外商的挤压而导致华商企业市场困境的问题，不少华商会或同业公会时常呈文政府，要求政府在税收方面或市场交易方面，对外商加以限制和约束，以资保护民族企业。有重要影响的商会，如上海总商会甚至会直接向租界当局表达华商民众的关切。此外，各行业，特别是相关行业之间交涉也是同业公会外部维权的一个重要内容。

以社团组织的形式集中表达相关行业和民众的关切，以及进行相关交涉，既可以降低交涉成本，又有利于社会关系的有序化运行。

社团组织表达民众关切的功能，在政府与民众、政府与企业之间架起一座相互沟通的桥梁，通过“下诉上达、上令下传”纽带作用，维护社会结构的弹性互动。

二、沟通劳资关系

20 世纪后，随着近代上海工业经济的发展，工人阶级的数量迅速增多，劳资关系的协调逐步成为影响近代上海社会稳定的重要问题。劳资关系的根本解决要靠社会革命才能完成，但在我国资本主义经济发展还处于起步或初级阶段的时代，维护资本主义经济的正常秩序是社会发展必然经历的经济步骤。当然，当时的思想文化不可能达到今天的认识水平，但就近代上海的社团组织尽力进行劳资关系调解的努力，在今天看来是有进步意义的，也是有利于经济社会稳定发展的。

一些会馆公所、行业社团和同业组织，在会员企业遇到劳资冲突时，会极力进行斡旋调解，也取得过一些成效。上海总商会也做过消弭工潮的努力。工会是代表工人群体与资方进行交涉的社团，在沟通劳资关系的作用上具有主要的代表性。各种

① 《熟水店业由于物价飞涨要求调整价格与社会局往来文书(1946、2、16—1939、1、14)》，上海档案馆藏，卷宗号 Q6-2-755。

社团沟通劳资关系的过程也是反映民众关切的过程，劳资关系协调有序是工商行业发展的基本条件。

劳资关系处理不当，将导致罢工的发生，这类纠纷的调节和沟通对社会稳定的意义重大。早在民国以前，广肇公所曾成功调解过几起劳资纠纷，到了民国以后，这类冲突更加频繁，对社团的调解功能提出更高要求，也显示出社团的沟通作用更加重要。再后来，随着革命形势发展，社团成为政治因素之后，其社会稳定意义的劳资沟通作用逐步趋于边缘化。

1917 年，广帮木工组织公栻义堂以东家聘用外帮木工，代替本堂成员，举行罢工，见东家并未让步，公栻义堂请求广肇公所出面调解。公所接案后召集双方代表进行调解，议定木工开工条件，结果当天木工就开工上班。为避免此类事情的发生，双方在广肇公所主持下，还制定了一个更具体的规定，对东家什么情况下可用外帮工人，何时不能用进行了清楚的约定。1920 年 9 月，公栻义堂工人以百物腾贵，要求增加工资，再次举行罢工。广肇公所继续前往调处，一面请工人复工，一面致函东家晓之以理。经过对双方耐心地说服、商讨工作，东家答应从明年起增加一定幅度的工资，基本满足了罢工者的要求，工人随之复工。在这样的劳资纠纷调解中，公所一般是秉持公平合理的立场的，而不是至一味偏袒东家。调节过程中，劳工组织代表工人的利益进行沟通协调，也是工人能够争取到一定自身利益的重要基础。从总体上说，通过团体组织进行的沟通、调解工作有助于矛盾的有序解决、提高调解效率。

又例如，1924 年 6 月，在上海的徽属婺源县墨工因要求增加工资、组织工会遭到老板的拒绝而举行罢工，在上海的绩溪、歙县墨工参加到罢工的行列中。老板和工人都是徽州地区的同乡。徽宁旅沪同乡会立即派出理事出面调停，但没能很快解决问题。罢工风潮愈演愈烈，工人方面在向警厅请愿时与警察发生了冲突。徽宁旅沪同乡会和徽属歙县等几个县的同乡会一面将罢工工人安排在全皖会馆住下，一面与墨业店主积极谈判，望店主照顾工人的要求。7 月中旬，店主同意在中秋节给墨工增加工资，并通过警厅办法颁发了公告，工人的要求得到部分满足。后又经徽宁旅沪同乡的劝解，工人于 7 月底复工。

20 世纪 20 年代，上海大规模的工人运动不断出现，给资本主义经济发展带来了严重的影响，对城市的生活秩序也有不同程度的冲击。上海总商会作为民族资产阶级的社团，曾力谋通过与上海总工会的沟通、谈判进行消弭工潮的努力，以维护资本主义工商业的发展秩序。上海总商会试图消弭近代工人运动的言行，从革命发展的形势来看是反动的，但又具有调解劳资冲突，维护发展秩序的社会稳定作用。1927年3月，上海总商会同县商会、闸北商会及银钱两业工会与入会各业代表召开联席会议，近代棉纱、面粉大资本家荣宗敬发言说："工潮不决，纷扰不已。工人手内一有枪械，闻着寒心。务请收回枪械，以维治安。"①上海总商会的重要领袖人物虞洽卿等人也曾与上海总工会委员长汪寿华接触、沟通，期望遏止工潮的蔓延，但遭到汪寿华的拒绝。

20世纪20年代，上海总商会在调解劳资冲突方面的作用甚为明显，五卅后期上海各业工人的复工几乎全是上海总商会协助调解解决的。如五卅后华商纱厂工人复工时，工人要求补偿罢工期间损失每人6元，厂方只肯出2元，"争执甚久"，最后由总商会拿出3万余元，补足每人3元。工人仍不满意，当时总工会处境也很困难，9月6日上海总工会召集华商各纱厂工会代表开会，刘少奇等一再解释，"交涉结果只能发3元，内1元尚系总商会所承认，总工会目下居于困难地位，望各代表顾全大局"，僵持才解决。② 其他各厂工人复工也都发生类似情况，最后由总商会担保才解决。显然如果没有总商会的协助调解，上海工人"有组织的复工"是很难办到的。

对于民族资产阶级社团的这种行为，我们过去往往把其贬低为是为了资产阶级的私利，目的是为了多推销他们的产品等等。这种说法有失偏颇，不符合历史事实。对于上海总商会的调解作用以往一般也不被承认，且常以资产阶级的软弱性进行批判。事实上，不管是从维护社会秩序，还是从有利于工人阶级奠定继续革命的经济基础来看，上海总商会在协调工潮善后问题方面做出的积极贡献，都是值得历史肯定的。

第七节　倡导移风易俗

移风易俗就是改变落后于时代要求的旧的风俗习惯，树立符合时代进步要求的新风尚。在经济政治大变动的过程中，倡导社会的移风易俗，能够促进社会心理、社会秩序与经济政治的发展进步相协调，有利于思想解放和社会和谐，有利于解放生

---

① 《上海总商会议案录》1927年3月23日联系会议记录，转引徐鼎新《上海总商会史》，上海社会科学院出版社1991年版，第387页。

② 上海社会科学院历史研究所：《五卅运动史料》第二卷，上海人民出版社1986年版，第980页。

产力，有利于形成健康的社会风气。近代上海的移风易俗社团改良封建陋习、提倡文明新风，为推动近代上海社会的进步做出了积极贡献。

一、改良封建陋习

上海开埠以后，租界的社会建设和西人的行为方式对华人的传统习俗冲击很大。租界地区的文明进步与华界的愚昧守旧对比鲜明，逐步启蒙的中国人深感自己的落后。于是，革除恶俗陋习，追逐时代风尚，成为近代上海重要的城市面貌。移风易俗社团是应时代的要求而产生的，具有服务社会建立新的秩序和结构的功能。

西方社会文明在租界的多方展示，就是一些传统的士人也瞠目结舌，进而不得不承认：面对着西方文明的社会环境，实有大开眼界之感。如康有为早年游历香港时曾大发感慨："览西人宫室之瑰丽，道路之整洁，巡捕之严密，乃使知西人治国有度法，不得以古旧之夷狄视之。"[①]后来他游历上海，见"上海之繁盛，益知西人治术之有本，舟车行路，大购西书以归讲求焉"[②]。

在维新思想的推动下，近代上海人目睹了西方近代文明之后，坚定了学习西方和变法图强的决心。当时很多人以西方文明为参照，检讨中国的风俗习尚，把改良社会风俗视为改良政治的一项必不可少的内容，把改良社会风俗的重点放在劝诫缠足、戒除鸦片、妇女解放等几个方面。

1897年上海建立了不缠足会总会，并在很多省份设立了分会，各州县市集设小分会。梁启超起草了章程："此会之设，原为缠足之风，本非人情所乐，徒以习俗既久，苟不如此，即难以择婚。故特创此会，使会中同志，可以互通婚姻，无所顾忌，庶几流风渐广，革此浇风。"[③]《章程》还规定：入会人所生子女，不得缠足，所生男子不得娶缠足之女子，已缠足之女子，八岁以下者须一律放足。不缠足会还办理了女校倡导社会新风，设妇孺报馆、妇婴医院等妇婴福利事业。当时旅居上海的宋耀如先生就是不对女儿缠足的著名人物，并且不许儿子娶缠足的女子。

近代上海戒烟团体的出现，是针对鸦片烟毒这一晚清非常严重的社会问题的。上海开埠后是西方恶劣资本家输入鸦片的重要港口，是消费鸦片的重灾区、交易鸦

---

① 康有为：《康南海自编年谱》，《中国近代史资料丛刊.戊戌变法》（四），上海书店出版社2000年版，第115页。

② 康有为：《康南海自编年谱》，《中国近代史资料丛刊.戊戌变法》（四），第116页。

③ 梁启超：《试办不缠足会简明章程》，《中国近代史资料丛刊.戊戌变法》（四），第433页。

片的集散地。买卖、吸食鸦片对社会秩序和社会风气危害极大，引起社会公愤。1898 年上海戒烟会成立，以广劝戒烟为宗旨。该会《章程》指出："吸烟之害人所共知，但习俗既久，无友朋规劝之助，故积弊难除，今设此会使互相戒勉，以清此害。"又规定"凡入会者，不得吸烟，如入会后。倘有犯例者，同人查处确有实据，即函告本会，将该名字扣除，永远不齿，且刊登报刊以示鸣鼓而攻之意"；凡入会者，不仅家内不得置备吸烟器具，而且"其子弟及其家人等，亦必严束，不得吸烟"①。会员不但要洁身自好，还要广劝亲朋好友，勿蹺以恶习，以强壮身心。该会一方面采用编写戒烟歌、戒烟语等生动活泼的宣传方式，一面还广求戒烟良方，谋求速戒烟瘾，起到了革新社会风气的良好作用。

妇女是封建旧伦理道德最深重的受害者，女性社会的沉寂和无所作为，也是社会近代化的阻力。近代上海的西风濡染和近代化实践，激发了妇女人群的进步要求，妇女社团也逐步建立起来，代表妇女的声音参与社会改良，争取妇女权益，倡言男女平等的近代社会观念。很多妇女社团从事实业、教育、慈善、联谊方面的活动。如 1912 年在上海发起成立的中华女子实业进行会，"主张振兴女子工艺、提倡女子经商、结合女工团体、发达中国实业"②。1911 年成立的上海女界协赞会，积极关心革命运动的发展，开展协助军饷的募捐活动，曾派人到常熟、嘉兴、海盐、杭州等地募饷，创办女子法政学校，发刊《女子共和日报》。辛亥革命后，上海还有女子参政同志会组织的建立，要求女子参政，实现男女平等。妇女团体的活动使社会更有活力，社会的和谐层次上升到新程度。

以移风易俗、改良社会风尚为主旨的社团组织还有诸如剪辫社、易服会、进德会、俭德会等，提倡卫生习惯，健康职业和个人操守，崇简朴，免浪费，戒追求奢靡排场等。这些社团组织使社会风气与时代同进步，逐步改良，社会心态积极向上。

二、倡导社会新风

适应近代上海发展的需要，社团组织力促民众思想和行为方式的近代化，通过社团的组织行动，倡导群体合作、追求新知、调查求实等社会新风。

---

① 《戒鸦片烟会章程》，《中国近代史资料丛刊.戊戌变法》(四)，上海人民出版社 1957 年版，第 463 页。

② 张玉法：《民国初年的政党》，岳麓书社 2004 年版，第 509 页。

随着近代社会思潮的演进和民族意识的觉醒，“合群以进化”、“合群以立国”的观念逐步在近代社团的组织活动中付诸实践，并在市民社会中逐步传播，“合群”逐渐成为近代上海社会各界、各阶层的普遍共识。世人认为；“联群体，和群力，莫大于会。有会则必有聚集之地，用能坚约束，齐心志，贮公积，以举行种种公益之事。”[1]

基于这样的认识，近代上海社会各界、各阶层、各种利益群体以广集同志、联络情谊、图谋共同进化相号召，组织起各种新式社团。所有的社团无不强调“合群”的重要性，所谓“人不可以不学，学又不可无会。不学则孤陋寡闻，五会则团体涣散”。[2]上海博爱馆的发起人王君宜、吴步云等在社团成立时指出：“中国人以散沙贻讥非一日矣，吾辈虽日言团体，日言合群，然卒议论多而成功少，况同志既多，方隅不一，机关未立，生气罔通，欲求合群为团体不其难哉?”所以组团体以“交相砥砺”。[3]张竹君在发起成立女子兴学保险会时说，女界之所以衰而不振，“半由于男子之压制，半由于女子之放弃”，究其根源，在于女子“不知学”“不能群”，“不知学，故智虑浅薄，无以周知天下之故；不能群，则生气隔绝，无以为求助将伯之呼。芸芸众生，有同孤立，腐败若此，涣散若此，不能自振，其何足怪?”[4]所以她强调“联合海内女子为一大群，以提倡女学，激发患难相救之情、和力实行为宗旨”，“痛洗以前腐败涣散之习，以免前途之危险。”[5]

在“合群”思想的影响下，一些社团逐步打破狭隘的职业利益和阶层利益的局限，建立超越性的、社会性更广泛的聚合。希望通过合“大群”的方式，动员民众，振发民气，实现抵御外侮、变革振兴、救亡图存的目标。如，中国教育会、预备立宪公会、中国国民总会等。这些合“大群”社团的出现，促进了全社会各阶层成员之间的联系，从思想意识和组织联结上为地方社会的整合、秩序重组奠定了基础。

倡导追求新知的新风，是很多近代上海社团致力的工作。通过编印书报，传播新知，弘扬理念。20世纪初年，人们对于书报的功能有了更为深入的理解，新式社团都把编印书报杂志列为团体的基本活动方式之一。办学兴教，集群演讲，推广新式教育，传播西方文明，培育近代新式人才，也是很多社团倡导追求新知的重要举措。

---

① 《上海指南》卷四，“公益团体，会馆公所”，商务印书馆宣统元年版。
② 《上海指南》卷四，“公益团体，会馆公所”，商务印书馆宣统元年版。
③ 《博爱馆章程》，1904年3月17日《警钟日报》。
④ 张竹君：《女子兴学保险会序》，1904年4月24日《警钟日报》。
⑤ 《女子兴学保险会章程》，1904年4月25日《警钟日报》。

维新运动时期，上海的一些学会组织就主张通过兴学来扩张本会事业，如医学会附设有医学堂，中国女学会建有女学堂等。20 世纪以后，新式社团层出不穷，各种教育团体尽管政治立场有别，教育观念也不尽相同，但无不以劝学、兴教、改良教育等相号召，致力于办学兴教，推广新式教育。除了教育社团之外，近代上海的非教育社团也积极办学助教，这类事例不胜枚举。近代上海社团追求新知的办学兴教之风，成为时代推崇的进步风尚，在近代上海喧嚣的社会环境中，成为营造社会良性秩序的精神内涵。

近代上海社团服务本业和社会的务实之风，也是近代上海社会秩序的重要整合因素。这种务实之风在近代上海特殊的市场经济环境中，与其他力量一起合力营造了近代上海务实稳健的精神特质。很多社团设有“调查部”“调查课”或“调查员”等部门和专员，摈弃空谈清议作风，注重社会调查，躬身社会实践，了解民情和市场，以促进实业的发展。

第八节　提供社会保障

从现代意义来讲，“社会保障是指国家和社会通过立法对国民收入进行分配和再分配，对社会成员特别是生活有特殊困难的人们的基本生活权利给予保障的社会安全制度。社会保障的本质是维护社会公平进而促进社会稳定发展。”①但近代上海在国家羸弱、政治分割的状况下，权益安全没有国家保护，社会公平没有政治基础，稳定发展没有政治保障。可是社会的进步和发展又必须要有一定的稳定和秩序前提，而稳定和秩序是在社会有基本保障的条件下才能实现。这样，在国家和政府不能有效提供社会保障的时候，民间组织就会承担起相应的任务，以维护社会能够向前发展。

一、维护行业和阶层权益

近代上海在欧风美雨的浸润之下，市民社会逐步成长，市民的民权思想超越了蒙昧的自然生存状态，开始自觉地认识到社会保障对个人和群体相互关系的意义。

---

① 耿文清:《中国共产党党员领导干部廉洁从政若干准则学习问答》，中国方正出版社 2010 年版，第 217—218 页。

当社会统一保障的条件不具备，或没有认识到社会需建立统一的社会保障，或认识到也没有实现的可能的时候，市民社会便会在社会领域组织和开拓社会保障的资源。各个阶层、各个行业以及价值取向相同或相近的各类群体建立起来的各种社团组织，适应社会急剧转型的特殊需要，为广大市民分类别的提供了一定水平的社会保障，黏合着特殊时期的社会脉动，容纳社会的进一步发展。

近代上海，各种社会团体，包括各色行业公会、会馆公所、同人组织、同乡会、政党组织，甚至帮派组织分别为不同的市民群体提供了当时条件下一定程度的社会保障。对于此种社会情态，时人评价道："沪上人文荟萃，开化最早，故会亦最多，凡学界商界各团体，往往联合同志，设立章程，以谋种种公益之发达，诚足嘉也。"[①]

近代上海社团组织为市民提供的社会保障包括抵抗滥权、安全维护、权益争取、义务教育、机会准入等。

各类工商业和行业社团的建立，都有维护本业利益或本阶层权益的基本目的，期望为营造良好的发展环境。各籍会馆公所除了具有联络同乡或同业情谊、规范同业生产或交易行为的功能外，保护本籍和本业商民的经济和社会权益，是其另一重要功能。当本籍和本业商民的利益受到损害和不公平对待时，会馆公所就是有组织的争取和保护力量。

近代上海的商会和行业联会等综合性市民社团，一方面为政府提供工商业发展的实际情况和工商业者的基本要求等信息，另一方面建议政府制定有利于工商业发展的政策和措施。在工商业发展遭遇困境和不利形势时，往往能够极力要求政府体恤民族资本的状况，采取一定的优惠政策帮助困境中的民族工商业渡过难关。如，在近代多次政府与外国的关税谈判中，上海的工商团体，都建言、力促政府在谈判中坚决抵制不公平的关税条约，争取比较有利的关税协定，取得过一定的效果。这对保护民族工商业的发展起到了相当有力的作用。

各种职业社团对争取良好的职业发展条件也都不遗余力的开展活动。如，近代上海的中医职业，在西学强势的社会变革形势中，遇到西医职业的激烈竞争。中医从业者组织中医社团，积极开展各种社会服务，并不断向政府陈述中医民族文化的重要性，扩大新时期中医在民众中的影响，争取得到政府的支持政策，取得良好的效果。近代中医社团为保障行业权益、争取发展机会，可谓不遗余力。

---

① 《上海指南》卷四，"公益团体，会馆公所"，商务印书馆宣统元年版。

广大劳工、妇女等社团更是维护本阶层权利的保护者。劳工和妇女等阶层,建立了自己的社团后,为争取本阶层的经济和社会权益起到了前所未有的保障作用,这是众所周知的历史事实。

近代上海社团致力的义务教育事业,对提高市民群体的科学文化素质起到重要的推动作用。民众文化和工作素质的提高,是自身权益的根本条件,所以近代上海社团尽力开展的文化教育事业,是有远见的卓越事业,对近代上海城市社会的良性发展的确功不可没。

各行业、各阶层、各范畴的社团组织维护本业和本阶层权益的过程,也是社会关系不断调整,趋于动态平衡的过程。各行各业和各阶层不但要保护自己的发展权益,而且要维护自己实现发展权益的社会关系。通过社团组织化的市场关系博弈,社会各阶层和各行业整合到社会运行的大系统之中,维持了良好的社会运行关系,各行业各阶层都可获得社会发展的利益,从而进一步得到自身发展条件下社团组织的保护。

二、保护社会安全环境

市民社团的大量产生,本质上是由近代意义的个体权益意识,以及由社会转型中社会保障系统的某种失范而促成的。在市民个体与各种霸权之间形成一种中间力量,以维护个体和行业的权益,对各种霸权起到约束作用,防止霸权的滥用。各类市民个体通过组成社会团体,使自己的权益以群体的姿态及集体力量的形式出现,社团组织成为个体的保护者,成为他们参与社会以及履行社会责任的召集者,从而发展了有机的社会关系。

开埠初期,以各籍来沪商民设立的会馆、公所为代表的社团组织对保障本籍商民的各种权益和需求起到很多作用,诸如就业、济难、扶危、厝柩等就是对移民对明显的社会保障。19 世纪末 20 世纪初,各种同业组织、商会、同乡会、商团组织、学会、教育会、宣传舆论团体等,对近代上海市民所起到的社会保障作用进一步扩大和提升,维系了近代上海社会的融合发展。例如,商会组织对保护民族工商业的发展起到与中外强权势力尽力博弈的重要作用;宣传舆论工具及时报道市民社会的问题和呼声,力陈或督促政治变革或问题的解决等。如果没有大量的社会团体作为市民社会的基本框架,近代上海社会各种复杂关系的整合与协调是不可想象的,民间的基本秩序的维持就失去了基础。

近代上海最著名的社会安全保护团体，是上海救火联合会和上海商团。这两个重要的城市安全保护组织都是民间社团，在近代上海城市秩序的保护和城市安全的防御中起到了重要的历史作用，不但起到了客观的保护作用，而且在一定程度上塑造了近代上海城市的安全形象和市民的安全心理，这对维护城市的秩序，意义重大。就是在近代中国动荡不安、生灵涂炭的大环境中，上海也被认为是一方比较安全的区域。

辛亥革命时期，可以说是近代中国比较动乱的一个时期，但上海市面维持了基本稳定，上海商团和救火会这样的民间社团组织功莫大焉。上海起义过程中，各商团分区出动，维持治安；救火会全体戒备，社会秩序井然。一边是起义的民军占领城厢，一边是城厢里的舞台上演戏如常，非战场区域没有发生混乱，可谓社团组织可以保障市面的鲜明例证。

在1911年辛亥革命及此后的“十一·三”上海光复起义中，同盟会、光复会和由上海市民组成的商团组织成为三支主要的武装力量。同盟会、光复会属于“会党”性质的组织，上海市民商团则是典型的民间社团。在武装起义之前，上海市民商团最关注的是城市市民的秩序和稳定，特发布安民告示：“上海巨埠，保护华洋。免受兵火，独立主张。凡我商民，切勿恐慌。照章营业，痞棍宜防。如有闹事，军法照行。本军府示，各各传扬。”[①]在起义的过程中，各商团分区出动，维护治安。凡监狱改过所，硝磺局等要地，防守尤严，救火会亦全城戒备，市民也主动联防，社会秩序稳定。这说明，近代上海市民个体，经由社团组织表达自己意志、同时获得保护的机制，已经基本形成。

近代上海社团组织对社会秩序和市民权益的保障作用，维护了市民社会的发展和进步，说明社团组织有其历史发展的必然性。

第九节　促进社会变革

社会管理是为社会健康发展服务的，社会管理的目的是营造良好的发展环境，社会管理的本质是促进社会发展到更高阶段。从这个意义上说，社会管理的基本任务不仅仅是维持固有的社会平稳，而且还有打破落后的社会秩序，组织先进的社会

① 徐甡民：《上海市民社会史论》，文汇出版社2007年版，第239页。

秩序的职责。

在近代我国民族救亡和民族振兴的历史进程中，由于世界历史的特征从资本主义革命时代过渡到了社会主义革命时代，中国革命的历史方向也随之发生转变，无产阶级领导的新民主主义革命，成为近代中华民族救亡图存和民族振兴的唯一正确道路。能否顺应时代潮流是一切力量兴衰成败的命运所在。近代上海是我国接受和传播近代文明的中心，民间社团组织的普遍建立和繁荣发展就是近代社会文明的重要体现。在这一历史阶段，各类社团组织社会管理功能的发挥，能否与时俱进地体现促进社会更新的历史潮流，决定其社会管理功能意义的大小。

以工人阶级组织——工会为代表的近代劳工社团和青年学生社团，适应时代潮流的新形势，在促进近代上海社会更新的历史中起到了领导作用。从社会管理的本质意义上理解，以工会为主的近代上海劳工社团，发挥了动员社会变革力量、推进社会革新事业、提高社会发展层次的历史作用，具有意义深远的社会管理功能。近代历史已经证明，近代上海的工人阶级团体和青年学生社团是服务、教育、启发、组织、动员社会变革力量，创造上海更高水平发展环境的主要角色。

一、动员社会变革力量

近代社会变革以民主、科学为旗帜，近代社会民主以自由、平等为基础。近代上海的劳工阶级深受“三座大山”的压迫，其自由、平等的近代民主权益受到极大压抑和摧残，近代上海早期的民主启蒙也主要是资产阶级范围的事。劳工阶层社团的兴起和力量增长，是随着马克思主义的深入传播和劳工阶层发展了自觉的阶级意识之后实现的。此后，近代工人阶级和劳工团体发生了质的变化，从以前自发的狭隘经济利益维护和争取者，上升为促进社会变革的力量动员者。

近代上海的工会组织是动员社会变革力量的主要社团。开埠后，随着外国资本主义的进入和不断扩张，近代上海的民族资本主义工商行业也不断加速发展，进入20世纪的时候，上海已成为全国首屈一指的工商业中心。到20世纪20年代初，上海聚集的近代产业工人已达30万人，占当时上海人口的五分之一，还有20几万的手工业工人，加在一起，劳工人数要占到当时总人口155万的三分之一，[①]是人口最多的社会阶级。这一阶级长期处于受压迫、受剥削的生活低劣状况，不能同时分享到

① 徐雪筠:《上海近代社会经济发展概况》，上海社会科学院出版社1988年版，第191页。

社会发展的成果，说明这样的社会发展是不正常的，是需要进行社会变革的。

实现社会变革，需要有组织的社会力量。近代上海各业工会及其联合发展，就是推动社会进步主要的社会组织力量。

近代上海工会组织进行社会动员，主要是通过发展组织联合、提高组织水平的方式来实现的。随着城市的近代化发展，工业组织“一变从来之形式，向之以师傅为一业之首领者，今则变为工厂之经理矣，向之以伙计或徒弟为工作人者，今则变为自由缔结契约之劳动者矣”。[①] 这种发展程度为近代工会的联合发展提供了基础和可能。20 世纪 20 年代，在共产主义思想的启蒙和指导之下，上海的工会组织进行了大的联合发展，实现了空前广泛的社会动员，成为推动近代社会变革有组织、有秩序、有纪律的领导力量。如，这一时期共产党领导或影响的大的工会组织就有：上海机器工会、上海印刷工会、沪西纺织工会、上海烟草工会、浦东纺织工会、上海邮务友谊会、上海海员工会、金银业工人俱乐部、浦东烟草印刷俱乐部、机器工人俱乐部等[②]。这些工会的组织水平和思想水平都有了质的飞跃，是早期工人的帮会组织或行会社团不可比拟的。

近代上海工会组织的发展和壮大把近代上海社团的整体水平推进到一个新的阶段。资本主义经济发展引起的社会阶级分化及其矛盾斗争，是这一变化的基本前提，同时，工会这类阶级社团的大发展，也把解决社会矛盾的社会手段推进到更有规模、更有秩序、更有效率的新时期。

不断对工人阶级和广大市民进行思想启蒙和教育，是提高工会动员能力的基本工作。进行思想启蒙和思想教育的主要形式有：开办工人夜校，出版刊物和书籍，进行斗争实践等。

二、推进社会变革事业

工会的大发展不断推动了近代上海的社会变革，使近代上海成为中国革命的策源地和早期的领导中心。

推进社会变革的事业主要表现为，发动工人阶级的有组织罢工和斗争，促进社会公平；启发广大民众的思想觉悟，使之主动关心国家、民族和自身解放的使命，投

---

① 王清彬：《第一次中国劳动年鉴》第二编《劳动运动》，北平社会调查部 1928 年版，第 4 页。

② 洪泽：《上海研究论丛》第四辑，上海社会科学院出版社 1989 年版，第 3—5 页。

入社会变革的实践活动；维护正常的生产和生活秩序，反对社会黑暗势力；保护国家财产，恢复社会生产，维护社会治安，积极为人民服务等方面。

近代工会领导的罢工斗争，一般来说是和平有序进行的。比早期行会时期劳工阶层的自发散乱斗争更有成果和规范，以文明的方式解决社会问题，不致造成社会生活的严重失序，可以说是“稳定有序的斗争”方式。以和平的手段解决斗争的问题，有利于社会大局的稳定。

开办工人学校，对工人阶级进行文化思想教育。共产党成立前的1920年秋，上海共产主义小组成员李启汉，在上海纺织工人最集中的沪西小沙渡，开办了一所工人半日学校，这是全国第一所由中共早期组织开办的工人学校，也是最早对近代上海工人阶级进行马克思主义思想启蒙的学校。在成立大会上，李启汉说：我们工人“从前只是各人苦着、饿着；我们想要免去这些困苦，就要大家高高兴兴的联合起来，讨论办法”，强调对于“什么金钱万能，劳工无能，我们要改革，打破！”①劳动组合书记部成立后，创办了《劳动周刊》《劳动界》等刊物，还编印出版了《马克思纪念册》和《劳动运动史》等书籍，为工人阶级指导联合起来争取自身解放的道路。

近代上海工会，联合起来发展壮大，对早期劳工组织大多受到黑社会组织的把控，进行了有力的回击。贫苦劳工从此摆脱黑暗帮会势力的盘剥和狭隘控制，获得了人身的解放，有利于社会关系的良性化。

在近代社会革命和社会战争的非常时期，上海工会组织是社会财产和秩序的有力保护者。如解放战争时期，上海的工会组织积极开展到了保护工厂财产、维持正常生产、维护市面秩序的社会稳定工作，发挥了重要的社会管理功能。

近代上海青年学生社团在动员社会力量、推进社会变革的事业中发挥了先导作用。学生社团是进步思想的传播者、社会变革的倡导者、社会运动的先锋队，同时也是维护社会秩序的志愿者和社会稳定的支持者。如在“八一三”抗战的紧迫时期，很多学生社团和青年学生积极声援和支援前线将士，参加对伤员和难民的救助，参与后方社会秩序和治安的维护等。

---

① 《劳动界》第20期，1920年12月26日。

第六章　近代上海社团的变异形态
——黑帮的滋生

讨论近代上海社团组织，不可回避的问题，就是近代上海黑帮社会这种特殊民间组织的存在和猖獗。由于近代上海经济、政治、文化、人口等社会条件的特殊格局，使得近代上海社团组织呈现出异常的复杂性和多样性。近代上海需要社团组织维系市民社会的各方利益关系，同时，近代上海的特殊格局也存在衍生、甚至促发恶性利益团体的可能。当没有强有力的正义国家引领、控制社会良性秩序的时候，这些恶性利益团体就会以破坏良性秩序的手段实施其利益的实现。近代上海黑帮社会的存在和猖獗，就是典型的政府管理缺位现象，同时也反过来刺激健康社团的普遍建立，以制衡黑社会的猖獗。近代上海社会秩序总体良好，也说明了对黑社会现象存在一个强大的社会制约力量。

黑帮组织从形成的机制来看，也具有社团组织的类属，因为它也是一定社会阶层的民众为争取利益自发加入或建立的民间组织，具有民间性、自发性、自主性。不过，它虽然起源于民间，但又是以违法行为危害民间正常的生产、贸易、生活秩序；它虽然具有自发性，但又具有浓厚的封建依附性；虽然具有一定的自主性，又具有超强的组织把控性。它的行为方式是作为社会破坏性的力量而存在的，所以近代上海社会里的黑帮组织是背离社会健康运行轨道的社团组织异化体。

讨论近代上海的黑帮组织，主要是揭示其存在和发展的历史原因，以期提供一些城市发展的历史反思。本章认为，近代上海黑帮社会组织的广泛存在，有几方面的客观原因：近代上海城市无序膨胀；政局多方分割；义利价值观严重失衡等。

第一节　近代上海城市的无序膨胀

近代上海城市的无序膨胀表现在两个方面：一是城市人口的多次超常增加造成了大量的无业游民；二是城市化过程中社会结构的严重失调。

一、大量移民造成的人口负担

开埠前的上海县人口约为50多万，还没有能进入全国大城市的行列，开埠后上海的人口超常增长。1880年时人口突破百万，即成为中国第一大城市，至1910年上海的人口为129万人，解放的时候上海市拥有545万多人[①]，百年内净增500万人。近代上海的人口增长速度和规模在全国都是独一无二的，也是世界城市人口增长史上的奇迹。

近代上海人口增长的速率不是均布的，经历了几次突发的人口迁徙高潮，使城市不堪重负。

第一次为太平军进军东南时期，时间为1853至1865年。自太平军攻克南京后，东南沿海的地主、富商、绅士及一般百姓为避战乱进入上海，租界人口急剧腾升。1855年英、美租界人口仅2万余人，到1865年增至9万多人，法租界同期增长了4万多人，其中第一批是南方的难民，从粤、闽直到宁、绍、湖、常、苏、锡。第二批是苏北一带的难民，他们的到来将传统帮会天地会、青帮等带进了都市，这些帮会以后在上海蜕变恶化，尤其是青帮，成为著名的黑社会组织。

第二次人口迁徙高潮出现在辛亥革命以后，1910年上海全市人口129万，五年后猛增到200万人，成为中国第一个人口突破200万大关的都市。这一时期，清王朝覆灭，民国建立，但正常的社会秩序并未建立，社会状况日益混乱，散兵游勇、流氓地痞到处骚扰破坏，各地帮会头目也进入上海，建立和发展其组织，烟、赌、娼等业迅速扩张，黑社会组织急剧扩大，后来名震中国的黑社会头目大多是在这一时期打下根基的。

1937—1942年是上海人口高潮的第三个时期。抗日战争爆发后，日军占领了东南各省，上海租界成为孤岛，大批工商业者和难民如潮水般涌入租界。1936年公共租界、法租界人口分别为118万和47万，到1942年已分别增至158万和85万，共增加78万人。由于日伪机构的推波助澜，从事赌博、贩毒、拐卖人口等邪恶事业的黑社会势力空前发展。

最后一次人口迁徙高潮出现于1946至1949年，由于内战的全面爆发，山东、苏北等地成为战区，三年之中有208万难民到达上海。这一时期，大规模的黑社会组织

---

① 邹依仁:《旧上海人口变迁的研究》，上海人民出版社1983年版，第90—91页。

由于社会环境有所变化而没有出现，但犯罪率上升，社会动荡、诈骗、偷盗、绑架、屠杀等暴行层出迭起。

上海城市人口迅速发展，是由以下社会原因造成的：

第一，英美法租界的确立，并逐渐演成独立于中国行政法律体系之外的国中之国。租界的特殊地位使它成为摆脱中国封建社会控制，躲避中国连年战乱、饥荒、疫病追踪与肆虐的乐土福地，自 1853 年起，中国人进入租界，使上海城市人口猛增。

第二，上海资本主义商业的发展，及外国资本、中国国家资本和私人资本工商业的依次产生与成长，使上海成为近代中国的工商贸易中心。这些企业和部门吸收大量的劳动人口。经济繁荣所带来的日益增长的就业机会，对处在政治腐败，天灾人祸频繁环境中的内地农民，无疑是黑暗中的一线光明。同时，上海工商业的发展，使长江三角洲原来的工商业市镇衰落而规模缩小，这样，为了谋生，人们由各地趋向上海，从而造成了长达百年的人口迁徙运动。

第三，上海城区的扩展，使城市容纳更多的人口成为可能。原来上海城局限于老县城一地，租界建立后，城区推进到苏州河畔，以后按由东而西，由南而北的走向扩展，期间，公共租界和法租界经历了三次扩展，将界址推进到静安寺至徐家汇一带。华界的虹口、沪西和闸北也迅速崛起，南市城区也延伸到浦东。人口的流入，使市中心区域人口过于密集，导致人口向近郊扩散，近郊也逐渐转化为市区。

第四，市政建设和文化娱乐业的发展。租界初期，已建有道路、地下水道、路灯、行道树等市政设施，以后又有了煤气、自来水、电灯、电话、电报。到 20 世纪初，电车、汽车相继引进，还建有挪威别墅式、英国乡村式、希腊古典式、欧洲宫廷式等成百上千风格各异的别墅洋房。文化娱乐方面，拥有旧中国最多最先进的电影院、戏馆、游乐场、舞厅、弹子房等，犬马声色独步一时，使上海成为中国有产者的理想乐土，吸引了一批批下野军阀、失意政客、逃往地主和富家子弟。

于是，上海迅速地从一个沿海县城发展成为一个大型的集合城市。

由于人口的大量增加，使城市区域人口拥挤，交通、教育、住房等的发展远远落后于人口的增长。难民们只能在城市的边缘地区安家落户，他们用毛竹片、油毡、旧木料等搭成简易棚户或半地下的蜗居。在数百万平方米的棚户区里，均没有像样的道路和下水道，没有自来水和电灯，没有有效的社会治安控制。于是，黑社会组织便乘虚而入，这里成为窝赃销赃、聚众斗殴、策划犯罪的藏污纳垢之所，成为社会恶势力的培养基地。同时，为确定棚户区内的社会“行为规范”，维持该地的“正常”生活秩序，其内部也会产生流氓集团，如“十八条汉子”“三十六股党”等。

城市经济的发展在一定时期总是有限的，不能立即容纳如此迅速膨胀的人口，有相当部分的难民即被排斥在城市经济系统之外，从而导致了失业、无业人口的增加。于是，当时的上海出现了一个庞大的城市过剩人口群——无业游民阶层。

近代上海的游民阶层是一个庞大而又极其复杂的社会阶层，主要是由以下成分构成：

破产农民。这是游民中的主要成分。失去土地的农民除了一身力气外，两手空空，别无长物。他们憎恨这个社会，具有叛逆心理，在长期失业的贫困、饥饿折磨下，为了生存，他们只得从事偷窃、抢劫、乞讨，甚至贩毒等活动，从心理的叛逆发展为行为上的叛逆，破坏性日益增强，部分人因此加入黑社会。上海黑社会中不乏破产农民出身的人物，如顾嘉棠，原来就是北新泾花农，后来经营不当破产，只身到十六铺谋生，凭一身拳术，打家劫舍、聚众结伙，渐成黑社会的首领。

破产的手工业者。他们因外货的竞争、税捐的加重、生产的不景气而破产来沪。一般为有手艺者，如篾匠、泥瓦匠、木匠、白铁匠、铁匠等。运气好时，他们能维生，但不少人常是半工半歇，役有固定的职业，常陷于贫困，处在社会的最底层。杜月笙的四大金刚之一芮庆荣，原来就是曹家渡的铁匠，青帮重要骨干杨启棠、侯泉根、姚老生、黄家丰也是手工业者出身。

失业漕夫、水手。咸丰元年(1851 年)，漕粮改河运为海运后，成千上万的漕运水手、运河两岸的码头工人等均告失业。同样，由于轮船业的兴起，帆船、沙船业水手也大批失去工作，他们流入大城市后，为生活所逼投入山堂，契结金兰，声气相通。在没有希望的处境下，结伙成帮，铤而走险。上海黑社会中的青帮头目早先大多是运河上的漕运水手或头目。

破落的地主、富农和商人。各地入沪的富商大贾及其子弟，或受动荡经济的影响而家业衰败、倾家荡产，或迷恋于十里洋场的花花世界，将祖宗积蓄花在长三堂子或赌台之上，青蚨挥尽后，无技可依，而沦为瘪三、浪荡子，于是犯罪和投靠黑社会就成为他们生存的唯一路途。

流浪儿童。流浪儿童有两类，一是上海乡镇在经济动荡中产生无数家庭的破裂，从而使这些家庭的孩子无家可归；二是外地的儿童流入上海，他们或为濒于死亡的父母所卖所驱逐，或父母亡故后，只身流浪，也有被拐骗而来。社会学家李斯特曾指出:"大众的贫穷是培养犯罪的最大基础。"[①]流浪儿童缺少家庭教育和家庭温暖,时刻在死亡线上挣扎,只要有人或有机会能稍微改善一下他们的生活,他们就会投靠,甚至为其卖命,这些人组成了黑社会源源不断的预备队。

除以上五类人员外,还有被裁撤的士兵、失意的政客军阀、占卜算卦之辈,也会在不同的情况下加入到黑社会的队伍中去。

二、城市化过程中人口群体结构的失调

上海城市超负荷的发展,使人口群体结构严重失调,家庭纽带严重弱化。家庭作为社会的基本单位,它在经济上维持成员生活、担负养育和教育后代的职能,又是其成员活动的中心。而超常都市化带来的经济与文化的冲击,使人们的观念迅速变化,大量移民的流入,使得单身家庭、婚外同居现象增多,家庭分裂趋势明显,传统的婚姻和家庭价值日渐下降,家庭成员之间联系减少,感情淡薄,严重削弱了家庭的传统维系职能,相当一部分家庭甚至遗弃、散养孩子,或因贫困无力抚养致使孩子离家出走。这些无家可归的流浪儿往往加入或形成瘪三团伙,成为职业黑社会成员的部分基础与后备力量。

移民密度增加和人口性别比例的失调,是人口结构转型失调的又一种表现形式,它引起城市居民个人行为的变化。开埠前,上海地区人口密度为每平方公里626.6人,到1914年已增到每平方公里3 600人,到1935年又增加到7 000人,1949年老闸区的人口密度竟高达14万人[②]。在村庄和小镇内,居民之间保持着长期的面对面的交往接触,彼此以传统的道德观念为准则,关系和睦,生活平静。但在上海这个移民密度极高、成分极其复杂、规模巨大的流动社会中,市民彼此之间的接触是一种分散的、即时的社会交往。人们只在其生活道路的交叉点上才能彼此发生交往和接触,如教师与学生、店员与顾客、老板与工人。这种偶尔的接触很难建立起友爱与感情,而只能以实际利益为规范相互关系的准则。成分复杂的外来人口,使上海城市社会的文化、语言、宗教、伦理以及风俗习惯非常混杂并相互影响,促使人们在思想、语言、行为上越来越远离传统的约束,传统道德规范和礼俗风尚的社会控制力下降,在新旧转轨的空白地带,就会衍生青少年的堕落与犯罪,蔓延娼妓、吸毒、抢劫、

---

① 曹漫之主编:《中国青少年犯罪学》,群众出版社1987年版,第135页。

② 邹依仁:《旧上海人口变迁的研究》,上海人民出版社1983年版,第97、21页。

骚乱等城市病。

近代上海的人口性别比例也呈现严重失调现象。据民国政府1947年公布，全国性别比为110，上海性别比达到156，高出全国46个百分点。1876年上海英美租界的性别比竟高达297。出现这一现象的主要原因是外地涌入上海寻找生计的一般总是男性青壮年。人口性别比的严重失调和男性大量单身或未婚的状况，客观上加剧了社会的不稳定，并刺激娼妓、鸦片、赌博业的繁盛。而烟、赌、娼业的蔓延正是孕育黑社会组织的温床。

群体结构的失调，容易导致黑社会外围组织——"帮"的出现。当移民来到城市后，已丧失了传统社会中以血缘为纽带的社会组织，他们已没有土地财产、户籍与职业，面对严峻的生存威胁，必然会产生一种自发的、寻求帮助和协作的心理，迫切要求建立新的社会网络。

不同的移民素质会产生不同类型的社会组织。在这里，我们试以同样是移民城市的美国纽约来和上海作一比较。

纽约的移民除了同样怀有以上的心态外，由于独立资本主义经济的发展，使他们的思想早已刻上民主和公民意识的烙印，公众的平等观念使强迫式命令和无条件地服从无兜售的市场，公民的社会义务观念取代了狭隘的家庭责任感。因此，在这种社会心理基础上产生的是民主性质的自发性团体，例如闻名于世的"自由之子"、"自由之女"社。这些团体旨在使移民适应竞争社会的行为规范，提高移民的各方面素质与修养。

而19到20世纪的上海移民的心理与纽约移民则大不相同。长期的封建制度统治使移民不可能产生出民主与公民意识，他们中最普遍的心理便是梁山泊式的兄弟互助观念。特别是处于社会下层的移民，在这种心理基础上，就产生了传统的、保守的，乃至破坏性的手段抗衡社会动荡，以求于自己生存和发展的移民社会组织——帮。故而帮的产生，是中国社会、中国历史的现象。

下层移民进入城市后，初来乍到无亲可依，加之语言不通、习俗迥异，处处受到中外统治者、封建把头侵害与欺凌，有时还要遭受本地居民的歧视，尤其是游民阶层，更是挣扎在社会的最底层。在此种窘境下，讲五湖四海，尚江湖义气的帮会，几乎成为他们唯一的投靠对象，于是，游民们歃血焚香，或投入山堂，或义结金兰，将个人的前程寄托在"兄弟急难，亲逾骨肉"的基础上，帮会成为游民的集合体，也成为大量新移民在上海立足安身、谋求职业的主要靠山。

就是那些幸运的就业者们，面对残酷的社会现实，也须拜师交友，通过帮口、帮会的势力保住饭碗，避免卷入失业者的洪流。初期的帮会以乡籍为纽带组成，如广东籍海员组织的“联益社”“群义社”“关帝会”“同心会”等，宁波籍海员中的“焱盈社”“保安水手公所”[①]等。以后在一些行业中，乡籍的因素日益淡化，但结帮入会的风气一直长盛不衰，保守的估计，上海工人中至少有20万是帮会成员。朱学范曾指出：“上海的在业工人最多，失业工人最多，入帮会的工人也最多。”[②]尤其是在海关、银行、邮局、电车等收入稍丰的行业工人中，为保住饭碗，拉帮结社互为倚靠之风盛行，这些都大大刺激了帮会队伍的壮大。

帮会作为上海下层的主要社会组织，主要是游民的集合体，游民、帮会、黑社会这三者是紧密相关的。在半殖民地半封建的上海，游民作为无产阶级中境遇最差的一部分，只能以犯罪活动作为立足谋生的手段。游民阶层的扩大，必定使帮会组织膨胀，而帮会的膨胀又促进了黑社会的成长。

第二节　近代上海政局的管控“飞地”

近代上海展现了这么一幅历史的场景：在上海市区仅有60平方公里的城市中，有三个政府、三套立法和决策机构、三种警察力量、三个互为近邻又彼此独立的城区。分别是华界、公共租界和法租界。

华界是主权完整、独立的城区，它仍然是封建专制统治，不允许出现任何企图推翻其统治的言行，出自本能，政府对近代工商业的发展也给予种种限制。华界的发展与当时的整个中国一样，速度非常缓慢。同时，它的两个管区南市与闸北还被租界拦腰切断，头尾难顾。

租界则是殖民地，在租界，中国人是下等公民，受种种限制和歧视。例如，无论是在美租界的新公园（今虹口公园）、英租界老牌的外滩公园和梵皇渡兆丰公园（今中山公园），还是法租界的顾家宅公园（今复兴公园），中国人均不得入内。在租界里，中国人所乘坐的马车无论是在规格上还是速度上，均不准超越外国人，否则重

① 中夏：《我们的力量》，载《中国工人》第二期，1924年11月版。

② 朱学范：《上海工人运动与帮会二三事》，载上海文史资料选辑第五十四辑《旧上海的帮会》，上海人民出版社1986年版，第2页。

罚。诸如此类表明，租界完全是按外国人的意志行事，华人在那里没有平等的权利，华界不能左右租界的事务。租界是近代中国被侵略和耻辱的象征，但它又是资本主义经济及资本主义文明在中国的经营和实践中心，是传播西方文明的窗口，是中国封建统治者没权干涉的地方。这块地方在客观上启蒙了很多反封建的知识分子和革命者，并保护了他们在租界的活动。

封建主义专制的华界与资本主义的租界并存于黄浦江畔，不但管理不统一，而且社会建设的区别十分明显。在租界，与近代工商业文明相适应的是平坦的马路、整洁的街道、快速的电车、明亮的路灯、高耸的大厦；而华界则是"街道纵横狭隘，阔只六尺左右，因而行人往来非常混杂拥挤，垃圾粪土堆满道路，泥尘埋足，臭气刺鼻，污秽非可宣"[①]。于是出现"居洋场者已不惯居城"，即使入城办事游览，也"往往不堪涉足"[②]。租界有相对宽松的社会环境，实行资本主义的信仰、出版、言论、集会等自由，与华界专制统治下万马齐喑的局面形成鲜明的对比，成为自清末到民国革命者活动的基地。租界提倡妇女不缠足、男女同校、自由恋爱，而华界奉行"男女授受不亲"的戒律，视男女同行为大逆不道、伤风败俗等等。租界和华界本质不同的社会制度和生活方式，就会对社会事件的处置有巨大差异。1903 年的"苏报案"处理和判决就鲜明的表现了租界和华界的分歧和分割。这种分割治理和观念的巨大分歧给很多事件和人员可以在不同区域之间实行越界选择和逃避。1903 年 6 月底，位于英租界的苏报馆屡刊章太炎和邹容的反清檄文，根据封建律条，是要砍头的。清廷虽然疏通租界逮捕了章太炎和邹容等人，但租界只判二人囚禁三年和二年的徒刑，就是清廷准备"出银十万两，将诸人审实处决"[③]，租界也没有妥协。所以，近代上海三界分立的局面会形成很多社会统一管理的断裂，造成很多社会管控的飞地。

不但华界与租界的社会管理不统一，同为租界的公共租界与法租界，也是各自独立决策和独立管理的。三界相邻的地方往往成为各方管控的盲点和飞地。

华界、公共租界和法租界的边界线就像"国境线"一样。在三界交界的海格路(华山路)上，一边是清朝穿皂衣的警察，一边是法租界身高马大的白俄警察，另一边则是面黑如漆、头缠红布的印度巡捕，这三种人分别在各自的地界站岗巡逻。三界

① 蒯世勋:《上海公共租界史稿》，上海人民出版社 1980 年版，第 623 页。

② 《民国上海志》卷十二，第 11—12 页。

③ 1918 年《民国日报》第一章，第 2 页。

的武装力量恪守“界河”，不能越界行事，中国的警察不得进入租界追浦人犯，同样，外国巡捕也不得进入华界。1914 年，袁世凯政府为了让法租界当局在界内捕捉反袁志士，竟慷慨地让法租界扩充了 13 015 亩土地。

再如，今上海市延安东路，原是一条名叫“洋径浜”的宽阔河流，洋径浜东入黄浦江，西接周径浜，直通苏州河。洋径浜的两岸有两条道路，南面的叫孔子路，北面的叫松江路。河上有着八座桥梁联结两岸的南北交通。这里是英法两界的交接处，桥南的法租界巡捕不能涉足桥北，桥北的英租界巡捕也不能越界捕人，一河相隔，形同两国。流氓瘪三们充分利用这种制度的块陷。河上的郑家木桥为他们的风水宝地。凡行人行经此地或商船停靠此地，他们常行抢劫之事，大之于货箱皮包，小之于妇女所戴耳环头簪。这些歹徒在英租界得手后，只需逃入桥南的孔子路即无危险，而在法租界作案，也只要遁入桥北的英租界亦然。洋径洪的有利地位，使流氓歹徒越聚越多，他们结伙成帮，各划地盘、形成了上海黑社会的一个雏形。有一种说法，后来成为黑社会显赫人物的杜月笙，早年就是在郑家木桥发迹的。因为，经常来此的商贾旅贩为免遭麻烦，须主动向流氓群中强有力者行贿送礼以寻求庇护。这些流氓中的强有力者往往成为团伙帮派中的头目，逐渐流氓中的小金字塔形成，小地盘服从大地盘，小头目服从大头目，产生出盘根错节的地方恶势力。

上海的黑社会首先萌芽于中外各界的交叉、过渡、接壤地域。凡是华界、公共租界和法租界之间的交汇地点，均为上海黑社会组织发祥的“无政府地”。华、法交界之处的十六铺，为上海水陆货物集散地，江中樯桅如林，船灯似星，陆上车马相接，货殖山积。这里也是流氓骗子的老巢，有不少黑社会的头目是在这里跌滚摸爬逐渐出头的，一些黑社会团伙如大八股党、小八股党等也是在这里聚集壮大的。在小东门城外到东昌轮渡口，原有一条通黄浦江的支浜，支浜上有一石桥名“陆家石桥”，桥南属华界，桥北为法租界，而支浜两侧的居民，其管理权既不属华界也不属法界，故上海有句歇后语叫“陆家石桥——两不管”。因其为两不管地区，私娼、流氓充斥其间。所谓“靠山吃山”，两界的警察对黑社会的活动眼开眼闭，有时还要有所照应，他们得到的奖赏是“辛苦钱”。私娼妓院的龟鸨们，常常是前门送走华界的警察，后门又闯入法界的巡捕。因此两界交界的老北门、八仙桥到斜桥一带，曾孕育出不少大亨。当英美租界和法租界高唱禁烟时，菜市街（今宁海东路）两旁的弄堂却成了不夜之地，因为此处弄堂前门为公共租界、后门为法租界，烟商纷至沓来，烟馆如蜂窝排列，妓女、小偷、流氓更以此为温柔乡、分赃窝。沪西三界交汇之处，也是流氓地痞盘踞躲藏之地，日伪时期更成为闻名于世的“歹土”。在早期，英、美租界接壤的苏州河畔，一度也是逃犯、窃贼绑匪的理想场所。

另外，由于殖民者的贪婪，租界被成倍地扩张，事实上，新辟地区人烟稀少，警力不及，因而那里也成为在逃犯人和黑社会分子安全藏身之地。即使是早期的美租界，情况也是很糟糕的。那里投有高等住宅，异常荒凉，连美国人也多住英租界。在19世纪50至70年代，许多蓝眼碧发的外国歹徒长年聚居在虹口的棚户区内，据1861年《北华捷报》载，此时美界巡捕仅6人，因此流窜作案的亡命之徒，被通缉捉拿的罪犯等均以此为巢穴。此地赌博、吸毒、卖淫活动猖獗，被称之为“世界上最恶劣的贫民窟之一”。①

由于近代上海三界分立的城市格局，导致了上海城内出现了大大小小的“管控飞地”。特别是在三界交接的区域内，地痞流氓充分地利用当政者之间的界隔与摩擦，于是，在诸如郑家木桥、洋径浜沿岸、十六铺、苏州河畔、八仙桥至斜桥这些“三不管”地段上，黑社会的势力迅速蔓延滋长，形成了近代上海黑社会的雏形。

第三节　近代上海淘金梦的恶性导向

近代上海被世人称为“冒险家的乐园”，不但吸引了国内民众大批涌向上海，而且成为国际淘金者的聚焦之地。上海之所以成为一个闻名世界的大染缸，成为一个五光十色的都会，成为既是中国的先进政治中心又是邪恶势力密集之地，与近代各色人等的外国移民和淘金者有密切关系。他们带来了先进的管理制度，全新的价值观念，也不断引起暴力和恶行。上海市政建设上的进步，得力于外国移民资本主义文明的实践和移风易俗，但殖民体制的政治分割、越权习惯和淘金者追逐短期利益的固有心态，以及中外政治体制的相悖和政商一体隐含的政治腐败性，也是上海城市管理混乱的渊薮。

在近代上海的发展史上，外国侨民以极其优越感的侵略者心态，不断地践踏条约章程限制，以赤裸裸的淘金者唯利是图的行为，给黑社会的存在和兴盛起到了恶性导向作用。

开埠以后，殖民者们将上海辟成一个华洋杂处、政出多头、纸醉金迷的都会乐

① 北京太平天国历史研究会：《太平天国译丛》第3辑，中华书局1985年版，第58页。

园。这个氤氲氤氲的东方大都会吸引着全世界梦想淘金发财的人们。开埠之初，在上海的外国人只有 26 人，1865 年已达 2 757 人，1905 年上升到 12 328 人，1933 年为 73 504 人，到抗战期间，则高达 150 931 人。[①] 上海成为与纽约齐名的外国人居住最多的国际城市之一。

登上黄浦滩的这些人们，有雄冠佩剑的外交官，有披着黑外套的传教士，有探寻古老文明的先驱者，有谋求贸易交换的商贾，更有欲壑难填的投机者与犯罪分子。在开埠后的相当时期内，来沪的外国人几乎没有受到什么约束，一个美国无赖，他可以冒充是英格兰人，也可说是荷兰或意大利人。于是一时上海滩充满了不明国籍的坏洋人。如一位外国人所言：从 19 世纪 50 年代到 1864 年，这是一个无政府的无赖横行的天下。有些心狠手辣者，两手空空而瞬间便掠得百万家财，这种冒险的事例被传播媒介大大夸张并深深刺激着殖民者，上海成为全世界的骗子、流氓、罪犯的向往之地。19 世纪中叶，因美洲西部发现金矿，各国冒险家纷至沓来，但金子少而拓荒者众，于是，旧金山的残浪余波又将这些不成功的淘金者们倾泻到中国口岸，连英国领事阿礼国也承认："来自各国的这群外国人，生性卑贱，无有效的管束，为全世界所垢病，亦为中国的祸患"，他们无疑是"欧洲各国人的渣滓"[②]。一个外国作家爱狄密勒说得更干脆："上海如果把一切外来的坏蛋都驱逐掉，那在中国境内，留下的白种人就没有几个了。"[③]1853 年时的外国人共 200 余人，却有 150 名水手涌进县城，不分昼夜地喝酒、滋事，闹得鸡犬不宁[④]。据工部局 1864 年 9 月的报告说，英美租界内有 360 个"下流的外国人"，其中 260 个没有任何职业。这些人除了机智与冒险精神外，别无长技与财产。他们的特点就是无视一切法律和权威，对名誉也不感兴趣，来中国的唯一目的就是挖空心思狠狠地捞一笔钱财，然后回本国去享用。他们的胡作非为，对近代上海的社会价值观造成严重误导。

那些目光短浅的外国商人与一文不名的歹徒具有共同的心理。他们不愿意改善投资环境，不求长久之计，所企求的只是金钱，时刻梦想发财。1853 年小刀会起义后，大批华人进入租界，这一事件引起了外国人的争议，领事团同意上海道台的意见，不准华人在界内居住，而唯利是图的外商则全力反对。一个执意要将房屋租给

① 据邹依仁：《旧上海人口变迁的研究》资料，上海人民出版社 1983 年版。

② 丁明楠等：《帝国主义侵华史》第一卷，人民出版社 1977 年版，第 82 页。

③ [美]爱狄.密勒：《冒险家的乐园》，上海文化出版社 1956 年版，第 12 页。

④ [美]泰勒.丹涅特：《美国人在东亚》，商务印书馆 1962 年版，第 166 页。

华人的英国人道出了这伙人的心态:“倘此为利用我金钱最善之方法,余只好如此做去。迟则二三年,余希望能拥载而归,则将来上海之沦为沧梅,或化为劫灰,又与我何涉?”[1] 1855 年,领事团因中国方面的强烈要求,决定关闭娼寮赌窟,但遭到了这些侨民的竭力反对。工部局也毫不迟疑地站在外侨一边。10 年后,中国政府再次要求法租界关闭界内赌场,肃清治安,又遭到法租界上下的白眼,公董局甚至厚颜无耻地说:如果法租界取缔赌场,上海道须每年津贴 6 000 银两,以补偿损失。[2]

在各种途径、来源的汇集下,外国移民中的流氓歹徒队伍在迅速地扩大。如果想对当时的上海充斥外国流氓的事实有一感性的认识,那么可以看看华尔组织洋枪队的过程。1859 年初,美国青年华尔到上海时,“同多数外国人一样一贫如洗,漂流到这四海一家的通商口岸来谋求生涯”[3]。是年 6 月,境况不佳的华尔决定进行军事投机,保卫租界,阻止太平军的东进,借以改变自己的地位。当他招募洋枪队士兵并以可以自由抢劫为号召时,从者立至,瞬间集起 300 名外国人。这支洋枪队成员大多是外舰上的逃兵和因行为不轨被解雇的水手,因此这支队伍也被称为“上海流氓队伍”。在第一次攻击松江太平军时,洋枪队死了 90 多人,其余的因看到没有发财却面临死亡而立即散伙。华尔回到上海,再次以武力和金钱相号召,又轻而易举地招募了 200 名马尼拉人和 300 名英美法码头上的流氓无赖。当攻克松江后,华尔第三次回到上海,在码头上就被准备投效的新兵们所包围,于是华尔又从中补充了 200 名马尼拉人和 100 名欧美人。[4] 由于军事冒险的成功,华尔这个昔日的“劫掠兵和滩头浪人”顿时成为亚洲最繁华的国际社会中最惹人注目的社交明星[5]。华尔的发迹进一步激发起外国冒险家来上海跃跃欲试的野心。

冒险商人和各色人等,万里迢迢,远涉重洋来到上海,他们贪婪地注视着这颗刚刚被太平洋的海浪托起的明珠,从事各种能发财的勾当,如侵夺土地和房产,从事海上的劫掠活动等。无路可走的歹徒往往聚合成盗贼集团,从事武装抢劫。法国人梅朋・法莱台指出:“在海盗特殊社会里,没有任何国家可以自豪地认为在这个社会里

---

① 蒯世勋:《上海公共租界史稿》,上海人民出版社 1980 年版,第 28 页。
② 《上海轶事》,上海文化出版社 1987 年版,第 24 页。
③ 北京太平天国历史研究会:《太平天国译丛》第 3 辑,中华书局 1985 年版,第 3 页。
④ 《太平天国译丛》第 3 辑,中华书局 1985 年版,第 61 页。
⑤ 《太平天国译丛》第 3 辑,中华书局 1985 年版,第 95 页。

没有几个自己的侨民。”[①]在太平军东进的日子里，租界人口剧增，人心惶恐，一些外国歹徒乘机犯罪。有一批菲律宾人组成武装集团隐匿在虹口，每到晚上，便伺机发难，在大街小巷中高叫：“长毛来啦，长毛来啦！”然后鼓动惊慌失措的中国人离家逃过威尔士桥，然后进入华人家中大肆抢掠[②]。1864 年 1 月，《字林西报》刊文指出，约有近百个外国乞丐在租界与华界接壤处与广东籍土棍合伙抢劫。

比这种直接的劫掠更卑鄙无耻的，是殖民者的大规模商品走私和贩毒。尽管中国的协定税率已经很低，但外国商人仍用各种各样的欺骗方式，达到逃税的目的。吴淞口外的趸船是他们的走私大本营。进口时，他们先把私货卸到趸船上，然后开进上海港报关，再设法将趸船上的私货运到上海来；出口时，他们将大量的丝、茶先用小舟偷运到吴淞趸船上，洋行商船结关后，再驶至吴淞载运出口。此外，用以多报少、高税率的报低税率等办法来偷漏关税的现象也很普遍。如，蚕丝，以包为计量单位，洋行往往把两包打成一包，就可偷漏关税一半；把每匹征税 1.5 钱的白洋布冒充每匹征税 1 钱的粗布进口，等等。有些外商则通过行贿与中国官员串通起来偷漏税款。更有甚者，一些狡诈的外商还在布匹进口以后，借口货物在沪不能脱售，迅速用原装箱子改装生丝，贴上原有的商标，作为“原装货”出口，不仅生丝逃税分文不缴，而且还公然要求海关退还已纳的进口税。1850 年上海所有从事贸易的洋行中，只有 5 家付足了关税。整个 19 世纪 50 年代可以说是走私的年代，而被破获的走私案却寥寥无几。连英国领事阿礼国也说：“我不得不承认，……关于忠实征收中国皇帝在对外贸易上应得的一切海关税饷，条约已无异于废纸。”[③]但就是这个阿礼国，一旦走私案发，他又对中国方面的制裁横加干涉。1850 年上海怡和洋行雇船偷运生丝出口，阿礼国蛮横地不准中国海关依法没收私货。同时，非法的军火生意到处可见。在 1843 年至 1858 年间，上海凡是出售船用器具的洋行、商号，均做大小枪支生意。[④]。

在走私之中有一种特殊商品的入口量越来越大，这就是鸦片。即使是按《南京条约》《望厦条约》的规定，各国商人也不准在中国从事鸦片非法贸易。上海 1854 年《土地章程》明确规定：不准开设包括鸦片烟馆在内的“公店”。然而事实上，在早期

---

① [法]梅朋・法莱台：《上海法租界史》，上海译文出版社 1983 年版，第 313 页。

② 《太平军在上海——〈北华捷报〉选译》，上海人民出版社 1983 年版，第 217 页。

③ 列岛编：《鸦片战争论文专集》，三联书店 1958 年版，第 194 页。

④ 汪敬虞：《十九世纪西方资本主义对中国的经济侵略》，人民出版社 1983 年版，第 120 页。

的外侨中，很难找到没有鸦片气味的人。《中华帝国对外关系史》的作者马士曾揭露说："在中国的英美商家每一个人都充分利用了他们的资力去作这项毒品生意。"在外滩、南京路上的怡和、旗昌、颠地，沙逊等洋行，都是靠贩毒起家的。初期，鸦片进口是以走私方式进行的，鸦片由飞剪船武装押运到吴淞，再由烟贩去趸船提货。到1858年鸦片被改为"洋药"列入"合法"贸易的范围，黄浦江畔、苏州河边，建立了许多专供鸦片走私的码头和仓库，它们和洋行一起，成为鸦片贩子的巢穴。因此开埠不久，上海就替代广州，成为鸦片走私的大本营。

大规模掠夺华工，是殖民者在上海进行的一项比商品走私、贩毒有过之而无不及的丑恶活动。过去人们往往注意广州、厦门、汕头的"卖猪仔"、"卖猪花"，却不知近代上海也是殖民者掠夺人口的恐怖地。上海开埠后，各国人口贩子便联翩而至，他们妙舌如簧，吹嘘外国天堂应有尽有，诱骗市民出国当劳工，每人给价几十元。虽然他们说得口吐莲花，但上当者寥寥。人口贩子见拐骗不成，便凶相毕露，公然施行抢劫。黄均宰的《金壶遁墨》载："英夷捉人于上海，乡人卖布，独行夷场，辄被掠去，积数月竟失数百人。"外国水手也常深夜潜上岸来，在黑暗冷僻之处守候单身行人，将其几拳击昏，然后用布囊一罩，肩荷而去①。美国租界的开创者圣公会主教蓬恩一面宣称"为中国人拯救灵魂"，一面却包庇贩人交易。一些歹徒从英租界到此，在主教大人的荫护下开设酒店，常在烈性酒中下蒙汗药，麻醉倒中国顾客，然后送往轮船②。据载1857年的一天，有个小工在洋径浜大桥附近行走，突有几个外国流氓拔拳猛击，将他的发辫揪住，企图绑架上船，小工奋力反抗，挣扎呼救，这时数十名居民闻声赶来，救出小工，并当场逮捕为首的歹徒，据这名受雇于法国船主的歹徒供称，船停在黄浦江上，已抢得不少人，但不知确数，船主令水手上岸拉人，每拉一人，得洋40元，前已有两艘船在吴淞共载数百名中国人开走。当时，不仅黄浦江内的外国船从事劫掠人口，而且在长江口还经常停泊着一些专门掠卖华工的船只，这些船只等到华工满数后才驶向外洋。1859年7月，有个姓韩的中国人向上海道台衙门报告说：佘山附近停着一艘外国驳船，船上关押着100多名被绑架的中国人，他自己就是被绑架者，后来伺机逃出虎口的。上海市民曾两次救出191名被绑架的中国人。

落入人口贩子手中的中国人，先被关押在"巴腊坑"，然后被转运到船上，锁在密

---

① 赵惠甫：《赵惠甫先生能静居笔记》，载商务印书馆1917年《小说月报》，第8卷第6号。

② 《上海地方史资料》(二)，上海社会科学院出版社1983年版，第40页。

不透风的夹板舱里，忍受非人的待遇。中途的死亡率高达50—80%。幸存的华工被卖到西印度和南、北美洲，人口贩子由此获得10倍以上的利润。殖民者在上海拐卖的人口总数尽管难以确切统计，但其数量无疑是不容忽视的。英领事阿礼国在1852年写给英国官员的报告中承认：自上海口岸开放以后，"1849年约有二百名苦力被'阿马松'号运往加利福尼亚。去年（1851年）'里几纳'号运了二三十人到澳大利亚"[①]。这只是一个局部的数字而已。

由于殖民者在上海拐卖人口的猖獗程度与恶劣手法如此典型，故在权威的英国《韦氏大词典》里，"Shanghai"一词除解释为"中国——城市"外，还可作为动词，其词义就是"使用暴力、借助于酒或麻醉品的力量，将人载至国外"。这真是一个极其深刻地反映殖民历史的血腥词义。

这些显然"保留了大量的16世纪和17世纪英美祖先所特有的那种古老的海盗式掠夺精神"[②]的殖民者，凭其凶残狠毒的本能，空空妙手辄成百万富翁，发迹之后，倾吐一句肺腑之言："我爱上海，甚至超过我的祖国。"其原因就是"上海使我成为一个体面的绅士，而在故乡我只是一个一文不值的坏家伙"。[③]

外国殖民者的大肆掠夺和胡作非为，无疑对处于剧烈变动和膨胀的近代上海社会风气，造成极大的负面影响和恶性导向。毫无社会保障的大批无业游民，甚至因对处境惴惴不安的正常工作者，都会投入黑社会的非常规势力伞下。

在近代上海的民间组织上，帮会和黑社会这种"民间组织"的蔓延和盛行一时，也反映了一个遍及中外古今的社会规律。每在统治权力的松动和空隙之处，以及在社会控制有所弱化的时候，民间社团的一种异化形态，也就是用威权形式以建立"保护"伞，以及非法攫取利益的帮会及黑社会组织，就会滋生和蔓延。因此，从晚清民初一直到20世纪30年代，帮会和黑社会就在上海泛滥一时。它们在当时的社会生活、鸦片交易、地方事务、甚至是政治斗争中，演绎了大量的极端性事件，并且以其有组织犯罪的常规形态，在民间充当了一种"权威组织"。上海地区的黑社会势力甚至在开始的时候还得到了权力的某种支持。比如在法租界初设以后，租界内的治安秩序悉由从法国征募的巡捕承担，这些人本身的素质多成问题，加上对上海的市风民

---

① 本书编写组：《上海港史话》，上海人民出版社1979年版，第48页。

② 《马克思恩格斯论中国》，人民出版社1997年版，第50页。

③ ［美］爱狄.密勒：《冒险家的乐园》，第214页。

情毫不熟悉,以至于对一些地痞流氓的偷盗滋事束手无策。当时的法租界缺乏工业,稳定的税源主要靠烟、赌、娼的税收。1865 年法租界烟、赌、娼的营业执照收入占到整个税收的 46.6%,直至 1906 年,花捐赌税一直是法租界当局重要的财政收入。然而法租界当局发现,将花捐烟税承包给有能力的地痞流氓,委之以职权,既能够如期收到捐税,又能够有效维护市面安靖。于是,一个名叫"黄金荣"的人物就应运而生了。诸如此类的租界权力与黑社会互为依存的关系亦即"黄金荣现象",也开始形成。此后的反清革命,也借重过青帮、洪帮的人脉关系。而蒋介石在北伐以及在"四一二"事变中,也都倚重并与上海的黑社会势力达成某种交易。

于是,帮会和黑社会就在近代上海的某一时期泛滥一时,并形成了一种独特的社会现象。

但是,尽管黑社会性质的民间团体曾在上海猖獗一时,但是它作为市民社会的一个"异生体",终究只能成为历史进程中的一个短暂的过渡现象。

这首先是因为帮会和黑社会固然是民间社会的一种自发组织,并且也在对平民的济贫纾困以及在诸如"有难同当,有福同享"的宗旨上,产生过一些正面的感召,但是对于近代市民社会民主开放和个体自由的根本价值立场,它又是以封建宗法的组织方式、有组织犯罪和社会破坏,而站在了对立面的位置上。这里的悖论甚至在于:当市民个人为了反抗权力和争取个体自由而加入到这种民间社团时,他们又会在赢得某种权益保护、获得融入社会的管道时,重新陷入新的集体强权之中,从而重新丧失个体本位和个人主体的价值立场。因此,在自由权利、公正公义的社会体系尚未形成之际,帮会和黑社会可能会成为民间社团的一种选择。但是,毫无疑问,随着市民社会的民主进程以及市民社团不断趋于成熟,黑社会将最终为社会民众所唾弃,从而失去它最根本的社会基础,走向式微。

在社会的法制系统尚未健全以至是严重失范的情况下,就会给黑社会留下活动空间,某种权力机构甚至会有如"黄金荣现象"那样对黑社会现象予以利用并给予某种姑息。但是一旦权力控制及其法治状况得到加强,良性社会的责任要求就会促使当权者对黑社会活动采取严厉的打击和整肃。如,黄金荣曾经在法租界巡捕房任职,同时经营鸦片交易,控制黑社会。但是此后,在报纸抨击和多方指控之下,巴黎当局召回时驻上海总领事葛格霖,就上海法租界的流氓活动和烟赌情况进行质询,随即又将巡捕房总监撤职并调回法国,并重新进行了人事安排。接着,法租界就开始严禁烟赌,大杀流氓气焰,黄金荣也不得不由此收敛了锋芒。

在近代中国的政治斗争中，帮会和黑社会曾经成为各方政治力量予以利用的势力。但是在本质上，帮会和黑社会是体制外的组织形态，最终必定为政治权力特别是专制权力所不容。1928年，蒋介石在上海坐稳，当时国民党市政府派员检查全市包括租界的戏馆，一开始遭到了控制法租界戏馆的黄金荣的拒绝，“租界上的事情，市政府管不着!”但是没过多久，法国总领事亲自知会黄金荣：法租界内的戏馆须接受中国官员的检查。这个信号的意义显然在于：新的政治权威已经开始瞩目于传统的黑社会势力范围了；政治格局的变化，也使得租界当局不得不就此予以合作。同样，上海黑社会的头面人物杜月笙曾与蒋介石有过相当的合作和交情，甚至被委任以“少将参议”，但是在蒋介石真正成为“党和国家”的领袖时，杜月笙就立刻受到了冷落与约束。

但值得说明的是：近代上海，社会安全秩序紊乱，黑社会横行的状况，反过来也是各种民间社团大量建立，以保护自己正当权益和抵抗破坏力量的促进因素。近代上海就是处于这种正、反较量，良、恶博弈的无穷张力之中。正是由于创立了大量的社团组织，近代上海才能够维持着社会的基本稳定，不断承载着先进生产力的发展要求。

第七章　近代上海社团的社会管理意义及其现实启示

社团的大发展，是近代上海社会的一个显著特点。社团组织成为近代上海社会管理的重要力量，社团活动具有重要的社会管理意义。近代上海社团发展的经验和教训值得总结，对当前社会管理体制要求的“社会协同、公众参与”，具有启示作用。

第一节　近代上海社团的社会管理意义

近代上海社团组织及其活动的社会管理意义主要体现在两个方面：一是近代上海社团组织是维护社会秩序的基本力量；二是近代上海社团组织自主趋新的行业管理活动，促进了社会管理机制的近代化。

一、社团组织是近代上海社会秩序的基本维护者

与近代上海沧海桑田般历史变化相伴随的社会结构，是近代上海不断发展演进的民间社团。上海的近代史与全国一样，经历了屈辱、求索、觉醒和奋起。近代上海发展的外部形势动荡不安，内部环境趋动多变，中外交织的各种社会矛盾集中产生于近代上海的发展历程中。经济发展形态的转型，城市人口的大幅度跃升，租界的不断扩张，国家政治状况的动乱，中西文化的碰撞，新旧思想的冲突，等等，无不使近代上海的社会环境充满异常复杂的矛盾，使得各种风险变幻莫测、社会秩序混杂难控。而当时的国家风雨飘摇，政府力量自顾不暇，城市管理缺乏政府统筹规划，制度不统一，法制不健全，政策难落实；但是，发展的无穷智慧存在于民众之中。社会要发展，就会创造出新的管理手段。社团组织以其自我规范、自主治理、相互帮助、相互监督、共谋利益、适应性强的社会管理特点，以及不断近代化的组织方式，成为维系近代上海社会关系的坚韧力量。正是有了普遍发展起来的不同群体组建的各类社团，近代上海才在各种利益博弈的无序状态中蕴含着有序、混乱，呈现着暂时的协

调，和着历史发展的脉动，演绎了社会发展的内在逻辑。

近代上海的社团组织涵盖社会领域的一切方面。开埠初期出现会馆、公所、善团、善堂一类的社团。戊戌维新运动时期，建立了大量与维新运动有关以及具有近代意义的社团。民国时期，除政治性社会团体外，商业、教育、文化、医疗、宗教、职业、劳工、青年、妇女界等分别建有社会团体。据 1949 年 1 月上海市政府社会局统计，除宗教、慈善团体外，上海有各种社团 1 336 个。[①] 还有大量的工人、学生、青年、妇女等社团没有注册，以及地下帮会团体没有给予注册。这证明近代上海社会结构中社团的覆盖面之广。

近代社团有明确的规章制度和民主开放的组织形式，把相关群体联结起来，在群体中具有行为导向和关系协调的威信。近代上海工商城市的特点，决定社团中占有主要地位的是工商社团。主持行规、保护同业、沟通官商、联络中外、加强同外货竞争、维护同业利益，是工商社团建立的基本宗旨。工商业发展秩序只要保持正常，就能为上海的城市秩序奠定基础，社会环境就有基本安全条件。工商业社团立足各行业发展的社会活动，本身就是维护社会秩序、实施社会管理的行业管理行为，从而构成社会管理体系的组成部分。

近代上海社会中建立的各类社团都有实施行业管理、并进行社会横向联系与协作的功能。通过社团之间的协作和联系，社会处于动态关系之中，有效抑制了社会分裂，减低不测事件对社会肌体的伤害。

自主参与、自律自治，是近代社团的基本品质。这种组织形态及其民间性，使利益关系处于自主的调解状态，能帮助社会矛盾解决或缓和于萌芽状态，符合历史进步的要求。这是近代上海社团发展壮大，成为稳定城市生态基本因素的根本原因。

二、自主趋新的社团管理活动促进了管理机制近代化

在近代上海特殊的经济、政治背景下，随着工商业的发展和国内外市场的扩大，传统的关系信用已落后于近代经济发展的实际，制度信用成为近代市场交易的必然要求。社团组织自主整修规约条例，更新行业管理方式，推动社会管理机制走向近代化。

1843 年开埠后，上海商品流通数量、商品种类、流通方式、贸易关系均发生了巨

---

① 上海市地方志办公室网站：专业志\\上海民政志\\第十五章社会团体管理。

大的改变，对外贸易占据了主导地位，1851 年后，上海成为中国最大的对外通商口岸[①]。从此，对外贸易关系制约了近代上海其他社会关系。上海经济由传统的简单商品经济迅速向国际性市场经济过渡。到 19 世纪 70 年代，近代上海的社会生活初步实现市场化，大部分经济生活处于市场的覆盖之下，市场调节成为经济运作的基本形式。至清末，上海确立了国际性的市场经济形态。走过了一条：内外贸易扩大——大量人口城市化——居民生活商品化——城市消费物资与外部交换扩大——内外贸易体系形成的发展之路。

资源市场化配置的主要内容是生产要素的市场化配置。上海生产要素的市场化是在中外因素自发状态下演进而来的，大致通过三个环节展开。内外贸易中心市场的形成——资金、资本的市场化流动和市场化配置；租界的开辟和拓展——土地、房地产的市场化；移民社会的兴起——劳动力的市场化。

经济生态的根本变化，引起了经济活动、市场贸易宏观控制的变化。与外贸联动的国内商品流动、贸易方式、市场关系已溢出了清政府原有体制可以控制的范围和程度，蔓生出不少边缘“领域”和“管理真空”。这种经济活动的“任意化”状态是晚清上海经济生态环境的一种新气象。

对于经济活动的“任意化”状态，起初，主要靠传统社团的士绅治理和简单合约予以规范，其基本功能为：同业均衡、调解纠纷、福利救济等。士绅治理和简单和约式的社会规范方式，在我国社会生活中根深蒂固，是一种文化整合理念，主要依靠人的会意判断和默念能力，而非制度规范。文化整合的根本机制是经典规约加人为断识。今天可以看到的遗留下来的各种勒石业规，就是这种文化整合理念的表现，期望从业者以磐石般的意志永遵业规。简单和约式的业规，内蕴一种信誓精神，没有细则约束和制度的保障，实施规范主要依靠业主的道德自律和同业谴责。

随着内外贸持续扩大，近代上海经济社会中商品形态迅速普遍化。至同光年间，沪地各业繁荣，商号机厂林立。大量外地商户迁沪，同业数量增加，业态有别，营业各异。行业的扩大导致同业关系复杂化，各类市场竞争渐次展开。至清末，在中外互市的急剧经济变革中，传统的规范和市场准则已明显不适应国际化市场经济环境，士绅治理和简单和约式的文化整合精神在市场的冲击下，出现了紊乱和失效的情形。许多行业会所为了整饬业内秩序，规范人们日益市场化的经营行为而主动地

---

① ［美］马士：《中华帝国的对外关系史》第一卷，商务印书馆 1963 年版第 403 页。

"妥整行规"。这一时期许多原来未立行业组织的传统行业纷纷集议，谋划设立会所，其动因就是以行业组织名义重新议定业规，规范专业市场。这种重新厘定业规和重申规范、细化规则及整修业规的情况，是工商社团应对新的经济社会环境的自新适应性行为。

重整业规，主要在上海一些传统行业中进行。商人竞争意识渐生，而制度规范缺失，原来质朴的简单合约式业规，再也难以约束市场扩大后各业店号的经营行为了。针对行业中违规逐利，掺假短斤，冒牌作弊，甚至投机诈骗的情形，行业会所或翻修成规严加制约，或细化规则堵漏补缺，或新订规约全面规范。以整饬行业秩序，遏制"人心不古"，不讲诚信的现象蔓延。

近代上海工商各业重整业规的近代化适应性行为，是由行业会所自动发起的，没有借助官方力量。虽然其垂商信、剔欺诈、多戒条的新业规内容仍未脱离传统窠臼，主要调整的仍然是同业间的竞争关系、而没有把重点放在如何促进创新发展上；但是，经过业规重整，许多传统行业的业规由原来比较原则疏略，趋于精细化和可操纵化，基本适应了新的市场关系和行业竞争。如上海钱业公会，民主公议风险防范措施、新订规条、规范程序、填补遗缺，以对应市场扩展、道德风险加剧、传统成规遭遇挑战的形势。

各业社团重整业规适应市场化环境的趋新行为，引导社会秩序的维护机制从传统的人际信用向近代的制度信用转化。

第二节　近代上海社团发展的经验与教训

社团组织随着近代上海市场经济的发展而发展，并发挥了重要的社会管理作用，对我们分析社团现象具有经验作用。近代上海黑社会社团的泛滥，对我们应如何管理社团也留下了深刻的教训。

一、近代上海社团发展的历史经验

（一）社团发展是商品经济发展的必然结果

近代上海社团的发展经历了从传统的会馆公所，到近代同业公会、商会、各职业团体、各阶层团体、各利益团体的发展过程，与近代上海商品、贸易、市场规模的扩大相辅相成。商品经济发展必然引起社团发展是由近代商品生产的基本实现条件决定的。近代商品生产增长的基本社会条件是竞争与合作。竞争与合作是相互关联、有机统一的。竞争在合作的条件下进行，提高合作水平；合作包含着竞争，提升竞争能力。商品的生产、流通、交换、消费等环节是在利益主体竞争与合作的条件下进行的。商品交易的信息、商品市场的扩张、商品生产的增值等，也只能在竞争与合作的条件下才能实现。近代上海经济发展的竞争包括同业竞争、行业竞争、中外竞争等复杂的矛盾，各利益主体都需要加强各种层次的合作以适应复杂多变的竞争环境。客观环境提出合作的要求，并通过利益主体的自觉联合逐步实现，其表现形式就是近代上海社会各层次、各范畴社团的不断产生和发展。

近代上海社团的发展，是商品经济竞争与合作的需要，同时，为近代上海商品经济的进一步发展提供了动力和管理条件。社团一方面保护成员利益、服务成员需要、沟通成员信息、促进成员发展、凝聚成员合力、集中成员愿望，另一方面规范成员行为、协调成员矛盾、沟通外界关系、表达成员诉求、联合外界社团等。逐步形成商品经济促进社团发展、社团发展为商品经济营造了竞争与合作的社会环境。

（二）社团发展是利益关系社会化的必然反映

商品经济的发展不断引起利益主体的分化组合，利益关系逐步超越血缘、地缘等传统范畴走向社会化。随着近代上海商品经济的发展和内外市场的开放扩大，上海城市生产方式的社会化程度越来越高，上海市民的生活方式不断商品化，市场需求越来越丰富，社会分工越来越细，利益主体日趋多元，利益关系日益社会化。利益主体与社会环境的关系成为其实现自身利益的决定性因素。建立社会关系，组合社会团体，提高社会参与度，扩大社会关系网络，成为民众追求自身利益的基本路径。社团组织是个体建立社会关系的纽带，通过参加社团组织、参与社团活动，利益主体把自身利益和社会利益联系起来，社团就成为利益主体实现利益的社会条件、发展利益的组织依托。

社团是利益关系社会化的反映，表现在，它既是利益主体实现利益的社会条件，又是规范社会生产和交易关系的组织保障。普遍发展的各类社团，成为近代上海城市面貌的重要特征。

（三）社团发展是社会治理的内在要求

社会治理是社会管理组织对社会秩序进行控制、引导和理顺的活动和方式，其目的是营造有序的生产和生活环境。近代上海的特殊发展背景，造就了近代上海社团的大发展。社团成为近代上海城市治理的基本组织结构，反映了社团组织是社会治理的内在要求。

近代上海是被迫开放的，当时的政府对开放条件下的城市社会治理既不可能有主动的规划，也没有任何经验。租界政府的社会管理出于其殖民利益的需要，对上海城市的发展、社会秩序的维护也不会有整体规划，甚至期望在一定程度上乱中牟利。各阶层市民是社会秩序好坏的直接攸关者，保护社会生产和生活秩序是市民的切身愿望。

维护城市生产、市场和生活秩序的部分任务，由社会组织自发地承担起来。各种利益主体基于保护自身利益的需要，主动组织起来，开展维护市场秩序、规范行业生产、保障生活安全等社会治理活动。各种社团组织的社会活动通过内在的行业治理、外向的关系协调，把微观的社会关系连接起来，形成民间互动的组织关系，在民间层次上推动社会关系关联互动，起到了民间社会的协同治理作用。

（四）社团发展是政府管理的必要补充

近代上海华界和租界的政府系统担负着所管辖区域社会管理的主要责任，但由于当时中国政局不稳，政府机构不断变更，不能形成城市社会管理的统一政策，缺乏城市社会管理的执行力量，政府对城市的社会管理功能严重弱化。租界与华界政府矛盾重重，造成很多管理盲区和管理不到位的状况，政府的管理政策也很难真正落实。在这种状况下，近代上海社团组织成为政府社会管理的必要补充力量。如，在救火消防、公益慈善、文化教育、协调行业矛盾、规范行业生产和交易行为、沟通华洋经济纠纷、咨询对外贸易策略等方面，社团组织发挥了不可或缺的重要作用。

另一方面，在政府管不到、管不了、管不好的社会领域，社团组织是政府社会管理的必要补充。近代上海社会矛盾交织，社会阶层复杂，行业职业繁多，流动人口频繁，利益关系不稳，很多具体的社会关系是政府管不到、管不了、管不好的。如，给流动人口介绍职业、调解雇主与雇员纠纷、协调同业竞争关系、解决民事矛盾、调查研究行业发展状况、制定行业发展规章、促进移风易俗活动等方面，社团组织发挥了必要的作用。

二、近代上海社团发展的教训

（一）社团发展需要正确政治思想指导

近代上海社团组织的发展，是在西方资本主义民主思想影响下逐步形成潮流的。晚清新政时期，清政府迫于内外压力开始逐步松动对社团组织的防范和打击政策,1903年设立的商部,曾制订有鼓励组织商会的条例;1908年,清政府颁布了《结社集会律》,既是试图遏止社团大发展的势头,也是不得不对社团存在的承认。

政府的承认和民间的热衷,是近代上海社团发展的精神驱动力。但是,资本主义思想文化的影响和资本发展的利益导向,使社团成为维护资本发展秩序的力量,并逐步成为社会进一步变革的障碍、成为资产阶级利益维护者。事实上,近代上海资本主义思想指导下的社团,从组织结构到领导集体都是资产阶级的代表人物,如近代上海最有代表性的上海总商会,其历任总董、总理或会长无不是近代上海工商界的头面人物或声名显赫的买办资本家,诸如,严信厚、周金箴、朱葆三、虞洽卿等人。

近代上海各类社团产生和发展的历史轨迹,说明不同政治思想指导的社团,其历史命运迥然不同。会馆公所等封建性社团的组织方式和功能,随着近代资本主义的发挥逐步没落了。资本主义性质的近代上海商会、行会和其他经济、文化社团在冲破封建束缚、推动近代化发展中是社会的进步力量,但其历史脚步随着近代中国民族民主革命的进程也逐步落伍了,有些曾经进步的社团甚至堕落为反动势力的帮凶。只有新生的社会主义政治思想指导下的社团组织,才随着历史变革走向宽广的前程,并不断随着时代的进步而进步。近代上海很多共产主义思想影响下的社团,如工人阶级组织、前进青年组织等,都随着新中国的建立继续发挥着重要的社会作用。

(二)社团发展需要政府的管理和监督

由于缺乏政府对社团组织的有效管理和监督,近代上海社团在普遍发展的同时,也伴随着鱼龙混杂、良莠丛芜的局面。近代上海黑帮组织的泛滥猖獗与政府缺乏对社团的有效监管直接有关。民间社团只有在政府有关机制的监督和管理下,才能正常发展,否则以自身利益为导向的社团,就会脱离社会利益的健康轨道,演变为危害社会整体利益的势力。封建会道门和一些帮会、游民组织,后来发展为近代上海影响广泛的黑社会,成为社会正常秩序的威胁和维护社会秩序的对抗力量,除去其组织思想狭隘落后之外,政府对社团的管理缺位和领导失位不能说不是主要原因之一。

新中国成立初期,人民政府曾对近代上海社团进行了整顿,有效地发挥了健康社团的社会管理作用,同时消除了不法社团和坚持极端利益社团的破坏作用,留下了政府对社团管理的一些经验。中国共产党在特殊时期对于旧式社团的管理和整顿,是政府管理社团的成功先例。例如,在对待近代上海房客组织的问题上,中国共产党认为,“很明显,旧有的各种里弄组织不是为了里弄居民谋福利,而是某种特殊联合组织维护自己特殊利益和特殊地位而组织的。”[①]因此,新政府对这类组织抱着全然取缔的态度,“对旧的里弄组织要有步骤有领导地一律加以坚决打碎”[②]。因为,“这种组织一方面为了对抗房东,一方面有些政治上的投机分子企图利用群众组织,‘作建立基层政权之组织之张本’”的打算[③]。对脱离政府管理目标的社团组织,决不放任。

当时,上海市政府对社团的管理,是根据社团本身对新社会的作用进行具体问题具体分析的。上海市政府在全面接管基层社会的公共事务过程中,考虑到全面接管基层社会管理事务面临资源的严重不足问题,在对待具有公益性的社团上,不仅延续了旧式社团的存在、继续发挥其社会积极作用,社团组织的领导也继续以往的业务。例如,1943 年由上海浦东同乡会设立的浦东第一儿童教养院,在新中国成立后扩充收容名额,收留新来的街头流浪儿童,并实施民主领导和民主管理[④],会馆一边政治学习,改造思想,一边配合政府进行公益活动,其中一项工作就是清理长期以来到处置放、埋葬的积柩。另根据 1951 年 1 月上海市会馆公所山庄联合会的半年工作概要的记载,会馆组织在政府的管理下,开展了“举办清寒助学金”;“响应军管会号召让出部分房屋借作难民收容所”;“劝募寒衣及代金”[⑤]等工作。

新中国成立初期对旧社团的改造管理,使旧社团发挥了新作用,说明了对社团的监管是社团健康发展的必要条件。

第三节　近代上海社团社会管理意义的现实启示

社团组织在近代上海发展中的社会管理意义,近代上海社团发展的经验与教训,社团组织发挥社会管理功能的优势,对加强社会主义市场经济条件下的社团建设、充分发挥社团的社会管理作用,具有重要的现实启示。

---

① 《本局(民政局)关于里弄组织工作总结和居民意见综合材料》,上海市档案馆 B168－1－750。

② 《街道里弄组织工作全过程和今后任务》,上海民政局档案 34－23。

③ 《本局(民政局)民政处社团科一年来工作总结报告》,上海市档案局 B168－1－499。

④ 《救济福利团体调查表》,上海市档案馆 B168－1－796－1。

⑤ 《上海市会馆公所山庄联合会半年来工作概要》,上海市档案馆 Q118－1－2－23。

一、提高对社团社会管理意义的认识

市场经济发展和利益关系的社会化必然促进社团组织的建立和发展，已有近代上海社会发展的历史所证明。社团作为近代上海城市发展秩序的基本组织力量，在政府管理不统一或不作为等很多方面，发挥了维护市场秩序的积极作用，这也证明了社团作为利益主体的自组织团体，是适应市场经济发展的内在需要的。这一历史经验告诉我们，我们应该把社团组织的发展作为市场经济发展的必然组织行为来认识，进一步重视社团组织在市场经济发展环境中社会管理作用。

新中国成立后，我国实行了长期的计划经济和政府对社会从宏观到微观的单线条管理体制，社会生产和分配由各级政府直接计划和控制，社会个体的身份和活动隶属于单位、街道或生产队社直接管理，政府不允许有游离于计划体制外的生产和社会活动。这种高度统一的政府一元化管理体制，在政治环境新旧转换的关节时期，曾起到了消灭社会破坏力量、尽快恢复社会生产、及时稳定社会秩序的积极作用，实现了特殊时期社会力量的高度整合。但随着政治环境的稳定和社会基本矛盾的转化，这种政府高度统一的社会管理体制，就越来越表现出其束缚社会生产、消弭社会活力的负面作用。当时被政府批准建立和保留下的社会团体，也失去了社团组织自主、自治等基本特点，成为完全依附于政府机构的准政府组织。

改革开放后，以经济建设为中心，改革一切束缚生产力发展的体制障碍，以社会主义市场经济体制作为改革的基本取向，激发社会活力，增强社会创造力，允许和鼓励一切有利于提高社会生产力，提高人民生活水平，提高国家实力的生产和生活方式。社会大解放，人民群众大解放，经济和社会活动多元展开，社会个体的行政隶属关系逐步消解，以前的“单位人”“计划人”变为了“社会人”“市场人”。政府一元化的管理体制已不适应改革开放的新形势，社会管理的社会化成为新的趋势。

政府宏观指导下的社会管理社会化，是社会主义市场经济条件下社会管理的基本要求。社团组织作为市场利益个体的自我管理组织，成为社会管理社会化的基本组织形式。社团组织的发育和成长一方面适应市场经济发展的需要，另一方面承接和减轻政府社会管理的任务和负担。在社会主义市场经济条件下，社团是构成社会管理主体的重要组织部分。从局部上，一个社团组织维护、管理、监督着一部分成员的利益和行为，帮助他们解决问题，但从整体意义上，就是在一定程度上，维护、管理、解决着整个社会的利益和问题。

二、加强社团的组织和制度建设

组织制度决定其行为方式和功能发挥。从近代上海社团的组织制度演变可以看出，社团的组织形式是随着社会环境的变化不断更新的，以符合社会发展要求，适应社团发挥自治作用的新需要。

近代上海社团的组织形式和制度，在开埠后随着商品市场经济的发展和近代民主思想文化的传播与影响，经历一个逐步近代化的过程，这个过程是近代社团组织和制度不断适应社会发展的过程。从组织机构上说，早期的董事会或理事会制过渡到后来的委员会制；从组织制度上说，董事集权制改革为机构权力制衡制；从章程规约上说，封闭性的固守旧约逐步被开放充实的新约代替。总之，不断改善和加强组织建设才能较好发挥社团的应有作用。

近代上海社团组织和制度的明显特点，是吸收采纳了近代民主制度，西方政治的三权分立是近代上海社团组织制度更新的模板，这种制度比较好的适应了近代上海的经济文化环境，社团组织也据此更好地建立了在社员和社会上的公共功能基础和信用，不但成为维护成员利益、约束成员失范的有效组织，而且在监督和约束公共权力运行方面具有一定的效用。

近代上海社团在一定的法制基础上，吸收了近代外国社团的治理方式和观念，实现了自身的改革和转型，从而得以有效地发挥了其社会管理作用。今天社会主义市场经济条件下的社团组织和制度建设可以吸取这方面的历史经验，通过制度创新，进一步促进社团的改革和发展，使其成为支撑市场经济运行、推动现代化事业发展的社会化管理组织。

今天的社团组织和制度建设，应该在组织的法制、民主、信用与社团活动的自主、透明、公益等方面下功夫，以更加开放的精神借鉴现在西方非政府组织的成功经验，推动社会管理主体和方式的多样化，以适应市场经济发展的实际。

三、加强对社团建设的思想理论教育和社会活动引导

近代上海社团是近代上海半殖民地半封建社会环境中发展资本主义的产物，其指导思想或思想影响都是资本主义的利益观念，维护资本利益是近代上海社团维护社会秩序的基本出发点，民众利益只是被放在安抚或施舍的位置。这种思想已经不适应社会主义市场经济的环境。社会主义的利益观念与资本主义的利益观念有本

质的区别，在社会主义的利益观念中，社会利益、国家利益、全局利益、人民利益是占第一位的。这就对今天的社团有了鲜明的政治思想要求。市场经济条件下的利益主体都有自发的局部利益导向，必须通过加强思想政治教育，提高社会主义信念和行为的自觉性。

思想理论上，对社团组织必须加强邓小平理论、三个代表、科学发展观的宣传和教育，建立长效的学习和教育机制，作为一项政府对社团管理的重要工作经常开展。指导社团行为把行业利益和职业利益与社会利益有机结合起来，在行业利益与社会和国家利益发生冲突，或与民众利益发生冲突，或与环境利益发生冲突时，能够引导社团成员以国家、社会、民众、环境利益为重，树立正确的社会价值观。

行动上，指导社团依法开展活动，取缔违法社团的存在，避免诸如近代上海黑社会性质社团的生存和发展。

创建社团健康发展的宽松环境，充分相信社团是市场经济发展的必然，给予社团发展必要的政策支持和扶植，加强政府与社团的联系和交流，积极开展政府社会服务任务的社团外包工作等。

四、对当前社团参与社会管理的意义思考

当前我国在党的领导下，已经建立了统一、有效的社会管理体系，但社会管理面对的新情况、新问题也在不断出现，社团的社会管理功能大有可为。从当前的社会现实来看，社团的发展比近代上海社团的质量和水平有了很大提高，但仍需扩大社团的群众基础，进一步发挥社团在社会管理中的基础性作用。

社会管理就是通过一定的方式方法沟通、协调、指导、控制社会有机体，使社会系统有序、良性运行的过程。社会管理的目的是营造既充满活力又和谐稳定的社会环境，使社会各方面利益都能得到合法维护并可持续地实现。社会管理创新包括思想理论创新和方式方法创新。

改革开放以来，我国的社会管理思想发生深刻变革，社会管理方式发生巨大变化。指令性管理向服务型管理过渡，人治管理向制度管理进步，直接管理向间接调控变革，政府的一元化管理向社会协同管理变化。社会管理体制从国家进行即时性

的社会动员向“党委领导、政府负责、社会协同、公众参与、法制保障”[①]的常态管理格局转变。

“社会——不管其形式如何——究竟是什么呢？是人们交互作用的产物。”[②]根据马克思主义理论，我们可以理解，社会是人类生活的共同体，是人们相互关系的系统，社会管理就是调节各种社会关系。“社会管理说到底是对人的管理和服务。”[③]社会对人的管理和服务是通过一定的组织来实现的，各类组织承载着社会管理的基本职责。宏观组织如国家机构，中观组织如企事业单位，微观组织如宗族家庭，等等，都具有社会管理的基本职能。但是，各类组织在不同的历史时期发挥社会管理的作用是不同的。

一般来说，在社会急剧转型、社会的生产生活秩序发生混乱、社会稳定遭遇危机的时期，国家机构应承担更大的社会管理责任，这时没有国家机器的强力管控不足以稳定大局，虽然国家机器的强力控制可能造成一定程度的社会窒息，那也是绕不开的。当社会处于和平发展时期，社会管理的任务是营造有利于既充满活力又和谐稳定的社会环境，民主、协商、平等、互动的社会关系成为社会管理的主要方式，如果国家机构对丰富多样的社会生产和生活，施行强力干预，就会压抑社会活力，社会关系就会出现不正常状态。这时，社会管理的任务应该更多地让渡给民间社团组织。

社会管理思想和方式选择来源于为社会服务的需求。众所周知，国家起源于社会，是社会发展到一定历史时期的产物，是社会的上层建筑，行使统治社会的职能。但国家升腾于民间社会之上，以与民间社会保持一定距离为条件。国家是社会秩序的威慑性后盾，社会对国家统治手段的要求以历史情势的变化而不同。社会孕育国家，使其表达社会意志，为社会继续发展提供保护和服务，国家的社会管理思想以有利于社会发展为其合法性。如果国家强行干预社会生活，就会成为社会发展的异质力量而危害社会的健康发展。

创新社会管理体制和方法要坚持“以人为本、服务优先”，“多方参与、共同治理”

---

① 《十八大报告》第七部分“在改善民生和创新管理中加强社会建设”，《解放日报》，2012 年 11 月 18 日第 3 版。

② 《马克思恩格斯选集》第四卷，人民出版社 1972 年版，第 320 页。

③ 胡锦涛：《扎扎实实提高社会管理科学化水平 建设中国特色社会主义社会管理体系》，载 2011 年 02 月 20 日人民网。

的原则[①],加强源头治理体系建设[②]。按照“社会协同、公众参与”的要求,充分开发社团组织的社会管理优势资源。

(一) 社团组织是“源头治理”的始域

近代上海各类社团的自我管理、自我规范,解决了大量社会矛盾,在相当程度上从源头理顺了社会秩序。

源头治理就是把矛盾化解在萌芽阶段。社团是自愿组合的民间组织,是民众社会化关系的源头。发挥社会管理的“源头治理”机制,社团组织处于起点的地位。

社团组织作为民众的自愿团体,与社会个体是无缝对接的关系。社团组织直接反映民间的社会关系,表达民众的社会愿望,实践国家的方针政策,回馈落实的经验教训。社团组织是接地气的集合体,具有生生不息的自然资质。如果说社会是国家的母体,那么社团组织就是国家创新社会管理的思想源泉。积极发挥社团组织的社会管理作用,有利于推进社会管理思想和方法的创新。

社团组织作为管理主体与管理对象是“平等伙伴”。社团组织是建立在自愿基础上的,是成员“自己的组织”,具有联系、服务组织成员的关系优势。在社会组织的形式判断上、在成员的心理距离上,社团的管理方式与国家组织对各部门的号召、指示等层级形式明显地区别开来。

社团组织的“平等伙伴”关系还体现在社团的组织规则上。近代社团组织是实行民主原则建立的。民间社团的规模有限、成员身份相似,有利于民主原则展开和落实。民主是“平等伙伴”关系的基石,在民主的范围内,个体的责任和义务意识才能真正增强,才能反映真实情况,实施有效的管理。

社团组织是拥有共同利益成员的团体。共同的价值取向,奠定社团成员对价值目标的同向理解,社团成员拥有比较均衡的话语资源,社团领导与社团成员之间是协商平等的关系,不是上下层级的直属关系。靠行政外力组织的机构往往存在紧张压抑的话语关系,也由于行政科层机构规划下的民众在所属的行政组织中没有话语资源而产生的生疏感。行政机构的社会管理对管理对象来说往往是被动行为。社团组织的共同利益和“平等伙伴”关系,使社团管理与成员的共同价值追求密切结合起来,抹去了行政权力往往产生的隔离或生疏感。

---

① 马凯:《努力加强和创新社会管理》,《国家行政学院学报》2010 年 5 期,第 7 页。

② 马凯:《努力加强和创新社会管理》,《国家行政学院学报》2010 年 5 期,第 8 页。

社团组织是社会关系的纽带。社会管理是对人的管理和服务。人既是社会关系的总和，又是社会关系的结点。人是社会关系的总和，说的是人的本质由现实的社会关系来决定，判断一个人的本质只能从他经历的和现实的社会关系中寻找依据。影响人、调动人也只能从他所处的社会关系着手。人是社会关系的结点，表达的是一切社会关系都是围绕人建立的，是为人的发展而展延的。社团把人聚合起来，构成一定范围的社会关系。抓住社团这一社会管理的纽带，对人的管理和服务就会切实有效。

社会管理是影响和规范社会个体行为的活动。社会个体的活动受直接和间接关系的影响。人处于各种显性或隐性的社会关系之中。社会个体通过不同范围的社会关系与社会环境联系起来，通过直接关系与间接关系的互动，影响与被影响于社会环境。社团是社会个体的直接关系，具有直接影响、教育、规范社会个体的作用。

社团是国家与个人之间的作用场。社团组织是民众根据社会状况和自身发展的需要，利益主体主动建立的维护成员利益、应对社会环境的团体。社会和国家的状况是社会个体生存和发展的现实基础，社团组织把国家的政策、法令结合社团成员的实际需求，讨论、制定本团体的实施对策和落实措施。国家意志通过社团组织的过滤，渗透进社团成员的思想，影响成员个体的实际行动。这个过程中，利益主体的追求和需要通过社团组织与国家政策进行对冲和交汇，利益个体以社团的形式与国家政策发生作用，社团成为国家与利益个体之间的作用场。社团是成员表达真实意志的场所，国家意志在这里与利益个体的真实意志相作用。

社会团体作为国家与个体之间的作用场角色，与行政机构的推行性角色，对民众心理和行为的影响，是不同的。社团组织的利益协同性以及成员情感的共通性，易于成员遵守社团的规约，虽然有时这种规约不完全符合个体的意志。行政机构的外力推行角色，常常使行政区域的民众具有强力压迫感，行为就会变得被动而敷衍，虽然有时这种强力推行是必须的，如果能够通过社团组织的化解缓冲，变为社团组织成员自我规范、自我管理、自我协调的运行机制，效果可能更为明显和持续。

社团组织在国家与个体之间的作用场功能，是近代国家与社会良性互动关系的体现。社会空间的扩大，社团组织的成长，是国家社会本质的良性发展。国家为了保护社会而产生，随着社会的进步，社会管理的主体必然逐步回归社会，从而体现国家存在和发展的目的，最终实现社会自由而全面的发展。

（二）社团组织是“社会协同”管理的载体

近代上海可以说是“社会人”的集合体，通过各种社团组织的凝结组合，使近代上海“社会人”成为有序的组织力量，促进了近代上海的发展。

改革开放以来，我国的社会管理关系发生了深刻变化。主要表现在计划经济时代的“单位人”成为市场经济时代的“社会人”。“单位人”管理关系把个人纳入到企业、工厂、机关、学校、生产队、军队等国家控制的单位中，人口的流动和单位的变动以及每个人的情况严格掌握在各个单位的管理范围内，没有社会自由的空间，没必要、也不存在社团参与社会协同管理的问题。“社会人”从单位中解放出来，人口流动成为常态。很多人虽然也在各种各样的单位中工作，但是市场体系中的单位与工作人员之间，一般只是工作合同关系，对工作之外的居住、生活、交往等情况是不负责的。人口和单位的市场化还使人和单位都处于变动不居的状态，加大了社会管理关系的复杂性。除此之外。市场经济中产生大量的自由职业者、个体劳动者等“无单位”的人。“社会人”是生产要素市场化的必要，也是社会创造力的必要，但是人的“市场”关系对社会管理提出了更高的要求。营造既充满活力又和谐有序的社会环境，必须进行社会管理体制和机制的创新。新时期社会的分化与组合产生了很多新的社会组织，各种“社会人”以共同利益关系或共同社会关注，自发结成各种新的社会团体。让社团组织分担一定的社会管理责任，政府与社团组织协同开展社会管理，成为市场经济条件下进行社会管理的必然选择。

“社会协同，就是要发挥各类社会组织的作用，整合社会管理资源，积极推动建立政府调控机制同社会协同机制互联、政府行政功能同社会自治功能互补、政府管理力量与社会调解力量互动的社会协同管理网络。”①发挥各类社会组织的社会管理作用，民间社团组织的载体意义越来越明显，它所联系、影响的社会群体越来越多。

社团组织的发展是市场经济条件下社会结构演变的必然趋势。社会结构在社会学的意义上，是指占有一定资源、机会的社会成员的组成方式及其关系格局，包含社会组织结构、城乡结构、人口结构、家庭结构、就业结构、收入分配结构、社会阶层结构等若干重要子结构，其中社会阶层结构是核心。有的学者认为社会结构是指社会各要素之间相互联系、相互作用的方式。② 社会结构是一个是演变、开放的系统。

---

① 马凯：《努力加强和创新社会管理》，《国家行政学院学报》，2010 年第 5 期，第 10 页。

② 风笑天等编著：《社会管理学概论》，华中科技大学出版社 1999 年版，第 3 页。

现代社会结构的重要特征之一就是社团组织的普及和发达。例如美国现在的社会组织有 100 万个之多，遍及美国所有大小城市及社区内。[①] 我国的社团组织从改革开放以来发展很快，并且呈现着不断发展的趋势。有文章载明：1988 年，我国仅有社会团体 4 446 个；至 2010 年，全国依法登记的社会组织共 43.9 万个，其中社团 24.27 万个，民办非企业单位 19.45 万个，基金会 2 168 个；经民政部门备案的农村专业经济协会有 4 万多个、城市社区社会组织有 20 多万个。与社会组织的快速发展相适应，据不完全统计，全国社会组织目前的专职工作人员有 540 万人，兼职工作人员 500 多万人，各类志愿者 2 500 多万人。[②]

社会团体的大发展显示了人民主体地位提升和社会发展的活力。社团组织成为聚合、团结、维系“社会人”的重要组织形式，成为满足“社会人”交往、生活、文娱等活动需要的自然载体，成为交流思想、服务社区、开展公益的基本民间形式。政府管理工作与社团组织协同起来，指导、鼓励、帮助其发挥广泛联系各阶层群体的关系优势，既是社会发展的必然，也是工作落实的措施。

社团组织具有对团体成员管理的“软优势”。现代社会管理是以人为本、服务优先的管理，应采用刚性管理与柔性管理相结合的弹性管理模式。[③] 刚性管理就是要体现原则的坚定性，柔性管理是要管理手段的灵活性。弹性管理表现为应对新情况新问题的适应性，这样才能促进社会运行动态平衡、社会秩序稳定可靠。

在社会管理方式上，我们曾有依靠单一行政手段进行管、控、压、罚的传统积习，政府的服务职能没能得到充分发挥，政府与社会组织协同进行社会管理的方法没能得到足够的重视。新形势下，在社会管理中贯彻群众路线，运用民主的方式、服务的方式、寓管理于服务之中的方式，通过平等对话、沟通协商来认识社会问题，化解社会矛盾，成为社会管理创新的基本思路，在这方面社团组织具有管理团体成员的“软优势”。

社团组织社会管理的“软优势”主要有：社团组织是利益追求相同的团体，思想认识容易统一；是成员志趣接近的团体，感情沟通容易通畅；是组织形式民主的团体，平等对话容易展开；是自治自律的团体，责任义务意识是其基本思想前提，自主

① 毕蓝武著：《社团革命》，山东人民出版社 2003 年版，第 310 页。

② 孙秀艳：《社会协同的内涵解析与路径选择》，《中共福建省委党校学报》2011 年第 10 期，第 78、79 页。

③ 马凯：《努力加强和创新社会管理》，《国家行政学院学报》，2010 年，第 5 期，第 7 页。

责任意识较易形成，承担义务意识也较易认同。运用好社团组织的“软性管理”活动，可以为政府管理分担很多任务、填补很多政府管理空白。

社团组织与政府管理相向而行。社会团体的产生和发展，是一定社会经济、政治和文化条件决定的。就当前来说，社团组织的发展势头，是改革开放促进的，经济改革促进了利益主体的多元化，政治体制改革要求激发民主创造活力，文化开放交流增强人们自主自立精神。社团组织的发展本身就是民众对改革开放的良性回应和有力互动。社会团体的自我组织、自我治理、自我教育、自我提高的性质，以及服务行业、服务社区、服务社会的功能，是社会活力增强的反映，又是促进改革开放深入发展的实践活动。

改革开放既是不断解决问题的过程，又是不断遇到新问题的过程。社会越发展遇到的新的矛盾就会越多。社团组织也是一定的社会群体为了对应和适应新的社会环境、有利于解决和化解自身遇到的各种矛盾而存在和发展的。在这一点上，社团组织的价值取向在大方向上与国家社会管理的目的是一致的。

政府社会管理的目标是为人民群众创造一个既充满活力又和谐有序的工作生活环境，造成一个毛泽东说过的：“又有集中又有民主，又有纪律又有自由，又有统一意志、又有个人心情舒畅、生动活泼，那样一种政治局面。”[①]在一定意义上，社团组织就是在特定的社会群体中实践这么一种社会局面。

改革开放，人心思富，人心思进步，同时，人心也思稳定、思和谐。解决各类矛盾、缓解各类冲突、凝聚社会共识，是社会管理的基本任务。社团组织是成员互助、集群协力、共倡进步的组织，对“社会人”的“原子化”倾向具有非体制的吸引作用，有助于抑制社会群体的弥漫性分散。通过社团组织，使可能的矛盾纳入一定的范畴，有利于社会矛盾的排摸，进而做好对影响稳定事件的预判和预警。在这些方面，社团组织的作用与政府管理的方向也是相向而行的。社团组织可以做很多复杂环境中，行政管理做不好、做不了的微观管理工作，可以起到社会管理的安全阀和润滑剂作用。

（三）社团组织是“公众参与”社会管理的杠杆

在特殊的社会背景下，近代上海大量社会工作，是由各种社团组织开展的，社团成为调动民众参与社会管理和社会活动的基本组织者，发挥了“公众参与”社会管理

---

① 《毛泽东文集》第八卷，人民出版社 1999 年版，第 293 页。

的"杠杆"作用。

"公众参与"主要是指公众在公共事务的决策、管理、执行和监督过程中，能够自由地表达自己的立场、意见和建议，能合法地采取旨在维护个人切身利益和社会公共利益的行动。[①]

"公众参与"，"就是要充分发挥人民国家人民管理的作用，引导公民依法理性有序参与社会管理。要培养公民意识，履行公民义务。积极开展志愿服务活动，健全社会志愿服务长效机制探索。探索公民参与社会管理的机制和途径，为公民参与创造条件，努力形成社会管理人人参与、人人共享的良好局面。"[②]

积极倡导公众参与社会管理和公共事务，不但是发展社会民主的必然要求，而且是构建社会和谐的基本条件。很难想象一个冷漠旁观、公共沉默的社会是和谐的；一个人微言轻、话无出口的传导环境也绝不是社会管理的目的所在。社会的活力和进步在很大程度上，表现为公众对社会管理和社会事务广泛而深入的参与。美国各级政府过去几十年与社团组织的合作越来越多，认为社团的志愿生产是所有公共服务生产中最有效地方式。如著名的美国、加拿大的消防志愿者社团，凝聚了很多社团广泛参与活动。托克维尔在19世纪30年代就发现，美国简直就是一个"参与的国度"[③]。通过社会团体组织公众参与社会事务和管理，是近现代社会管理的成功经验。

公众参与只能是有组织和有秩序的参与，才能有效率和意义。社团组织在"公众参与"社会管理中的杠杆作用主要体现在它有别于行政组织的特色方面。

社团具有非政府传导功能。社团组织一般既能深入到组织内部的成员或行业中间，又能同政府保持较密切的关系。可以宣传和普及国家的法律和政策，教育和动员成员群体，使他们认识自己的责任和义务，遵循社会规则和组织规约。可以向政府传达民情众意，反映成员的愿望、意见或建议。也可以表示成员的愤懑或不解，以影响政府政策的制定能够更综合全面的适应实际情况。同时，社团组织一般能够尽力维护政府权威，落实本范围的沟通、管理责任。

社团具有灵活的调整优势。社团组织在组织结构、组织体制和活动形式上有很

① 程琥：《公众参与社会管理机制研究》，《行政法学研究》2012年第1期，第66页。

② 马凯：《努力加强和创新社会管理》，《国家行政学院学报》2010年第5期，第11页。

③ 2013年2月2日《中国经济导报》，第B05版。

大的弹性，便于根据不同情况、不同态势、不同条件灵活调整工作步骤和工作布局，如，根据情况临时建立有针对性的磋商机制，处理突发或紧急事件等，工作适应性很强。社团组织的政治性不强，官僚化程度低，方便做政府不方便去做的事情，能够做民间不接受政府做的事情。

社团能够撬动社会个体参与社会管理的热情。从我国公众参与社会事务的实践来看，实现公众有效参与，需要通过社会组织这一重要杠杆撬动其社会参与的热情。个体对政府，往往抱着被动或回避态度。由于个体与政府的身份不对称以及传统形成的官民统治矛盾或情感隔膜，政府的号召往往被民众个体视为异己的力量。政府的管理措施，通过社团组织的情感对冲，能够较好地化为个体的参与热情，社团在这方面的“撬动”作用是明显的。事实上，我国公众参与社会事务和社会管理的行动，单独的个人参与较为少见，且效果不明显。如果缺乏有效的中间组织，公民不得不以个体身份、个别地对政府管理作出反应，这种“非制度参与”“无组织参与”就容易走极端，带来的危害可能会大于参与的实效①。

在构建“党委领导、政府负责、社会协同、公众参与、法治保障”的社会管理体制中，必须注重发挥各类社团组织、各类自治组织等社会力量对社会个体社会参与的热情调动作用。个体只有依托于组织才会觉得有力量、有保护、有热情。把一些社会性、公益性、事务性的管理工作交给它们做，让不同社会组织把社会个体撬动活跃起来，协同共进，社会管理才能有声有色。

那种连居委会、村委会的换届会也开不起来，需要找上门请公众在候选人名字前画个圈的做法，虽然不能说不是公众参与，但那是搞形式，走过场，是“被参与”，违背了参与的宗旨。有人曾一度这样讲：“风声雨声读书声，我不作声；家事国事天下事，管我屁事。”这种情况叫“社会冷漠”。“社会冷漠”是社会“精神懈怠”的表现。“哀莫大于心死”。“社会冷漠”是很可悲的。随着“社会冷漠”而来的，可能是很可怕、很危险的“于无声处听惊雷”。②

因此，在我们提倡社会管理体制创新的新形势下，通过创新管理手段和形式，正确运用和发挥社团组织撬动公众参与热情的作用，把公众参与的社会管理搞得扎实、搞得有实效。

---

① 黎军：《论通过行业协会实现公众参与》，《政治与法律》2006 年第 4 期，第 85 页。

② 邓伟志：《社会管理创新的创新》，《党政论坛》2011 年 11 月号，第 9 页。

我国现有数以万计的社团组织，除继续发挥工会、共青团、妇联等人民团社会管理的作用外，要重视研究民间社团的组织灵活机制、功能发挥机制、情感维系机制、利益联结机制、互帮共处机制等，摆正其方位，重视其工作，加强与社团组织的联系，增强对社团组织的信任、领导和扶植，为社团组织的发展创造更大的空间，以适应时代要求，开发其潜在的社会管理资源，为创建和谐社会服务。

结　语

近代上海是一个被迫开放又逢遇先机的城市，是一个备受欺辱又充满机遇的城市，是一个中外交错又活力沛然的城市，也是一个风光无限又畸形发展的城市。历史的必然与偶然在近代上海发展史上得到鲜明的体现，发展是必然的，然而发展机遇的出现却具有偶然性。近代上海抓住了新的发展机遇，实现了城市近代化的跨越式发展。

与近代上海市场经济快速发展、城市人口迅猛增长、城市规模超常扩大的历史进程相伴随的，是近代上海社团的发展和兴盛。近代上海的经济、政治、文化、社会状况促进了民间社团的产生和发展，遍及社会的各类社团维系了近代上海不断发展的社会环境。经济持续发展与社会环境稳定必不可分，社会环境的稳定，是在多元社会主体规范的互动关系中实现的。近代上海社团的普及和发展是规范各种社会关系的基础性组织网络。

近代上海是一个商品经济基础较好的城市，开埠以前的上海，在封建自然经济的母体里孕育了较为成型的商品经济萌芽，一旦期逢有利社会环境的培养，这种萌芽就会快速地成长起来。开埠后，上海遇到了这种有利的社会环境。开放是商品经济发展的必要条件。近代上海的开放虽然是被迫的，但它毕竟带来了商品经济发展需要的这种外部条件。

近代上海封建统治的松动和弱化，扩大了社会空间自主性的边界，社会自主意识逐步增强，民众创造力逐步培育，激发了社会活力，赋予民间社会更大的责任，进而增强了社会团体意识。人际关系逐步走向社会化和规则化，这是近代上海社团产生和发展的重要条件。

市场经济的发展和社会生活的商品化，冲破了封闭的血缘和地缘关系占主流地位的人际关系，开放的社会关系成为市民关系的联系方式。生产、消费和人际关系的社会化，加强了市民的社会参与和社会融合观念。社会以利益群体、事业同人、价值观念和消费关系等为纽带，分化组合为近代市场经济条件下的社会群体，这是社团建立的社会关系基础。

近代上海三界分立的社会政局，给社会乱象留下空间，也给社团发展提供了条件和必要。社会治理体系的不统一留下很多治理盲区，社会各阶层就自我组织起来，维护群体权益，维持社会关系和交易的一般秩序和规则。社会自组织治理系统具有平等、协商、市场调节的特点，治理规则建立在符合民意和达成共识的基础上，有比较高的认同度，民众易于自觉遵守和接受。

近代西方文化的民主、科学、平等、自由、个性解放、自我价值、个体利益等观念在近代上海率先传播进来，对因循守旧的封建自闭性的等级观念和行为方式形成思想冲击。西方的民主政治制度和个性解放精神，在近代上海租界领域的展现，对近代上海民众更有直观上的视觉和心理冲击力，追求民主、自治，挣脱专制、强权逐步成为近代上海城市发展的要求。专制、强权没有民众基础，民众的行为是被动的，心理是抵触的，社会治理的效果僵死呆板，以至于造反时有发生，不可能形成安全稳定的社会秩序。社团适应这一社会状况，成为上海经济社会中基本的民间组织形式。

近代上海发展的历史事实证明，社团组织承载着维系社会秩序的功能。近代上海社会发展中的新旧更替、中外冲突、移民融合、阶层矛盾等问题，通过各类社团有组织的协调，各种复杂的社会关系有机连接起来，各种社会矛盾消解于社会可控的范围之内，社会冲突缓解。社团成为近代上海发展中普遍性的社会组织，这种社会结构成为社会发展的基础。

近代上海社团还在社会变革中起到了社会动员的组织作用，成为推动社会变革的有力杠杆。

在近代上海特殊的历史环境中，也出现了黑帮社会泛滥的情况。黑帮组织是一种民间社团的变异体，它不遵守社会规则，常以极端的方式进行秘密的社会活动。黑帮组织对城市流民具有广泛的吸引力，聚集了大批不良无业者，在整个社会中也有相当的渗透。这种情况体现了近代上海畸形发展的一面。黑帮组织对社会正常秩序的威胁，也成为近代上海各利益群体建立社团以维护自身利益的一种原因。

近代上海社团发展的基本经验告诉我们，社团是参与社会维系和社会管理的组织，是社会治理活动的源头组织，是政府社会管理活动的必要补充，在近代上海发展中经受了实践的考验。

今天我们正在进行市场经济体制条件下的社会建设，一个充满活力又动态稳定的社会环境是市场经济持续发展的前提。我们能够在多大程度上有效运用社团这一社会管理的基本组织资源，怎样发挥这一组织资源的社会管理作用，还需在改革开放的实践中深入研究。“历史活动是群众的事业，随着历史活动的深入，必将是群众队伍的扩大。”[①]这是马克思恩格斯的期盼，也是社团发展的前景。

① 《马克思恩格斯全集》第二卷，人民出版社 1957 年版，第 104 页。

参考文献

一、中文著作

[1]《列宁选集》第二卷，人民出版社，1960。

[2]《马克思恩格斯选集》第一卷，人民出版社，1972。

[3]《马克思恩格斯选集》第二卷，人民出版社，1972。

[4] 邓正来：《国家与市民社会》，中央编译出版社，1998。

[5] 俞可平：《治理与善治》，社会科学文献出版社，2000。

[6] 王世刚：《中国社团史》，安徽人民出版社，1994。

[7] 刘健清：《社团志》，上海人民出版社，1998。

[8]《马克思恩格斯选集》第四卷，人民出版社，1972。

[9] 王铁崖：《中外旧约章汇编》第一卷，三联书店，1957。

[10] 张仲礼：《近代上海城市研究》，上海人民出版社，1990。

[11] 南京大学历史系：《明清资本主义萌芽研究论文集》，上海人民出版社，1981。

[12]《毛泽东选集》第二卷，人民出版社，1967。

[13] 刘惠吾：《上海近代史》，华东师范大学出版社，1985。

[14] 黄苇：《上海开埠初期对外贸易研究》，上海人民出版社，1961。

[15] 徐鼎新：《上海总商会史》，上海社会科学院出版社，1991。

[16] 王韬：《瀛壖杂志》卷二，上海古籍出版社，1989。

[17] 上海市地方志办公室：《上海研究论丛》第五辑，上海社会科学院出版社，1990。

[18]《马克思恩格斯选集》第三卷，人民出版社，1972。

[19] 南京大学太平天国研究室：《江浙豫皖太平天国史料选编》，江苏人民出版社，1983。

[20] 郭毅生：《太平天国经济制度》，中国社会科学出版社，1984。

[21] 邹依仁：《旧上海人口变迁的研究》，上海人民出版社，1980。

[22] 徐甡民：《上海市民社会史论》，文汇出版社，2007。

[23]《孙中山全集》第十一卷，中华书局，1986。
[24] 熊月之：《上海通史》第五卷，上海人民出版社，1999。
[25] 刘军宁：《保守主义》，中国社会科学院出版社，1998。
[26] 曾国藩：《曾文正公全集》第四部，吉林人民出版社，1995。
[27] 冯桂芬：《校邠庐抗议》，中州古籍出版社，1999。
[28] 李侃等：《中国近代史》，中华书局，2005。
[29] 张海鹏：《中国近代通史》第四卷，江苏人民出版社，2006。
[30] 严复：《天演论导言六人择》，商务印书馆，1981。
[31] 哈佛燕京学社：《儒家与自由主义》，三联书店，2001。
[32] 马克思恩格斯：《神圣家族》，人民出版社，1957。
[33] 郭绪印：《老上海的同乡会》，文汇出版社，2003。
[34] 王日根：《乡土之链》，天津人民出版社，1996。
[35] 马克思恩格斯：《德意志意识形态》，人民出版社，1972。
[36] 中国史学会：《戊戌变法四》，上海人民出版社，1957。
[37] 湖南省哲学社会科学研究所：《唐才常集》，中华书局，1980。
[38] 李新、陈铁健：《伟大的开端》，中国社会科学出版社，1983。
[39] 张允侯：《五四时期的社团四》，三联书店，1979。
[40] 全总职工运动研究室：《中国工会历史文献》，工人出版社，1958。
[41] 胡绳：《中国共产党的七十年》，中共党史出版社，1991。
[42] 全国妇联妇女运动研究室：《中国妇女运动历史资料 1921》，人民出版社，1986。
[43] 陈漱渝：《中国民权保障同盟》，北京出版社，1985。
[44] 齐武：《抗日战争时期中国工人运动史稿》，人民出版社，1986。
[45] 康有为：《康南海自编年谱》，中华书局，1992。
[46] 梁启超：《饮冰室合集三十自述》，中华书局，1989。
[47] 唐振常：《上海史》，上海人民出版社，1989。
[48] 朱邦兴：《上海产业与上海职工》，上海人民出版社，1984。
[49] 张玉法：《民国初年的政党》，岳麓书社，2004。
[50] 中国社会科学院历史研究所：《救国会》，中国社会科学出版社，1981。
[51] 乐正：《近代上海社会心态 1860—1910》，上海人民出版社，1991。
[52] 曹漫之：《中国青少年犯罪学》，群众出版社，1987。

[53] 蒯世勋:《上海公共租界史稿》,上海人民出版社,1980。
[54] 岑德章、潘公展:《租界略史》,大东书局,民国二十年(1931)。
[55] 丁明楠:《帝国主义侵华史》第一卷,人民出版社,1977。
[56] 列岛:《鸦片战争论文专集》,三联书店,1958。
[57] 汪敬虞:《十九世纪西方资本主义对中国的经济侵略》,人民出版社,1983。
[58] 本书编写组:《上海港史话》,上海人民出版社,1979。
[59] 中共中央马克思列宁恩格斯斯大林著作编译局:《马克思恩格斯论中国》,人民出版社,1997。
[60] 风笑天:《社会管理学概论》,华中科技大学出版社,1999。
[61] 毕蓝武:《社团革命》,山东人民出版社,2003。
[62]《毛泽东文集》第八卷,人民出版社,1999。
[63] 马光仁:《上海新闻史一八五0——一九四九》,上海书店出版社,1996。
[64] 上海广肇公所、广东旅沪同乡会、粤侨商业联合会:《广东旅沪同乡救济难民委员会报告书》,民国27年5月(1938)。
[65] 羅家倫:《革命文獻第四十一輯》,台北文物供應社,1967。
[66] 方平:《晚清上海的公共领域》,上海人民出版社,2007。
[67] 北京太平天国历史研究会:《太平天国译丛》第三辑,中华书局,1985。
[68] 上海市文史馆:《上海地方史资料》(二),上海社会科学院出版社,1983。
[69] 唐培吉:《上海抗日战争史丛书》,上海人民出版社,2005。
[70] 共青团上海市委:《上海学生运动史1945—1949》,上海人民出版社,1983。
[71]《十五大以来重要文献选编上》,人民出版社,2000。
[72] 上海研究中心:《上海700年1291—1991》,上海人民出版社,1991。
[73] 忻平:《从上海发现历史》,上海人民出版社,1996。
[74] 虞和平:《商会与中国早期现代化》,上海人民出版社,1993。
[75] 谯枢铭等:《上海史研究》,学林出版社,1984。
[76] 陈旭麓:《近代中国社会的新陈代谢》,上海人民出版社,1992。
[77] 张仲礼:《中国近代城市企业社会空间》,上海社会科学院出版社,1998。
[78] 何增科:《当代西方学术前沿论丛——公民社会与第三部门》,社会科学文献出版社,2000。
[79] 王思斌:《社团的管理与能力建设》,中国社会出版社,2003。

[80] [英]霍布斯:《利维坦》,黎思复等译,商务印书馆,1985。
[81] [德]黑格尔:《法哲学原理》,范扬、张企泰译,商务印书馆,1982。
[82] [意]葛兰西:《狱中札记》,葆煦译,人民出版社,1983。
[83] [法]托克维尔:《论美国的民主》,董果良译,商务印书馆,1995。
[84] [法]托克维尔:《旧制度与大革命》,冯棠译,商务印书馆,1997。
[85] [英]哈耶克:《通往奴役之路》,王明毅等译,中国社会科学出版社,1997。
[86] [美]罗兹墨菲:《上海——现代中国的钥匙》,上海社会科学院历史研究所译,上海人民出版社,1986。
[87] [法]白吉尔:《中国资产阶级的黄金时代》,张富强译,上海人民出版社,1994。
[88] [法]朋尼维兹:《布赫迪厄社会学的第一课》,孙智绮译,台湾麦田出版社,2002。
[89] [法]白吉尔:《上海史——走向现代之路》,王菊,赵念国译,上海社会科学院出版社,2005。
[90] [美]马士:《中华帝国的对外关系史》,张汇文等译,商务印书馆,1963。
[91] [日]久保亨著:《走向自立之路——两次世界大战之间中国的关税通货政策和经济发展》,王小嘉译,中国社会科学出版社,2004。
[92] [日]小浜征子:《近代上海的公共性与国家》,葛涛译,上海古籍出版社,2003。
[93] [美]爱狄密勒:《冒险家的乐园》,包玉珂编译,上海文化出版社,1956。
[94] [美]泰勒丹涅特:《美国人在东亚》,姚曾廙译,商务印书馆,1962。
[95] [法]梅朋、法莱台:《上海法租界史》,倪静兰译,上海译文出版社,1983。
[96] [日]野泽俊敬:《上海近代史年表》,东京大修馆书店,1999。
[97] 上海博物馆图书资料室:《上海碑刻资料选辑》,上海人民出版社,1980。
[98] 本书编写组:《上海港史话》,上海人民出版社,1979。
[99] 奚洁人:《科学发展观百科辞典》,上海辞书出版社,2007。
[100] 叶梦珠:《阅世篇卷七(食货五)》,上海古籍出版社,1981。
[101] 刘兆祐:《万历嘉定县志(田赋考)物产》,台北台湾学生书局,1987。
[102] 叶梦珠:《阅世编卷三(建设)》,上海古籍出版社,1981。
[103] 中华全国妇女联合会妇女运动历史研究室:《中国妇女运动历史资料(1921—1927)》,人民出版社,1986。
[104] 李义彬:《中国青年党》,中国社会科学出版社,1982。
[105] 张静庐:《中国现代出版史料(乙编)》,中华书局,1957。

[106] 顾炎武:《日知录》第十二卷,花山文艺出版社,1990。
[107] 上海通志编纂委员会:《上海通志》第二册,上海人民出版社,2005。
[108] 汤伟康:《上海轶事》,上海文化出版社,1987。
[109] 上海通志馆:《上海市年鉴》,中华书局,1936。

二、中文期刊文献

[1] 盛宣怀:《致上海关道函》,《选报》,1902 年第 9 期。
[2] 邓正来、景跃进:《建构中国的市民社会》,《中国社会科学季刊》,1992 年第 11 期。
[3] 熊月之:《20 世纪上海史研究》,《上海行政学院学报》2000 年第 1 期。
[4] 熊月之、张生:《中国城市史研究综述(1986—2006)》,《史林》,2008 年第 1 期。
[5] 谢俊美:《清代上海会馆公所述略》,《华东师范大学学报(哲学社会科学版)》,2000 年第 2 期。
[6] 王立群:《近代上海口岸知识分子的兴起》,《清史研究》,2003 年第 3 期。
[7] 陆兴龙:《近代上海社团组织及其社会功能的变化》,《上海经济研究》,2005 年第 1 期。
[8] 觉民:《论立宪与教育之关系》,《东方杂志》,1905 第 12 期。
[9]《中国劳动组合书记部宣言》,《共产党月刊第 6 号》,1921 年第 7 期。
[10] 梁元生:《慈惠与市政——清末上海的堂》,《史林》,2000 年第 2 期。
[11] 张礼恒:《略论民国时期上海的慈善事业》,《民国档案》,1996 年第 3 期。
[12]《上海城厢内外总工程局简明章程》,《东方杂志》,1906 年第 1 期。
[13] 葛涛:《研究近代上海公共性与国家关系的新作——小洪正子〈近代上海的公共性和国家〉的介绍》,《史林》,2001 年第 1 期。
[14] 吴泽霖:《上海的育婴事业》,《华年周刊》,1933 年第 28 期。
[15] 吴泽霖:《上海的游民救济事业》,《华年周刊》,1933 年第 34 期。
[16] 李学举:《加强社会建设和管理 促进社会和谐与发展》,《求是》,2005 年第 7 期。
[17] 樊卫国:《近代上海非政府组织的社会经济协调作用》,《上海经济研究》,2007 年第 11 期。
[18] 中夏:《我们的力量》,《中国工人》,1924 年第 11 期(2)。
[19] 马凯:《努力加强和创新社会管理》,《国家行政学院学报》,2010 年第 5 期。
[20] 孙秀艳:《社会协同的内涵解析与路径选择》,《中共福建省委党校学报》,2011

年第10期。

[21] 程琥:《公众参与社会管理机制研究》,《行政法学研究》,2012年第1期。

[22] 黎军:《论通过行业协会实现公众参与》,《政治与法律》,2006年第4期。

[23] 邓伟志:《社会管理创新的创新》,《党政论坛》,2011年第11期。

[24] 赵书刚:《孙中山的人权理论与实践》,《郑州大学学报》,2011年第3期。

[25] 岑大利:《清代慈善机构述论》,《历史档案》,1998年第1期。

[26] 李達嘉:《上海商人的政治意识与政治参与(1905—1911)》,《"中央研究院"近代史研究所集刊》,1993年第22期。

[27] 张建俅:《近代中国政府与社团关系的探讨》,《"中央研究院"近代史研究所集刊》,2005年第47期。

三、中文论文集中的析出文献

[1]《教育部关于设立通俗教育研究会呈并大总统批令》,中国第二历史档案馆:《中华民国史档案资料汇编第3辑文化》,凤凰出版社,1991。

[2]《中国社会科学家联盟简章》,上海市哲学社会科学联合会:《中国社会科学家联盟成立55周年纪念专辑》,上海社会科学院出版社,1986。

[3] 赵惠甫:《赵惠甫先生能静居笔记》,上海商务印书馆1917年《小说月报》第8卷第6号。

[4] 朱学范:《上海工人运动与帮会二三事》,《上海文史资料选辑第五十四辑——旧上海的帮会》,上海人民出版社,1986。

[5] 上海社会科学院历史研究所:《太平军在上海》,《北华捷报选译》,上海人民出版社,1983。

[6]《光绪四年四月十九日李璠奏》,中国史学会:《洋务运动》第一册,上海人民出版社,1961。

[7]《光绪十五年二月十八日刘铭传奏》,《洋务运动》第六册,上海人民出版社,1961。

[8] 李秀成:《忠王李秀成给上海百姓谕》,太平天国历史博物馆:《太平天国文书汇编》,中华书局,1979。

[9] 鹤湖意意生:《葵丑纪闻录》,《中华文史论丛增刊太平天国史料专辑》,上海古籍出版社,1979。

[10] 徐雪筠:《上海近代经济发展状况(1882—1931)》,《海关十年报告》,上海社会科

学出版社,1985。
[11] 张之洞:《札司局设局讲习洋务》,中国史学会:《洋务运动》第一册,上海人民出版社,1961。
[12] 王韬:《代上广州冯太守书》,楚流:《弢园文录外编》,辽宁人民出版社,1994。
[13] 薛福成:《英吉利用商务辟荒地说》,丁凤麟:《薛福成选集》,上海人民出版社,1987。
[14] 马建忠:《适可斋记言记行富民说》,中国史学会:《洋务运动》第一册,上海人民出版社,1961。
[15] 陈炽:《续富国策》,赵树贵:《陈炽集》,中华书局,1997。
[16] 郑观应:《商战上》,陈志良:《盛世危言》,辽宁人民出版社,1994。
[17] 郑观应:《技艺》,中国史学会:《洋务运动》第一册,上海人民出版社,1961.
[18] 郑观应:《商务五》,陈志良:《盛世危言》,辽宁人民出版社,1994。
[19] 郑观应:《自序》,陈志良:《盛世危言》,辽宁人民出版社,1994。
[20] 郑观应:《商战下》,陈志良:《盛世危言》,辽宁人民出版社,1994。
[21] 盛宣怀:《请设上海商业会议公所折》,《愚斋存稿卷七奏疏七》,台北文海出版社,1975。
[22] 赵云声:《朱葆三传》,《中国大资本家传六》,时代文艺出版社,1994。
[23]《1938 年广东旅沪同乡会救助难民委员会报告书》,上海研究中心:《上海研究论丛》第九辑,上海社会科学院出版社,1993。
[24] 康有为:《康南海自编年谱》,中国史学会:《中国近代史资料丛刊戊戌变法四》,上海书店出版社,2000。
[25] 梁启超:《试办不缠足会简明章程》,中国史学会:《中国近代史资料丛刊戊戌变法四》,上海书店出版社,2000。
[26]《戒鸦片烟会章程》,中国史学会:《戊戌变法四》,上海人民出版社,1957。
[27] 段炼:《上海学研究的回顾与思考》,上海市档案馆:《上海档案史料研究》第三辑,上海三联书店,2007。
[28]《上海公共租界华顾问会的始终》,《上海通志馆期刊》,上海通志馆,1933。

四、中文报纸资料

[1]《新民丛报》,1903 年第 32 号。

[2]《再论女学》,《申报》,1876 年 4 月 12 日。
[3]《申报》,1890 年 1 月 26 日。
[4]《申报》,1895 年 12 月 4 日。
[5]《知新报》,光绪二十四年(1898 年)5 月 21 日。
[6]《中国教育会第一次修改章程草案》,《苏报》,1903 年 5 月 15 日。
[7]《民立报》,1912 年 3 月 29 日。
[8]《政见商榷会成立》,《民立报》,1912 年 5 月 28 日。
[9]《上海市中医公会备案批准》,《申报》,1927 年 4 月 19 日。
[10]《医师公会注意难民健康》,《申报》,1932 年 2 月 13 日。
[11]《记者会近日招待西报记者》,《申报》,1931 年 9 月 26 日。
[12]《记者会招待各国驻沪记者》,《申报》,1931 年 9 月 27 日。
[13]《民立报》,1911 年 12 月 28 日。
[14]《女界协济社宣言》,《民立报》,1912 年 3 月 5 日。
[15]《申报》,1927 年 2 月 6 日。
[16]《申报》,1927 年 2 月 20。
[17]《申报》,1928 年 11 月 16 日。
[18]《民国日报第一章》,1918 年。
[19]《中国经济导报》第 B05 版,2013 年 2 月 2 日。
[20]《上海市面总论》,《申报》,1879 年 1 月 20 日。
[21]《上海商业补习教育会简章》,《上海总商会月报》第 1 卷第 6 号,1921 年 12 月。
[22]《商业夜校》,《上海总商会月报》第 4 卷第 10 号,1924 年 10 月。
[23]《上海市医师公会近讯——上海市医师公会》,《上海医事周刊》1939 年第 5 卷第 17 期。
[24]《上海会计师公会章程》,《会计学报》,1926 年第 2 期。
[25]《中国共产党十八大报告第七部分“在改善民生和创新管理中加强社会建设”》,《解放日报》第 3 版,2012 年 11 月 18 日。
[26]《新闻报》,1911 年 11 月 6 日。
[27]《申报》,1915 年 12 月 30 日。
[28]《申报》,1916 年 1 月 16 日。
[29]《申报》,1916 年 2 月 15 日。

[30]《申报》,1916 年 2 月 17 日。

五、中文电子资源

[1] 上海市地方志专业志\\上海民政志\\第十五章社会团体管理 http:www.shtong.gov.cn/node2/node2245/node65977/node66000/index.html。
[2] 胡锦涛:《扎扎实实提高社会管理科学化水平 建设中国特色社会主义社会管理体系》,http://politics.people.com.cn/GB/1024/13959222.html。
[3] 上海设立商务公所文献,http://wenxian.fanren8.com/06/13/5/16.htm。
[4] 上海市市地方志办公室\\上海通网站\\上海市地情资料库 http://www.shtong.gov.cn/node2/node70393/node70404/index.html。
[5] 刘友梅:《史良与救国会》,中国民主同盟网站 http://www.mmzy.org.cn。

六、中文馆藏史料

[1] 上海总商会:《上海总商会月报第 2 卷第 11 号》,1923 年 5 月。
[2] 张伯行:《正谊堂集卷一》,乾隆元年(1736 年)张师拭、张师载校刊。
[3] 包世臣:《答族子孟开书》,安吴四种,卷 26,1846。
[4] 毛祥麟:《土产》,墨余录(卷一)。
[5]《筹办夷务始末二百六十卷 03(道光卷七十)》,复旦大学图书馆藏民国十九年故宫博物院影印清内府钞本。
[6] 嘉庆朝上海县志(序)。
[7] 弘治上海县志(序)。
[8] 康熙朝松江府志卷五(风俗)。
[9] 褚华:《木棉谱》。
[10] 范濂:《云间据目钞卷二(纪风俗)》。
[11]《乾隆朝上海县志卷一(风俗)》。
[12]《福建通志卷十四》。
[13]《上海指南卷四》,商务印书馆,宣统元年版。
[14]《丁亥夏季王佐才课艺评语》,格致书院课艺。
[15] 薛福成:《筹洋刍议(商政)》。
[16]《张焕纶传》,《上海县志》(卷十八)。

[17]《上海县续志卷三》。

[18]《上海年鉴(K)》第30－33页,1947。

[19]《上海概况》,书报简讯社,1949。

[20]《上海市商会档案——棉布,转运,米商等二十九业报送的行业业规》,上档Q201－1－457.

[21]《上海律师公会会员统计表》,《上海律师公会报告书》,上海档案馆藏Y4－1－322.

[22]《上海市医师公会为呈请备案向社会局报送的申请书——团体调查表,财产调查表,职员履历表,许可证及会员录》,上海市档案馆藏档案号Q6－18－298－1.

[23]《上海档案馆馆藏档案》,卷宗号Q114－1－9。

[24]《上海特别市社会局业务报告》,民国十七年,上海图书馆索书号,366006。

[25]《上海档案馆藏档案》,全宗号Q114－1－20。

[26]《上海档案馆藏档案》,全宗号Q115－30－1。

[27]《上海缫丝工业同业公会档案——丝业请减丝茧税》,上海档案馆藏,卷宗号S37－1。

[28]《熟水店业由于物价飞涨要求调整价格与社会局往来文书(1946、2、16—1939、1、14)》,上海档案馆藏,卷宗号Q6－2－755。

[29]《上海指南卷四》,商务印书馆,宣统元年版。

[30]《民国上海志(卷十二)》。

[31]《本局(民政局)关于里弄组织工作总结和居民意见综合材料》,上海市档案馆B168－1－750。

[32]《街道里弄组织工作全过程和今后任务》,上海民政局档案34－23。

[33]《本局(民政局)民政处社团科一年来工作总结报告》,上海市档案局B168－1－499。

[34]《救济福利团体调查表》,上海市档案馆B168－1－796－1。

[35]《上海市会馆公所山庄联合会半年来工作概要》,上海市档案馆Q118－1－2－23。

[36]《上海市教育科学研究所资料6》。

七、外文资料

[1] Rhoads Murphey, Treaty Ports and China's Modernization (University of Michigan, 1971).

[2] Guide to Shanghai (American Express Company Inc, 1940).

[3] Guide Book to Shanghai and Environs Containing All Necessary Information for Tourists and Others (Shanghai, The Hotel Metropole, the Oriental Press, 1903).

[4] All About Shanghai and Environs 1934—1935 (Published Annually by the University Press, 160 Avenue Edward Ⅶ—Shanghai).

[5] Anecdotes of Old Shanghai, First Edition 1985 (Shanghai Culture Publishing House by Shanghai Branch, XINHUA SHUDIAN)

[6] Nien Cheng, Life and Death in Shanghai (Printed in United States of America, Grove Press/Atlantic. Inc, New York, Distributed by Publishers Group West, 1986).

[7] Rhoads Murphey, Shanghai: Key to Modern China (Harvard University Press. Cambridge, 1953).

[8] Meng Yue, Shanghai and the Edges of Empires (University of Minnesota Press, Minneapolis.London, 2006).

索　　引

A

艾萍

B

卜舫济

巴内特

巴福尔

帮会组织

北华捷报

八一三淞沪抗战

不缠足会总会

C

陈炽

蔡元培

陈独秀

D

戴义思

邓正来

东印度公司

典业公所公议章程十则碑

动员社会变革力量

F

方平

福格森

樊卫国

冯桂芬

妇女社团

风俗改良社团

扶助同业

G

根岸佶

顾德曼

葛兰西

宫慕久

工商会馆

国民公会

工人帮组织

工人阶级社团

工会组织

公益社团

沟通协调

国货市场

公民社会

民众社团

工商立国论
规则意识

H
何毅亭
黄美真
韩起澜
霍布斯
黑格尔
胡夏米
华蘅芳
会馆公所
会审公廨
黑帮组织
黄金荣现象
护厂迎解放
和解旅沪乡人争议事件章程

J
蒋敦复
进德会
祭祀和善举
经济秩序
金融危机
交往形式
结构变迁
阶级分化
价值趋同
江南制造局翻译馆

K
开埠
客家人

L
柳亚子
李平书
李时岳
刘望龄
李子文
刘惠吾
陆兴龙
刘健清
卢汉超
列宁
洛克
刘知几
李璠
刘铭传
刘坤一
吕海寰
梁钰堂
李鸿章
罗振玉
联合起来

M
马建忠
米乐
麦克伦

马敏
马士
马相伯
马克思
冒险家的乐园

N
南京条约
南洋公学

P
彭善民
裴宜理

Q
青帮
契约关系
丘瑾璋
乔兆红
钱小明
强学会
群学会
区域特色
劝工大楼“二九”惨案

R
容闳
阮笃成
弱势群体

S
社团
苏报
申报
商战论
市民社会
三界治理
苏本炎
施坚雅
盛宣怀
施子英
商团维市
上海总商会
社会动员
社会管理功能
实业讲习会
上海慈善团
上海救火联合会
社会治理
上海县
苏松两府
思想指导
上海商业会议公所
商会简明章程
上海广方言馆
社会空间
社会协同
商贸经济
上海国民会议促成会
上海各界救国联合会

上海职业界救亡协会
上海城厢内外总工程局

T
唐才常
唐振常
涂尔干
天足会
太平军
同业公会

W
王韬
王揖唐
王世刚
魏斐德
王铁崖
斡旋调解
万国公报
文化空间

X
桑兵
薛焕
夏晋麟
徐公肃
熊月之
谢俊美
熊志勇
徐鼎新
小科布尔
薛福成
新人社
规范行为
辛丑条约
协调华洋矛盾

Y
严复
叶瀚
伊懋可
郁怀智
严家炎
姚会元
俞可平
袁树勋
严信厚
源头治理
移民人口

Z
租界
张剑
朱英
张允侯
章开沅
邹依仁
张伟平
仲红卫
张仲礼

张玉法
张琳德
郑观应
曾国藩
张之洞
詹姆·马凯
朱葆三
张焕纶
正气会
郑孝胥
政治社团
自愿团体
组织资源
自治组织
中间力量
张园集会
赈济灾民
职业社团
浙绍公所碑序
中华爱国募金大会
中华全国体育协进会

后　记

本书是我在2013年7月获得中央党校博士学位的论文基础上而成的。在整理修正、准备出版书稿的时候,攻读博士学位与写作博士论文的思想历程又映现于脑海之中。攻读博士学位为的是经历更高更强的学术训练,写作博士论文是对学术训练的系统推进,也是对学术训练情况的实践检验。博士论文的写作是这一学术历程的集中呈现。回顾论文开题、写作和修改的整个经历,从搜集资料到梳理归纳、从结构设计到细节铺陈、从逻辑推敲到行文调整,每一个环节都渗透着思考的艰辛和求知的苦索,正是这种艰辛和苦索,使我前所未有感受到"学无止境"的分量和"乐在苦中"的志趣。如果说本书的出版是对努力结果的一种验证的话,那么这种验证,将鞭策自己在学术道路上不忘初心,继续前行。

书稿是读博时期在导师和其他老师的指导和帮助下完成的,此时,内心充满感激。感谢导师赵书刚教授。在中央党校攻读博士学位的三年时间里,导师严谨的学术风范深深影响了我,导师的严格与鞭策、启发与引导、点拨与耐心一直激励着我,导师的指导和教诲使我终身受益。

感谢中央党校岑大利教授、柳建辉教授、李东朗教授、陈述教授、张军教授。岑大利教授、张军教授是我的任课老师,读博的三年,一直得到岑老师、张老师的热情鼓励和帮助。柳建辉教授、李东朗教授、陈述教授,是我博士论文开题报告和答辩委员会的导师,他们对开题报告的指导和建议,给了我很多新的材料准备和写作思路,有些是具有茅塞顿开作用的。感谢中国社会科学院左玉河研究员、北京大学臧运祜教授。左玉河研究员是论文答辩委员会主席,臧运祜教授是论文答辩委员会委员,他们对论文细致地审看、全面地分析、严格地评点,提出的指导建议,给了我弥足珍贵的学术启迪。

感谢我中央党校的同学。永远不会忘记同学们盛夏深夜的赤膊伏案,隆冬晚间的跑步锻炼,餐厅里好友的围桌而坐,傍晚小湖边的散步绕圈,家事国事天下事事事关心,散论随论热点论论思辨。中央党校读博的三年是我人生珍贵的记忆,这份记忆将会陪伴自己在人生之路上走得更好。

感谢上海社会科学院曹泳鑫研究员的指导和帮助。曹老师是一位难得的良师益友，他的帮助对我的学术进步起到了至关重要的推动作用。

繁花落尽知归处，喧嚣余音感恩心。此书献给我尊敬的老师和友人们。

郭彦军

2016 年 9 月